中国体能训练师认证指导用书

运动员训练及运动表现监控
Monitoring Training and Performance in Athletes

著 迈克·麦奎根［新西兰］
主译 孙君志 李丹阳
审定 张 漓

人民体育出版社

图书在版编目（CIP）数据

运动员训练及运动表现监控 /（新西兰）迈克·麦奎根著；孙君志，李丹阳主译. --北京：人民体育出版社，2021

书名原文：Monitoring Training and Performance in Athletes

ISBN 978-7-5009-5682-2

Ⅰ. ①运… Ⅱ. ①迈… ②孙… ③李… Ⅲ. ①运动员—运动训练—监测 Ⅳ. ①G808.18

中国版本图书馆 CIP 数据核字（2019）第236754号

*

人 民 体 育 出 版 社 出 版 发 行
北京中献拓方科技发展有限公司印刷
新 华 书 店 经 销

*

787×1092　16开本　17.75印张　310千字
2021年8月第1版　2021年8月第1次印刷
印数：1—3,000册

*

ISBN 978-7-5009-5682-2
定价：89.00元

社址：北京市东城区体育馆路8号（天坛公园东门）
电话：67151482（发行部）　　邮编：100061
传真：67151483　　　　　　邮购：67118491
网址：www.sportspublish.cn
（购买本社图书，如遇有缺损页可与邮购部联系）

译者导读

运动员训练和表现的监控系统正成为科学化训练不可或缺的一部分，尤其是在高水平的运动项目的训练体系中。关于这一领域的科学研究以及相关社交媒体平台的信息呈现爆炸式增长，越来越多的运动队教练要求科研人员收集、分析和解读与运动员比赛和训练相关的机能监控数据。尽管近年来这些相关研究有所发展，然而训练从业者们却没有现成的资源，可以提供有关运动员监控的最佳实践的循证总结。

由人体运动出版社（Human Kinetics）出版发行的、全球运动员监控领域的领先科学研究者——新西兰奥克兰理工大学迈克·麦奎根（Mike McGuigan）教授主编的《运动员训练及运动表现监控》一书将运动员监控的研究和科学概念与实践策略联系起来，方便运动员、教练员和科研人员共同使用，是一本运动训练和体能训练监控领域的经典读本。同时，本书为国家各级运动队备战2021年东京奥运会和2022年北京冬奥会及冬残奥会进行科学训练和体能训练提供理论和方法支撑。

这本书将吸引各种运动项目的教练、体能教练、运动科学家、物理治疗师和防护师，他们工作的对象涵盖了普通水平至专业水平的运动员。本书全面介绍了运动员监控方面的最新证据，以及将这些证据用在高水平运动的最佳实践经验，其独特之处在于将严谨的科学证据与教练艺术相结合，为运动员监控计划的实施提供一站式服务。训练监控者将学习运动员监控方法的基础知识、应用的一般原则及如何在实践中最佳地进行应用，这一切都是在结合训练实际工作环境的情况下完成的。本书将帮助训练监控者回答有关运动员监控的基本原理和使用方法的问题，同时要求他们思考如何使用监控数据去辅助安排和指导设计运动员的训练方案。

本书的第一章通过设置各种情景来回答"为什么要对运动员进行监控"这个问题。第二章详细介绍了用于个体机体数据监控的各种分析技术。第三章解释了训练应激的生理效应，以及过度训练的概念。第四章和第五章介绍了训练应激的监控以及体能和疲劳的测量方法。第六章回顾了目前运动员监控中使用的技术以及具体实践。第七章介绍了融合艺术和科学的教练指导对于监控的重要原则。第八章和第九章分别对个人和团队运动的监控提供了指南、方法、质疑和解决方案。整本书中的案例研究和实例分析向使用者充分展示了上述信息如何在实践中应用。

本书由成都体育学院孙君志和武汉体育学院李丹阳主持翻译，国家体育总局体育科学研究所张漓研究员审校。本书译者为国内各体育院校的青年优秀学者，均具有博士学位和副高及以上职称，专业涉及运动人体科学、运动训练和体能训练等相关领域。工作团队团结协作，顺利完成了翻译和校对任务，译著中的文字饱含了各位学者的心血。具体章节译者如下：

孙君志　成都体育学院（第一章）

赵　华　华中师范大学（第二章）

李顺昌　成都体育学院（第三章）

李　宁　成都体育学院（第四章）

于　亮　北京体育大学（第五章）

马　铁　沈阳体育学院（第六章）

王　然　上海体育学院（第七章）

丁海丽　成都体育学院（第八章）

胡海旭　南京体育学院（第九章）

孙君志和李丹阳对全书手稿进行了统整。此外，研究生伍朝明、鲁涛、王佳林、曾靖宇、胡世桥协助参与了本书的校对工作。由于时间较为仓促，书中难免出现纰漏，恳请广大读者批评指正。

本书的翻译工作得到了国家科技部"科技冬奥"重点研发计划项目（2018YFF0300904和2019YFF0301704）的支持，特表感谢！

目 录

第一章 为什么要对运动员进行监控? …………………………（1）

  第一节 训练过程中的应激反应 ………………………………（2）

  第二节 训练计划的适应 …………………………………………（4）

  第三节 过度负荷、过度训练、疾病和损伤的风险 ………（6）

  第四节 个体化监控的重要性 …………………………………（8）

第二章 运动员监控的研究工具 ……………………………………（14）

  第一节 适用于运动训练监控的统计工具 ………………（14）

  第二节 信度 ………………………………………………………（22）

  第三节 效度 ………………………………………………………（27）

  第四节 有意义的变化 …………………………………………（30）

  第五节 相关性与因果关系 …………………………………（37）

  第六节 结果的呈现 ……………………………………………（39）

  第七节 定性分析 ………………………………………………（45）

第三章 训练应激的生理学效应 ……………………………………（48）

  第一节 训练应激的生理学反应模型 ……………………（48）

  第二节 训练过度和过度训练 ………………………………（58）

1

第三节　生化、血液和免疫学指标 …………………………（65）

　　第四节　避免过度训练的多学科多因素途径 …………………（71）

第四章　量化训练应激 ……………………………………………（75）

　　第一节　测量工具 …………………………………………………（75）

　　第二节　外部负荷 …………………………………………………（76）

　　第三节　内部负荷 …………………………………………………（86）

第五章　身体素质和疲劳的测定 ………………………………（114）

　　第一节　神经肌肉疲劳 …………………………………………（114）

　　第二节　心率 ……………………………………………………（125）

　　第三节　激素和生化指标 ………………………………………（128）

　　第四节　免疫学指标 ……………………………………………（139）

　　第五节　运动表现测试 …………………………………………（141）

第六章　现代监控手段与技术 …………………………………（148）

　　第一节　运动领域中的监控手段 ………………………………（148）

　　第二节　监控技术 ………………………………………………（153）

　　第三节　监控技术提供的数据 …………………………………（162）

　　第四节　监控技术的应用 ………………………………………（165）

第七章　监控与执教的整合 ……………………………………（174）

　　第一节　监控的艺术与科学 ……………………………………（174）

　　第二节　训练时的数据监控 ……………………………………（178）

第三节　向运动员提供监控反馈……………………（182）

第四节　实施有效运动监控的障碍……………………（187）

第五节　执行内部的监控项目…………………………（188）

第八章　个人运动项目运动员监控指南……………（192）

第一节　个人运动项目运动员…………………………（192）

第二节　个人运动项目预监测…………………………（192）

第三节　单项运动中运用监控…………………………（194）

第四节　个人运动项目的应用监控……………………（195）

第五节　报告运动员一周的监控信息…………………（204）

第六节　基于监控调整训练……………………………（206）

第七节　对单项运动员监控的几点思考………………（209）

第九章　团体运动项目运动员监控指南……………（211）

第一节　团体项目运动员………………………………（211）

第二节　团体运动监控的预算…………………………（212）

第三节　团体运动监控的应用…………………………（213）

第四节　团体项目的监控系统及周监控报告…………（219）

第五节　基于监控的训练修正…………………………（222）

第六节　对团体运动项目中运动员监控的思考………（223）

参考文献……………………………………………………（225）

第一章　为什么要对运动员进行监控？

运动员监控已成为运动员全面备战中一个不可或缺的组成部分，在高水平体育训练计划中，大量资源被应用于针对运动员的监控系统中。此外，许多具有先进技术的商业公司将发展前景瞄准了运动员监控市场。随着运动员监控的发展，教练员、运动科学家和体能训练从业者若想了解运动员的监控原则，首先要充分了解进行运动员监控的原因。

过去几十年来，运动科学家们收集了大量关于运动员的信息。例如，采用全球定位系统（GPS）和加速度计等技术对运动员进行监控，目前已在高水平运动员中广泛使用。因此，训练从业人员至少需要对这些新的技术有基本了解。除此之外，关于运动员监控的研究也在不断增加，训练从业人员需要善于利用所搜集的信息数据来帮助运动员改善运动表现。

历史上，很多人都对量化运动员训练感兴趣（32）。多年来，教练员一直在用训练日记系统地记录运动员的训练情况。已知田径教练Clyde Littlefield（1892—1981）和游泳教练James "Doc" Counsilman（1920—2004）详细记录了运动员的训练和比赛情况，并根据这些信息调整了训练计划（4）。实际上，从19世纪开始，就有研究记载了运动员的力量和疲劳反应（尽管针对的不是高水平运动员）（36）。系统地监控与运动表现有关的生理和心理变量，有助于从业人员评估其训练计划的有效性，并及时修改或更新训练计划。近年来，媒体对这些议题进行了频繁的讨论与源源不断的挖掘。

如上所述，训练从业人员需要了解监控运动员的作用及如何使用这些信息来改善他们的表现。运动员和训练监控者的共同参与也将提高监控计划的有效性。

图1.1描述了监控问题以及监控如何帮助运动员取得良好的运动成绩。在研究本书中的数据时，请记住英国统计学家George Box的一句话："所有模型都是

错误的，但有些是有用的"（5），本书中的模型为讨论关键的概念提供了一个起点。如图1.1所示，运动的最终结果就是运动表现，为了让运动监控起到一定的效果，监控计划需要将运动表现作为基本考虑因素。传统上，监控的目标一般是身体和心理因素，但是，技术和战术组成对整体运动表现极为重要。监控方案可以起到量化诸如训练剂量（也称为负荷）、训练变量和生活方式（如睡眠、营养、生活压力）等作用。随后的章节将会讨论这些因素以及如何监控上述因素。深入了解这些因素及其作用是制订良好的运动员监控计划的基础和前提。

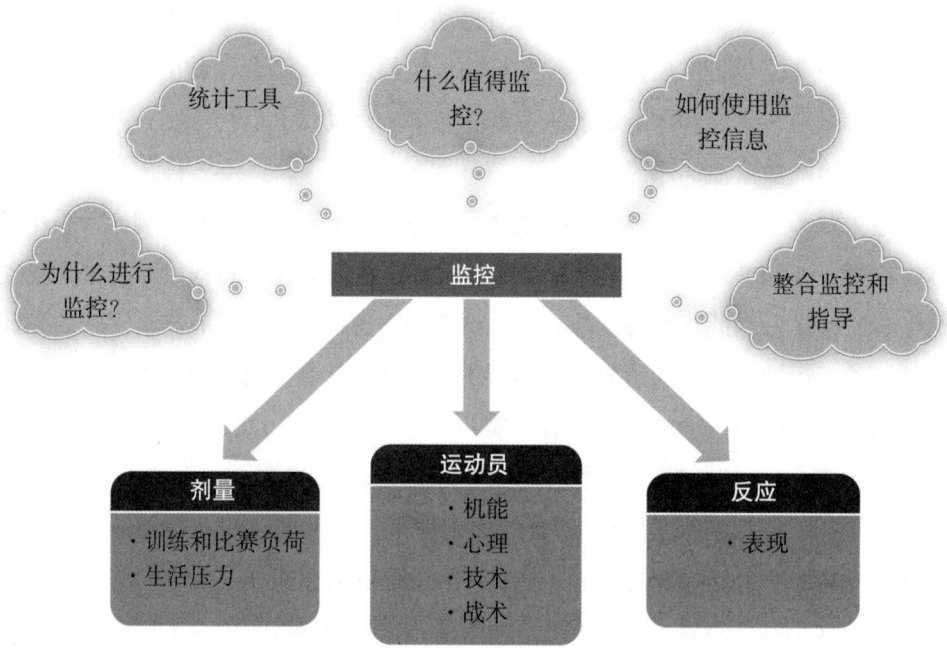

图1.1　监控相关的问题以及监控如何帮助运动员

第一节　训练过程中的应激反应

运动员最终的运动表现是每个训练周期积累的结果。因此，运动监控其中一个主要目的是评估每个训练周期的应激反应，这些是组成整个训练计划的基石。训练监控者需要知道他们的运动员在训练和比赛中的努力程度。

训练监控者面临的挑战之一是如何从多种监控的方法和技术中挑选适合的方

法和技术。可以采用像记录训练持续时间和记录训练的各个不同的阶段一样简单廉价的方法（32），当然也可以是更复杂和昂贵的方法，包括分析生化标志物如皮质醇（运动应激激素）或使用GPS和惯性传感器测量。然而，昂贵并不一定意味着更好，简单的测量手段通常可以提供与复杂的方法相同甚至更多的信息（50）。

除此之外，训练监控者还需要知道运动员在训练期间和训练之后的身体负荷变化对运动员机体能力的影响。训练强度与运动员训练反应之间的关系很大程度上决定了运动员对于训练计划的适应程度（14）。运动员恢复到训练前体内平衡状态的时间受训练强度的影响，训练产生的应激越大，恢复时间必须越长（51）。

在确定训练期间的应激反应时，需要评估两个重要因素：训练的准备情况与非训练参数。

一、训练准备情况的评估

运动监控有助于确定训练对运动员身体状况和训练准备状态的影响。许多训练监控者会在开始训练前评估运动员的训练准备情况，以确定是否需要对训练做出调整。例如，刚经历过度疲劳的运动员可能需要降低训练强度。不过，目前缺乏支持使用特定的测试来评估训练准备情况的证据。训练监控者可以应用一些简单的方法来评估运动员的准备情况，比如询问运动员"你感觉如何"，而不是依赖于一个复杂的测试。这种主观的信息已经被证明对监控运动员的健康和疲劳水平非常有效（50）。主观监控方法和健康量表在第四章中有更详细的讨论。主观和客观指标的结合往往能提供运动员训练准备的总体情况。

另外，还可以采用快速运动来评估训练准备状态，如垂直深蹲跳或跳深练习，训练监控者采用运动员巅峰状态时的成绩建立基线结果，并将其用作后续评估的基准。例如，如果运动员的成绩低于峰值10%或更多，则训练监控者可以以此进一步调节训练方案。还有一些训练监控者使用高强度运动来评估训练准备情况，例如，将最大力量等长硬拉或静力性深蹲作为监控手段，力量的减少（例如大于5%）可能表明需要改变训练课程。在热身期间对运动员的表现进行筛选与观察，可以获得关于他们训练准备情况等的关键信息。训练监控者还可以使用手动疗法来评估训练准备状态，如按摩或进行关节松动术来确定运动员的准备情况，然而，这种方法的有效性值得进一步探讨。

另一种越来越广泛用于训练准备情况评估的监控手段是心率变异性（HRV）（46）。HRV提供关于神经对心脏影响的信息——特别是交感神经系统的调节，HRV将在第五章中详细讨论。HRV这种的方法一个好处是它们是无创的，可以使用智能手机应用程序在静止状态下收集数据（19），目前这一领域出现了越来越多的研究，为HRV在训练监控中的应用提供指导（47）。

二、非训练参数的评估

除了监控运动员训练周期中产生的急性应激反应外，对训练和比赛之外可能引发应激反应的因素同样需要监控（如营养、水合、睡眠以及健康）。这将给训练监控者提供关于运动员运动表现更完整的信息。运动员的总应激，不仅仅是训练时产生的应激，还包括比赛时产生的应激，这些应激都需要考虑，研究表明，压力等因素可能会导致运动损伤的发生（30，37）。美国的一项研究发现，大学橄榄球运动员在有学业压力的时期产生运动损伤的风险更高（37）。这些都不属于训练和比赛的压力。因此，训练监控者不仅需要了解运动员的身体需求，还需要了解其他应激源。

在这一点上，需要考虑一个有趣的问题，当监控结果显示运动员出现明显的疲劳水平时，监控者应该如何制定进一步方案？训练的课程是应按计划继续进行，还是应该进行修改？答案取决于几个因素，在大强度负荷训练过程中，执行初期制定的训练方案是合理的，但是，如果该训练周期紧接重要的比赛，那么需要针对训练计划进行调整，则采用较低的训练负荷（通过运动员经历的总训练压力来进行量度）或者甚至完全放弃训练可能更有助于运动员在竞赛中的发挥，这些概念在第七章中有更详细的探讨。

第二节　训练计划的适应

对运动员进行运动监控的根本原因之一是根据他们的训练计划来评估他们对训练的反应和适应。训练监控者可以在训练周期开始时对运动员进行测试，然后在结束时再进行测试，这可以获取运动员对特定训练模式反应的有价值的信息。但是，如果这些测试周期之间的间隔时间太长（大于6周），监控者可能会错过关于运动员反应的关键信息。

预测试和后测试是衡量运动员进步的标准方法，因为它具有以下特点：
- 提供关于训练计划效果的客观数据
- 评估特定类型干预的影响
- 便于训练监控者及时调整和改变训练计划
- 确定运动员的身体优势和弱点
- 最大限度地满足训练监控者和运动员对训练的需求
- 增加对高水平运动员的了解

然而，训练过程中力量和爆发力的变化可以迅速得到提高，特别是受训年限较短的运动员。研究表明，未经过抗阻训练的运动员在经过抗阻训练后，肌肉力量会发生较大程度的增加（18，33）。Hubal及其同事的一项经典研究（33）显示，在12周的渐进式抗阻训练后，1次重复最大力量（1RM）强度的改变可能高达250%（范围= 0~250%）。Bamman及其同事（3）的另一项研究显示，在16周的抗阻训练后，肌肉的肥大程度有很大的变化（0~60%）。即使是在高水平运动员中，在训练周期内，其力量和爆发力也会增加（1，2），因此，根据力量指标（如1RM）开出运动处方的监控者需要定期监控运动员的力量水平，使用训练负荷来估计运动员的最大力量是较为便捷的方法，但诸如爆发力等其他指标可能更难以衡量。就训练方案而言，定期的运动监控可以使监控者更好地对运动员在训练过程中的反应进行评估。由于有氧耐力等其他身体机能可以使训练年限较短的运动员产生快速适应（8），因此，定期收集关于运动员训练适应信息，可以帮助监控者调整训练计划以使运动员的表现更加出色。

定期监控为训练监控者提供了详细的报告信息。体育运动最终以结果为导向，尽管有效的监控系统并不能安全保证成功，但它在训练和竞赛过程中扮演了十分重要的角色。监控数据还有助于从事精英体育训练的从业者进行分析与反思，客观的信息有助于构建一个有效的训练方案。例如，一名体能训练师可能能够证明一项计划改变了运动员的身体特征、降低了受伤率并有助于提高竞技表现，在赛季末总结体能和训练计划时，这一点尤其重要。尽管监控信息可能无法阻止工作人员的流动，但至少监控者会知道其自身尽了一切努力来证明该计划的价值，并将获得有利于未来就业的机会。

第三节　过度负荷、过度训练、疾病和损伤的风险

体育运动中，将大量的时间精力投入到运动员监控系统中的一个主要原因是为了保持运动员的比赛状态，并减少因损伤和疾病带来的影响。特别是在职业体育运动中，运动员的身上被投入了大量的金钱，而这些队员需要去参加最高水平的比赛。对运动员进行监控的目的是减少过度负荷、过度训练、疾病和受伤的风险，研究表明，大运动量训练不一定是导致训练适应不良的原因，相反，可能更需要考虑运动员是如何达到适应不良的情况，以及他们达到适应不良的过程是如何积累的（21）。训练目标固然很关键，但训练监控者需要考虑运动员为了达到目标所采取的行为方式。

考虑单次训练的急性刺激与训练的累积效应之间的关系很重要（14，31）。疲劳是对训练正常的、预期的反应。在正常情况下，运动员在训练过程中会经历急性疲劳，并在数小时至数天内恢复，这种急性疲劳随着适当的恢复，会提高运动员身体适应能力并改善其运动表现（14）。然而，当训练的强度和恢复能力不匹配时，就会出现问题。一些教练员通过增加训练时的负荷量使运动员过度运动，这可能导致高强度后的超补偿期，在这种过度疲劳状态下，运动员运动表现下降的周期可能持续几天到几周（14）。

然而，如果导致疲劳累积的训练负荷与恢复水平之间的矛盾持续较长的时间，则运动员可能进入过度训练状态。过度训练是一种负面状态，其特征为尽管训练负荷减少，但是心理障碍仍然会持续很长时间，导致运动能力下降（40），恢复其运动表现可能需要几周到几个月的时间，这对于运动员能否参加重大比赛具有重要影响，这些重要概念将在第三章中详细讨论。

除了导致运动表现显著下降之外，过度的训练负荷还会导致长时间的疲劳，会增加运动员受伤和疾病风险（30），这对运动员的监控有非常严重的影响。如何预测运动员的受伤或疾病有着很大的意义，一个可以帮助运动员减少受伤或疾病风险的监控系统将会对运动员运动表现显示出明显的优势。

图1.2显示了可能影响训练负荷的因素以及造成过度负荷、过度训练、疾病和受伤的风险因素，运动员监控系统需要考虑这些因素，并在可能的情况下对其进行量化。训练和比赛之外的因素也称为生活负荷，包括工作需求、学习需求、社会关系以及生活中的一般压力，这些负荷也应该考虑进去。训练和比赛负荷受运动量、强度、持续时间、频率和运动类型等因素的影响。训练负荷和生活负荷的综合决定了运动员对训练计划产生的急性反应。随着这些训练的积累，运动员将对训练产生慢性反应。如果在没有足够恢复的情况下进行了一段时间的强化训练，运动员就会出现过度负荷的状态。如果这种情况持续下去，运动员可能会进入过度训练状态（14）。

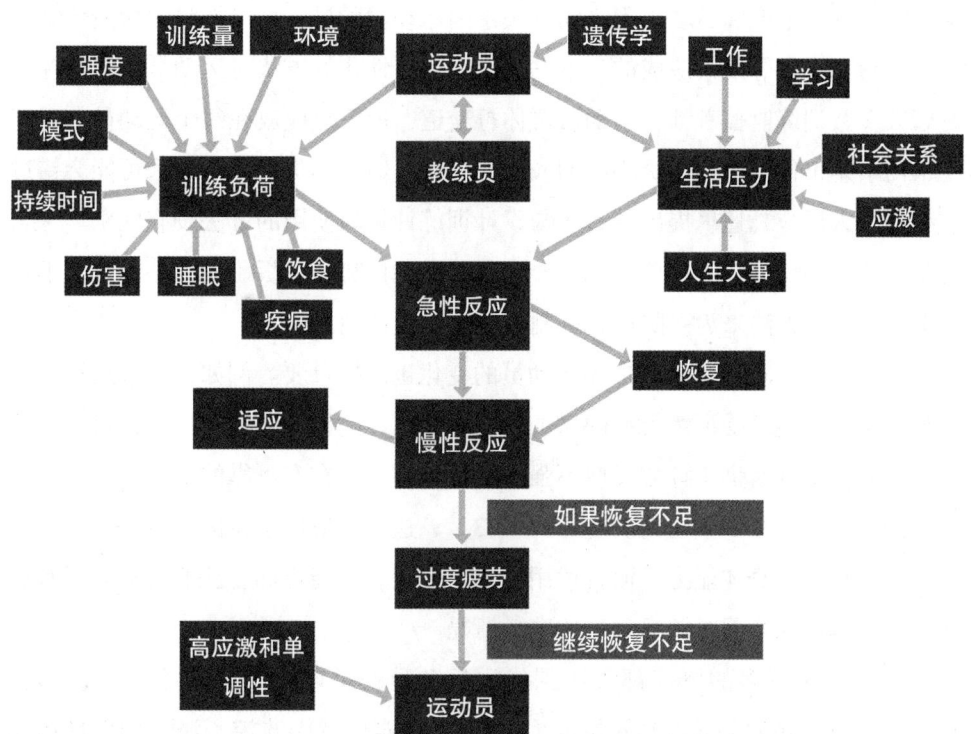

图1.2　影响训练负荷的因素及其与过度训练、疾病和受伤的关系

当运动员出现运动性疲劳时，确定疲劳是由过度负荷（负荷量超标）导致还是过度训练导致（恢复不足）是很重要的。诊断过度训练综合征的标准以及排除标准的条件已经制定出来了，这可以用来指导监控者对其进行判断

（40）。需要注意的是，没有单一的诊断工具可以确定过度训练综合征，这种诊断只能通过排除所有其他可能对运动表现和情绪状态变化产生影响的迹象来进行（40），要注意的迹象包括无法解释的表现不佳、持续的疲劳、对相同训练和比赛强度感受到的压力增加以及睡眠不安。还有许多运动员监控手段将在后面的章节中详细讨论。

第四节　个体化监控的重要性

运用合理的训练计划获得最佳训练效果的关键因素是对运动员监控的个性化方法。训练强度和运动表现之间的关系因运动员而异，很可能是因为遗传学、训练经历和心理等因素造成的，本书着重采用个性化的方法对运动员进行监控。尽管大多数训练监控者都与运动员群体打交道，但重点应放在每个运动员的反馈上，而不是仅仅关注运动员小组的成绩。只看一组运动员的平均结果可能会错过重要的个人反应，这里提出的方法与设计训练计划时使用的方法没有区别。一名力量与体能训练从业者应该考虑到个别运动员的优势和短板（38，45），而不是采取一刀切的方法来为一队运动员制订一个通用计划。

在实施监控时，考虑到个体运动员的变化也同样重要。例如，一些运动员比其他运动员更能承受训练负荷的增加（23，30），监控个体运动员，也可以让训练从业人员识别对训练计划反应不强烈的运动员。现在有可靠的证据表明，人们对相同的训练有个人独立的反应（10，33），这不仅适用于肌肉力量（33）和有氧耐力（10）等身体能力，而且适用于各种体能和机能指标。从业者需要了解这些差异，以确保全面了解运动员的准备情况。

现在越来越多的研究都关注到优秀运动员的定期监控数据（6，9，29，41）。例如，Buchheit和他的同事（9）在季前赛球队中监控了澳式橄榄球运动员的健康状况、疲劳指标和跑步表现，在所有训练期间，研究人员对运动员采用感知劳累（RPE）和GPS评分进行了大于14天的监控，每日还测量疲劳、睡眠质量、肌肉酸痛、压力和情绪以及唾液和皮质醇。包含训练负荷、生理系统、主观健康和身体表现的综合监控系统在对运动机能要求较高的运动项目中使用得越来越普遍。在另一项研究中，Bradley及其同事（6）在季前赛中追踪了职业橄榄球联盟运动员的训练负荷、营养摄入量和体能表现，在整个训练期间跟踪这类信息可以让研究人员观察一组运动员的运动趋势。这也有助于解决从业者可能遇到的问题。例如，Bradley和他的同事（6）观察并提出关于职业橄榄球联盟运动员的营养摄入和训练需求的建议。

一、损伤风险的监控

监控训练在预防损伤领域也发挥着重要作用（34），特别是运动员监控对揭示受伤风险的信息及其与训练负荷的关系方面具有巨大的潜力。例如，来自英式橄榄球联盟（23-25，35）、英式橄榄球联合会（15）和澳式橄榄球（12，49）等接触性运动项目的研究显示，累积训练负荷的变化与受伤风险之间存在联系。Cros及其同事的一项研究（15）表明，如果橄榄球运动员的周与周之间累计训练负荷较高或训练负荷每周有较大变化，则橄榄球运动员的受伤风险较高。这些与其他接触性运动中的观察结果相似（35，49，56）。不仅需要对过度训练负荷进行监控，而且需要解决训练负荷不足的问题（56）。对于许多运动员来说，训练不足往往比过度训练更令人担忧。在精英运动中，问题不一定是训练计划本身，而是运动员如何达到这一点，其含义是，通过每周监控训练负荷，监控者将更好地了解训练变化，因此，他们可以修正或调整训练计划的设计，以确保运动员的运动量不超过使他们的伤害风险增加的阈值（22）。

二、疾病的监控

除了运动损伤之外，运动员在长时间训练期间患上呼吸道感染等疾病的风险也在增加（16，44，53）。关于团队运动员运动训练负荷与疾病之间的关系研究并不多（56），不过，一些调查这种关系的研究人员在主要以有氧耐力为基础的运动中发现，经过长时间剧烈运动后上呼吸道疾病的易感性增加（28）。监控唾液免疫球蛋白A（IgA）和细胞因子等免疫标记物，可能有助于发现这类潜在疾病发病风险的运动员（26-28）。在训练和竞赛期间长时间剧烈运动会削弱免疫功能已得到证实（27）。由于唾液IgA和细胞因子水平降低，这可能会使运动员患呼吸道疾病的风险更大（27）。因此，监控这类的标志物是合乎逻辑的。

三、恢复的监控

恢复策略日益成为高水平训练计划中重要的一部分。许多研究表明，接触性运动后的身体恢复率是具有个性化倾向的（57）。例如，West及其同事（57）调查了14名职业橄榄球运动员比赛结束后的神经肌肉、激素和情绪反应，赛后60小时，7名球员在垂直深蹲跳中没有完全恢复到峰值功率的基线水平，然而，球员的平均成绩显示球队完全恢复到基准水平，而检查唾液睾酮与皮质醇的个体比例表明，在赛后60小时，5名运动员显示激素水平恢复或略有恢复，而9名运动员显示出-6%至-65%的降低。因此，只有通过监控每个运动员对训练和恢复的反应，才能看到运动员恢复的全貌。运动恢复策略的制定可以个性化，例如，针对恢复较慢的运动员可以采用更积极和更刺激的恢复策略。从业者需要注意平衡恢复和适应，以及随时关注与运动员过度恢复相关的任何负面影响（43，48）。

四、训练负荷的监控

个性化监控决定了训练者规定的训练负荷与运动员所承受的负荷之间的一致程度。研究表明，就训练负荷强度而言，训练和运动员之间经常缺乏一致性（7，20，42）。如果预期的轻松课程变成困难课程时，或过度负荷或缺乏负荷量，都会导致不利的影响。使用一个有客观的测量方法的监控系统（如心率和GPS等客观指标）可以减少不利影响的发生。但是，这些信息的真正价值仅在于观察个体对于训练的反应。

五、监控训练和比赛安排的效果

监控运动员还可以提供关于比赛日程对球员个人可用性影响的信息（11，39）。在足球（11，17）和棒球（52）等激烈的运动中，这可能是一个值得探讨的问题。Carling和他的同事（11）调查了在4年时间里，密集的赛程安排对参加国内和欧洲比赛的职业橄榄球队的影响。他们记录了球员在比赛关键时期休息的影响，突出显示了教练组轮换和关键球员休息的方式。作者指出，在比赛恢复期间，使用RPE量表、健康量表和肌力恢复量表等措施对运动员进行系统监控，可以使监控人员根据数据决定是否让球员在随后的比赛中休息（11）。McLean及其同事（39）调查了精英橄榄球联盟球员对不同恢复期的神经肌肉、内分泌和感知反应，结果表明，作为一个比赛组的运动员，整个比赛组在比赛结束后的4天基本完全康复，但恢复的结果非常个性化。这强调了监控者需要使用个人监控来制定适当的训练方法，以及对训练负荷作出调整，对于优秀运动员来说此措施更为关键和重要。当规定的训练负荷与运动员安全承受能力发生不匹配时，运动监控可以帮助减少不适当的训练。不过，只有对个人进行监控时，才能避免这种不匹配。这些概念在第八章和第九章中会有更多的介绍。

看到更多关于优秀运动员的数据发布是令人兴奋的（41，54，55）。传统上，运动科学研究人员的研究对象都是一些因为兴趣而参与运动的运动员，这些研究数据可能对从事高水平运动的运动员应用有限。这个时代面临的挑战之一是，越来越多的研究通过使用数据分析或分析大量数据以作出结论和发现运动员的运动模式（13），而从单个运动员的角度来看，应用这些数据来进行解释和分析更具挑战性。监控者现在需要拥有处理、解释和将大量可用信息落实到他们制定训练计划的能力（13），过滤掉不重要的信息是一个重要的技能。个人监控通过让监控者更全面地了解运动员的跟踪情况，从而增加高水平项目中数据的利用价值。监控数据可用于辅助决策，如负荷管理、训练计划设计操作，从而使运动员的运动竞技水平达到巅峰。此外，如果这些数据能够得到较好利用，则可以通过减少伤病率来提高运动员的上场率。

通过提供的数据支持决策并确定运动员准备状态是最佳的实践方法，对运动员和运动监控者的教育而言，运动监控似乎非常重要。运动员和运动监控者共同参与监控计划是这套监控系统成功的一个基本因素。任何监控系统都有一个关键部分，那就是它必须为运动训练提供最终决策信息。数据并不是仅仅被简单收集，而是去使用它。合理地让运动员理解监控能够更有效地进行赛中和训练过程的监控。

监控者必须时刻反思在监控计划中收集信息的原因。他们必须权衡监控计划的成本，并考虑信息的价值（成本效益分析）。第七章会提供一个帮助监控者做出这些决定的系统过程。

案例

运动队中运动员的个体反应

在这个例子中，我们提出了一套针对精英国际篮球队运动员的监控措施。在为期10天的训练营中，教练组将实施一个监控系统，评估运动员对每次训练的反应（每天两到三次）。教练组希望在10天内调整出适合的训练计划，并发现过度负荷、过度疲劳或两者皆有的早期迹象。训练营的监控计划包括在所有训练期间测量RPE（训练负荷）和心率，并使用日常健康问卷（肌肉酸痛，睡眠质量，疲劳和情绪）和唾液皮质醇（应激标志物）、跳深（神经肌肉疲劳）、营养摄入量和体重测量。

其中一项测试（跳深）显示训练营中20名运动员组的神经肌肉疲劳平均变化不大（平均值为-1.5%）。然而，当观察每次测试中每个运动员的日常变化情况时，都会呈现不同的情况。以其中一天为例，跳深结果的变化基线范围从-27%到+8%不等。

每个晚上运动员都会与所有教练和辅助人员举行会议，讨论前24小时内运动员的个人数据。会议还讨论了教练员对球员在训练和比赛中表现的看法，并且对任何伤害或限制因素也都进行了讨论。通过仔细检查每位球员的反应，可以让教练员了解哪些球员正在经历过度疲劳，并对他们的训练负荷进行必要的调整。比如，在过去的1到2天内表现出过度疲劳水平的运动员的训练负荷可能会在第二天减少。

其他可以促进身体恢复的方法也是可以考虑的，教练员和辅助人员深入研究各种过度疲劳的原因也很重要，例如，前几天较差的睡眠质量或运动员生活中的外部压力等问题，都可能是造成影响的因素，不过要记住，所有因素都需要在个人层面上考虑。

最后，这些监控信息也可以为团队运动员进行的选择。例如，教练可以看到哪些球员能够很好地应对背靠背比赛（比赛间隔时间较短）的要求，比如世界锦标赛等重大比赛。

结 论

现在，高水平体育项目都投入大量资源用于运动员监控系统，因此，这也需要让从事体育运动的人员理解运动员监控的重要性。训练监控者应该具有较强的专业能力来监控他们的运动员。对运动员进行监控可以提供关于训练期间的急性反应和训练计划的适应情况等信息。监控还可以帮助判断是否发生过度负荷和过度训练情况。如果运动员监控是有效的，那么它也可以用来预测运动员的疾病和受伤情况，从而最大限度地减少运动员缺席训练的时间，最重要的是减少了不能比赛的时间。一个有效的监控系统可以降低训练负荷与运动员承受负荷的能力不匹配所带来的风险。当然，以上运动员监控的优势只能通过个性化的运动员监控来完成。显然，了解监控运动员的原因将有助于训练监控者实施有效的训练监控体系，从而有效地改善运动员在所属运动项目中的表现。

第二章 运动员监控的研究工具

由于运动员监控过程将产生大量的数据，研究者需要使用相应的研究工具来有效地分析这些数据。统计学是研究数据的收集、分类、分析的一门科学（8，39）。统计分析能帮助研究者利用采集到的监控信息，但研究者不需要去精通它。对统计学相关概念的基本了解非常重要，尤其是常用的统计方法。研究者要认识到，使用不恰当的统计方法将引起对数据的曲解，并得出错误的结论，从而影响教练员和运动员训练方案的制定和执行。

传统的统计方法在分析运动训练的数据时可能会不太合适。由于传统统计方法偏重于对群组的分析，而不太注重对个体的分析。另外，其更强调统计学意义的显著性差异，而运动领域研究者更强调效果的显著性。可喜的是，当前有些研究方法可帮助理解运动员在训练和比赛中的反应，以及运动训练参与者理解训练参数，因而使用得越来越广泛。本章将提供关于这些研究方法的具体案例及其在实践中的应用。虽然了解这些统计方法的基础对于大多数运动训练参与者已经足够，但进一步加深理解仍是有益的。花费时间和精力深入学习这些研究方法，将受益匪浅（21）。

第一节 适用于运动训练监控的统计工具

什么样的统计工具能加强研究者进行训练监控（8）？图2.1描述了这些基本的统计工具，即使研究者可能并不总是需要所有的这些工具。本章将详细讲述这些统计工具。

第二章 运动员监控的研究工具

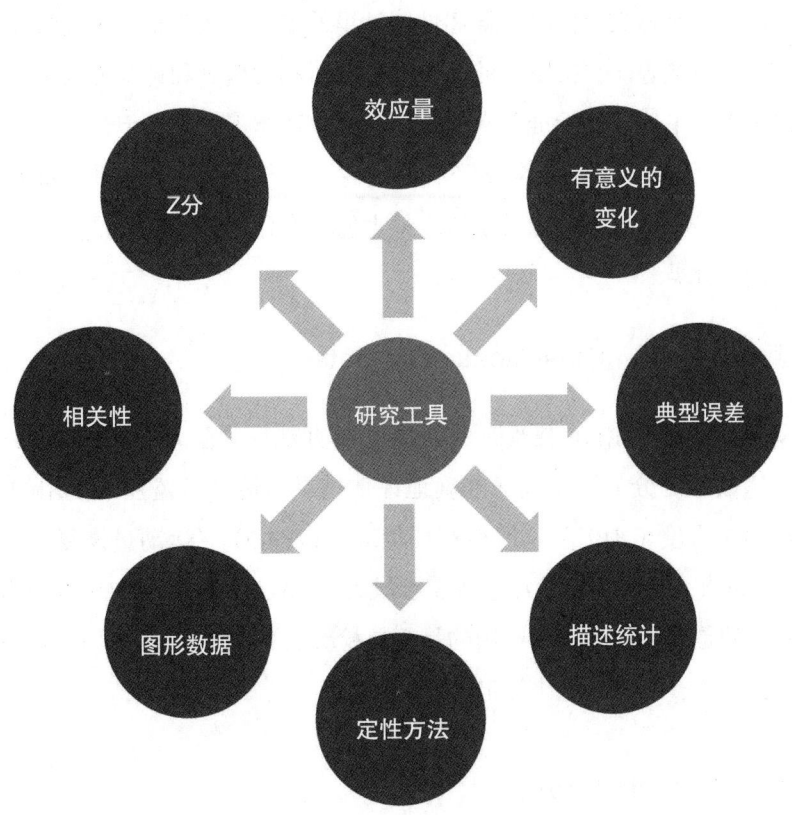

图2.1 常用于训练监控的统计工具

统计方法包括描述统计和推断统计两类（39）。描述统计是对数据进行简化，为进一步分析数据提供良好的起点。推断统计可从一个群体中随机抽取样本去推断整体情况。近年来，运动科学家和研究者对基于量级分析方法的应用非常感兴趣，因为它可能具有很强的实用价值。运动训练参与者对训练参数变化后的效果更感兴趣，而不是考虑统计学层面的差异性（2）。数据的集中趋势量数、离差量数、百分位数、最小有意义的变化、效应量、标准分对训练群组的监控很有意义，但更重要的是对训练个体的监控。

一、描述统计（Descriptive Statistics）

描述统计是对一群样本数据的简化，所有信息均是源自一个已知群体。例如，如果训练队所有成员的训练数据被收集后，可用描述性统计对全队整体情况进行统计而得出有意义的信息。描述性统计里的测量参数包括集中趋势量数、离差量数、百分位数等。在接下来的部分中，将对相关概念和计算方法进行描述。大多数情况下，平均数和标准差常用于训练监控数据汇报中。但是，很多时候它们并不是最恰当的统计方法，或者不足以传递有价值的信息。运动训练参与者常常需要一些更简单的信息，如最小值、最大值、变化范围等。但是，首先要对监控的数据进行分类。

1. 数据的分类（Classification of Data）

运动能力测试数据在很多训练监控里能直观反映运动员的一些特征。但是，对测试数据的分类可以确保准确地评估结果。运动员监控中使用的评定量表包括自感用力度（RPE）、情绪特征量表（POMS）、运动员恢复-应激问卷（RESRQ-Sport）、运动员日常生活需求量表（DALDA）等。有些分类用的是数据，有些用的是语言描述，有些用的是简单检查表（39）。监控数据通常有四种分类方式：定类、定距、定比和定序。

定类尺度（Nominal Scale）

定类尺度常用于对运动员进行分类（3）。比如将运动员根据性别分为男性或女性，或者根据位置进行分类，如美式足球的四分卫或外场接球手。

定距尺度（Interval Scale）

定距尺度有相同间隔或单位（6）。没有绝对零值，因而出现负分也是可能的。比如温度用摄氏度来表示温度值。

定比尺度（Ratio Scale）

定比尺度在训练监控中是比较常用的分类形式（6）。它有绝对零值，各点间等距。比如对距离、时间、力量的测试就是基于定比尺度。

定序尺度（Ordinal Scale）

当涉及排序时，定序尺度比描述具体差异的数值信息更有意义（3）。比如，从最高到最低或从最大到最小进行等级划分。

2. 集中趋势量数（Measures of Central Tendency）

测量集中趋势可用于评价倾向于成簇的数据。有三个常用的指标：平均数、中位数和众数。

平均数（Mean）

平均数是所有分值的平均（如所有数据的总和除以个数）(8)。平均数是描述集中度的最常用指标。它用到所有样本的数据，并提供关于整体的信息。但平均数容易受到异常值的影响。

中位数（Median）

中位数是将数据按数值大小进行升序排列后中间位置的数值(8)。如果个数是偶数时，则中位数为最中间两个数值的平均数。有一半的数值高于中位数，另一半低于中位数。在某些情况下，由于分数的分布特殊（例如，该组中少数运动员的分数非常高或非常低），中位数比平均数更好地衡量中心倾向。极端数值可以提高或降低群组平均的程度，它不足以描述大多数运动员的情况。

众数（Mode）

众数是出现频率最多的数值(8)。如果每个数值得分只出现一次，则没有众数。如果两个或多个数值具有最大的频率，那么所有这些数值都是众数。众数对于通知研究者最经常发生的分数最有用。众数在描述运动员监控数值的集中趋势时不太常用。

3. 离散量数（Variability）

研究者常常希望了解数据在分布中心的离散情况。这些数据值在群组内的离散程度称为离散量数(3)。两个常用量度是全距和标准差。

● 全距（Range）

全距是最小和最大数据值或分数值之差。这代表了分数值的离散程度。对研究者来说，全距的优势在于它易于理解。主要的缺点是，它可能不是数据差异的精确度量。因为全距只使用两个极端的数值，因此受到异常值的极大影响。由于这个原因，全距在实际设置中应用比较有限。例如，对于数据结果广泛分散的组，其全距可以与具有窄分散的结果，并有单个极端数值（即一名运动员获得特别高分或低分）的组相同。不过，全距对于显示运动员组中特定度量的分数分布是有用的。

● **标准差（Standard Deviation）**

标准差是围绕群组平均数的离散程度（3）。小的标准差表明一组数据值紧密地围绕平均数聚集。大的标准差表明数据值在平均数附近有较宽的离散度。平均数和标准差通常是以"平均±标准差"来并列呈现的（例如，77.5±6.7kg可以是一组运动员体重的描述性统计）。以这种方式呈现运动员队伍的总体情况是显示群体平均数的好方法，同时也提供了数据分布的程度。当数据值呈正态分布时，标准差最有用，形成钟形曲线，如图2.2所示。

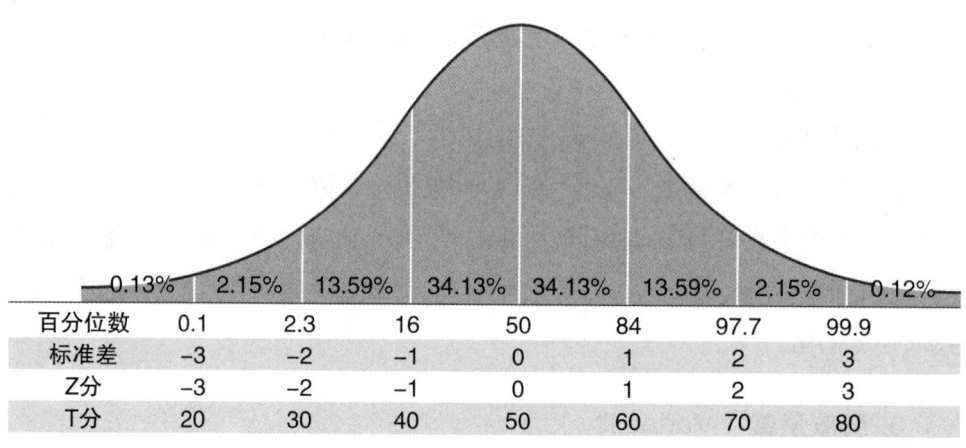

图2.2 正态分布曲线

数据分布的钟形曲线是许多统计技术的基础和起点（3）。如图2.2所示，当数据呈正态分布时，大约68%的数值在平均值的1个标准差内。大约95%在2个标准差内，99.7%在3个标准差内。虽然许多统计计算都是基于这种正态分布的，但研究者经常在运动员监控中处理非正态分布的数据。事实上，这种曲线几乎从未出现在现实生活中的数据中。这意味着，所有统计技术都有了一定数量的错误；当使用这些方法时，研究者应该注意这一点。

正常曲线是频率直方图（根据出现频率绘制数据的图表），该图表明最大数量的分数出现在曲线的中间，而越来越少的数值出现在两侧（图2.2）。左侧长尾低的正常曲线称为负斜率曲线。当曲线的尾部在右侧时，它被称为正偏斜。异常值可以改变该曲线的形状。这在许多运动员监控中是很常见的，特别是研究者经常处理小样本时。例如，教练经常有意调整训练，以便训练周计划或日计划中既有大负荷量也有小负荷量。在上负荷和非负荷期需要考虑的是易出现极端值，但却是很重要的异常值。

通常使用电子表格计算标准差（以及偏峰度）。基本了解它们的计算方法有助于理解这些量度。以下是计算一组数据标准差的步骤：

（1）通过从每个原始数值（运动员获得的实际数据）中减去平均数，计算每个数值与平均数的偏差。

（2）将每个偏差分数进行平方。

（3）求出所有偏差的平方。

（4）将其总和除以N-1得到方差。

（5）取方差的平方根算出标准差。

例如：

运动员8天的安静心率分别为：55、62、57、51、62、65、71、58次/分钟。

平均数=60.1次/分钟，所以每天的偏差分数分别为：5.1、1.9、3.1、9.1、1.9、4.9、10.9、2.1。

偏差值的平方分别为：26.01、3.61、9.61、82.81、3.61、24.01、118.81、4.41。

所有平方偏差值平方的总和为272.88。

272.88÷（8-1）=38.98

$\sqrt{38.98}$=6.24次/分钟

进一步的数据分析技术可以提供一些关于运动员监控数据的有趣信息。使用数据挖掘可以对数据进行更深入的数学描述。数据挖掘是指研究者利用运动监控中常遇到的大型数据集的分析技术，进行更深入探索的过程。根据数据中的相似性来观察群组数据的聚类也是一种方法。在最简单的层次上，聚类可以包括根据运动员的位置、竞技水平或经验程度进行分类。

二、Z分（Z-Scores）

数据点的偏差程度通过计算Z分——标准差偏离平均数的数量来确定。Z分是标准化分数的一个例子，在运动员监控中很常用，因为它提供了比原始数值更多的信息。研究者可以使用Z分来表示任何运动员成绩与标准差单位的平均数的距离（42）。当数值转换为Z分时，正态分布的Z分的平均数为0，标准差为1（参见图2.2）。Z分将介于-3和+3之间。Z分表示运动员得分低于或高于平均数的标准差是多少。例如，Z分为+1.5时表明运动员的分数比运动员组的平均数高出1.5个标准差。

Z分可以如下计算：

Z分=（运动员成绩-组平均分）÷组标准差

例如，运动员在垂直跳跃时峰值功率的结果为55W/kg，并且该组的平均数和标准差分别为60W/kg和5W/kg，则前面的方程可用于确定该运动员的Z分如下：

Z分=（55-60）÷5 = -1.0

换句话说，运动员的分数与组平均数相差1个标准差。因为Z分是负的，所以运动员的分数比组平均数低1个标准差。

三、T分（T-Scores）

T分是从Z分演变而来的，其基本上是修正的Z分。计算T分需要将Z分乘以10，然后加50。研究者和运动员经常发现T分比Z分更容易理解，因为前者呈现为正值。T分一般在20至80之间；50表示平均分数（参见图2.2）。如果运动员的Z分为-1.5，则T分计算如下：

T分 = -1.5 × 10 + 50 = 35

T分在运动员监控中的应用不像Z分那么广泛。如果教练和运动员能更好地理解其内涵，就可以去使用它们。

四、标准差分（Standard Difference Score）

标准差分是从变量的变化中得到的Z分。其有助于识别在特定指标中变化较大的运动员。标准差分可以帮助研究者跟踪训练干预（即训练前和训练后）的变化，但它们也可以用于定期的运动员监控。这种方法的优点在于它考虑了分数排序上的巨大差异。标准差分可以通过找出每个运动员干预前后的测量值之间的差异，然后将其除以标准差的差值来计算（32）。然后可以按等级对标准差分数进行排序并绘制在图表上，并对标准差分和计算方法进行更深入的分析讨论（32）。以下是一例标准差分的计算：某运动员在健康调查问卷中得分为23分，一周前得分为28分：

标准差分 =（测试后值 − 测试前值）÷ 标准差
  =（23 − 28）÷ 3
  = −1.67

五、百分位数（Percentile Rank）

运动员百分位数是指被监控的运动员得分低于该运动员的百分比。与计算中位数一样，百分位排序要求将监控结果按从低到高的顺序排列（也称为按顺序排列数据）。例如，如果一个运动员的排名在第50百分位，群组中50%人数的数据低于该运动员的分数。基于大样本的情况，有时用均匀间隔的百分比表示。这种方法对于测试诸如肌肉力量和耐力等能力更有用，但在运动员监控中应用不太广泛。

六、效应量（Effect Size）

效应量是研究者最有用的统计数据之一（11）。它允许数据呈现为标准化的度量，不管使用何种度量尺度，都容易被理解。这是一种非常有洞察力的方法，用于呈现监控变量的变化，并突出任何变化的实际意义；更复杂的方法依赖于统计显著性，这理解起来可能会更有难度。可以使用很多方法来解释效应量。

七、置信区间(Confidence Limits)

置信区间是监测指标总体参数的估计区间。它们提供了关于变化或差异有多大以及它是增加还是减少的有意义的信息。一种常见的方法是使用90%或95%的置信区间,这意味着该值很可能有90%或95%的概率落在这个范围内。换言之,其表示研究者对运动员组中的真实值包含在指定间隔内的把握水平。当使用95%的置信区间时,如果一个研究者做了100次监控,那么运动员的分数将落在该区间内95次。

第二节 信度

在进行运动员监控的流程时,研究者需要确认研究工具具备如下三点:信度、效度和敏感度。只有当这些工具是可重复的(信度),测量这些指标才有意义(效度),并且可以检测运动员的变化(敏感度),监控的结果才会真正有用。这些组成部分通常可互换地讨论,但是它们在选择运动员监控工具时是需要单独考虑的因素(1)。监控工具的信度往往被认为是最重要的因素,因为它影响运动员监控的精度(1)。例如,在优秀运动员中,许多指标的变化幅度可能非常小,从事这一工作的研究者需要一个可靠的监控工具。当每天使用问卷测量运动员的健康状况时,研究者需要知道量表上的什么变化将意味着是有意义的变化。

当进行监控时,研究方法的信度至关重要。有一种方法是查阅当前的研究文献,观察研究者所使用统计学的方法是否可靠。不过,研究者也必须测试该研究方法在所监控运动员组的信度。例如,研究方法在一般运动员和精英运动员中的信度可能存在差异。对众多体育项目和运动员群体的研究似乎表明情况确实如此(28,29)。一项研究发现,美国高中运动员在跳跃监控变量上的变异性比大学生水平和精英运动员要高。

很多测量信度的方法可供研究者使用。最常见的是相关性、典型误差、变异系数和平均数的变化。研究者并不需要使用所有的这些方法;计算测量的典型误差并随后确定变异系数(以百分比表示)是很有必要的(28)。

一、相关性（Correlations）

运动员的监测数据是需要进行重复验证的。重测信度（Retest reliability）指的是测量的可重复性。如果一切参数都一样，运动员在第一天的测量应该与第二天的测量相同。重测相关是衡量信度的常用方法。相关性是一种统计方法，用来确定两个变量之间关系的大小。1.0的相关性意味着两个变量之间存在完全相关；0表示完全没有任何关系。皮尔逊相关系数（Pearson Correlation Coefficients）和组内相关系数（ICC）用于量化重测信度。在这两种方法中，ICC是更合适的方法，尤其是当测试重复超过两次时（建立再测试信度和监控运动员时一种理想的方法）。在线电子表格可用于计算信度度量（16）。

二、典型误差（Typical Error）

测量误差是评估运动员监控变量变化的非常有用的方法，这提供了与测试相关联误差值的直接测量。测量误差是指测试工具所造成的误差。因此，它包括仪器设备误差和运动员的生物学变化等因素。

变异系数（CV）是典型误差的一种重要类型。CV是指用运动员监控值平均得分的百分比表示的典型误差（16）。这对于计算监控值的信度很有用，建议研究者将其用于所有监控工具（32）。CV可以用来观察运动员之间差异的一致性情况。更常见的方法是使用团队平均数计算CV。

典型误差可以计算如下：

标准差的差值 $\div \sqrt{2}$

为了计算CV，可以使用以下方程：

CV=（标准差÷平均数）×100

研究者可以使用这种方法来计算用于监控所有结果的典型误差。由此，他们可以确定作为训练结果的变化是否具有意义。在线电子表格可用于计算典型误差和CV。典型误差和CV可以相对于有意义的变化计算来表示，以深入了解测试的灵敏度。

三、均值变化（Change in the Mean）

均值的变化是信度的另一个度量，它有两个组成部分：随机变化和系统变化。均值的随机变化是由于采样误差引起的。系统变化是测试值的非随机变化，可能是运动员动机等因素的结果。计算均值变化的一个方法是在两组试验之间进行配对T检验。T检验是一种允许两种方法进行比较的统计检验。配对T检验也可以用于比较那些多次监控的运动员组与重复测试。这个测试可以使用Excel或各种统计软件来计算。

四、信度最大化（Maximizing Reliability）

研究者应该使用具有较小学习效应的监控手段（如运动员对它们的熟悉程度）。运动员应至少进行4次熟悉试验，以减少任何学习影响。两组监控结果之间的差异可能是由若干因素导致的，这些因素包括评分者信度和组内信度。

1. 评分者信度（Interrater Reliability）

评分者信度是指进行监控的不同人员随着时间的推移或在重复的场合对测试结果达成一致的程度。使用清晰定义的评分系统和受过培训并具有测试经验的评估员对于增强评分者信度至关重要。例如，如果在训练课程开始时将俯卧撑的运动质量用作监控工具，则必须有明确和准确的测评标准。在理想的情况中，同一个研究者应该对整个运动员群体进行监控。

研究者还应该了解其他因素导致的不同之处，比如（仪器）校准技术的变化，运动员如何为测试做准备，以及如何执行测试过程。例如，在垂直反动跳跃测试中，差异可能是由运动员在测试之前进行的热身类型引起的。个性差异可能导致不同的测试人员不同程度地激励运动员。例如，如果实习生或体能教练进行测试，则可能出现较大的评分者信度差异。

2. 组内信度（Intrarater Reliability）

组内信度是指由单个测试人员进行的重复测试中得分的一致性。组内信度较弱可能是由于监控方法使用训练不足、注意力不集中，或没有遵守标准化较准流程、运动员测试前准备不充分和测试监控过程不到位等造成的。减少这种可变性的一个简单方法是确保监控者在评估过程中的所有环节都受过良好培训。

五、减小测量误差（Reducing Measurement Error）

通过注意可能的误差来源，并采用适当的方法和分析技术来减少误差，可以明显减少测量误差。在进行监控时，提前投入时间来识别潜在的误差源，并提出最小化这些误差的策略，对于提高监控质量有很大帮助。此外，通过使监控条件尽可能一致，研究者可以提高信度和效度，以减少监控中的误差。以下是某种体力测试所使用的指导方针：

（1）确保在测试前保持充分的准备活动。

（2）提供一致的指导和言语鼓励。

（3）在每天的同一时间段进行测试，以减少时间段变化的影响（38）。

（4）尽可能在相同的环境条件下进行监控。因为环境条件可以在室内得到最好的控制，因而如果可能的话，尝试在室内进行监控，并将环境条件（如温度、湿度）记录下来。

（5）熟悉实验流程，以减少学习效应。如前所述，应至少预先进行4次试验。

（6）测试之前，尽可能使测量条件（如睡眠、营养、训练）保持一致。

案例

信度试验

在实施监控时，重要的第一步是建立研究方法的信度。例如，研究者希望用垂直弹跳测试来追踪运动员组在本周初的跳高情况，以作为训练准备的参数。在每天的同一时间重复测试4次。研究者应该进行不止一次的重复测试，以确定其数据的信度。

案例

以下12组运动员的平均成绩如下：

第1天为60cm。

第1天的个体结果是61cm、55cm、58cm、67cm、49cm、65cm、60cm、54cm、57cm、63cm、68cm和58cm。取结果之和（715），除以运动员人数（N=12），求出平均数为59.6cm。这些分数的标准差为5.6厘米。

第2天为62cm。

第3天为64cm。

第4天为64cm。

分值差异为2cm（第2天62cm-第1天60cm）、2cm（第3天64cm-第2天62cm）和0cm（第4天64cm-第3天64cm），这些差异评分的标准差为1.2cm。

然后将典型误差计算为差值的标准差除以2的平方根，或 $1.2 \div \sqrt{2}$ =0.85cm。

CV可以计算为结果的标准差（第1-4天）除以结果的平均数（第1-4天）的100倍。在这个例子中，CV是100×1.9×62.5=3%。

在比较理想的情况下，信度将基于多个运动员的结果和使用几个时间点来计算。测试进行的时间段是一致的。此外，研究者要重复测试的条件，并至少有10名运动员完成信度测试（越多越好）。如果针对不同运动且不同的训练水平（如青年运动员与更有经验的运动员），那么研究者还将尝试建立不同运动员测试的信度。使用这种方法，应该可以建立信度测量的内部数据库，包括所进行测试的典型误差和CV。

什么是可接受的信度？

在运动员监控中经常被问到的问题是"对于测量来说，可接受的信度水平是什么？"简而言之，答案是研究者应该使用尽可能可靠的研究方法。虽然在运动员监控中没有被广泛采用可接受的信度措施的预设标

案例

准,但通常建议ICC值高于0.75被认为是可靠的;对于大多数监控应用,该指数应至少为0.90。研究者可以使用分类系统来确定信度级别,其中大于0.90被认为是特别高的;0.70到0.90,很高;0.50到0.70,高;0.30到0.50,中等;小于0.30,低。科学家常使用CV值低于10%的数据。目前尚不清楚这个目标对运动员的监控是否合适,这似乎是一个相当宽松的解释。在可能的情况下,研究者应该使用信度极高的监控。甚至还提出了CV低于5%的建议(42)。同时,测试的信度应尽可能高。

高信度是监控运动员微小而显著的变化和监控训练计划对球队影响的先决条件。如果研究工具的信度很差,那么研究者可能永远不会知道运动员的真实状态或训练过程的效果。研究工具必须足够好,以检测运动员状态的任何变化。

第三节 效度

效度涉及确定研究工具是否可以评估它应该评估的内容(如它是否准确地反映出来)。例如,选择跟踪疲劳的方法是否提供了有效的疲劳参数?效度还处理研究工具与运动员竞技表现相关的问题。

与信度一样,效度有生态效度(Ecological Validity)、结构效度(Construct Validity)、表面效度(Face Validity)、内容效度(Content Validity)和效标效度(Criterion Validity)等。对运动员监控最关键的效度类型是结构效度和生态效度。这些与用于收集变量的测试流程有关。此外,还需要考虑的是该变量与运动员疲劳和训练负荷等因素是否存在理论上的联系(见第4章)。

一、生态效度(Ecological Validity)

生态效度是指研究工具与实际运动能力的关系,以及该调研结果的实际应用效果。生态效度在运动员监控的研究中尤为重要。一般会考虑以下建议，如研究者在训练课后等待30分钟进行RPE测量（运动员自感用力度）（见第4章）。让运动员在训练结束后等待30分钟，以提供更多监控信息的等待时间。然而，Singh及其同事的研究表明，训练课后等待10分钟进行RPE测量就足够了，这增加了此监控工具的实用性（35）。

二、结构效度（Construct Validity）

结构效度是指总体的效度，或测试实际测量其监控所能达到的程度（3）。结构效度也指测试代表基础理论框架的能力（用来组织和解释现有知识和观察某些方面的理论）。它也是测试区分不同组别的运动员能力的一种度量。例如，POMS问卷用于测量情绪总体结构。POMS问卷的结构效度是指它如何测量它所要测量的指标（如运动员的心情）。另一个例子是使用RPE通过监控在训练期间RPE平均数来表示发力感觉的努力程度（参见第4章）。其他形式的效度（如表面效度、内容效度、效标效度）是次要的，并为结构效度提供证据。在两个有效的运动员监控测试之间做出选择，研究者应该考虑测试管理过程的简捷性和经济性。

三、表面效度（Face Validity）

表面效度是用来判别运动员、教练员和其他研究者是否符合测量的目的和要求的（6）。例如，包含疲劳和睡眠质量问题的健康问卷很可能对教练员和运动员进行疲劳监控具有很高的表面效度。然而，使用垂直弹跳以监控游泳运动员疲劳可能不会有很高的表面效度，因为教练员和运动员可能会质疑它与运动的相关性。如果监控工具有表面效度，则运动员更可能积极响应。表面效度的评估一般是非正式的和定性的。要使测试的运动员做得好配合好，并且在理论上更好地达到有效目的，表面效度是特别有用的。

四、内容效度（Content Validity）

内容效度是指监控工具测量其声称测量内容的专家评估（6）。对运动员的评估测试内容效度要高，包括特定运动或运动角色所需的所有能力。对于建立运动员监控体系的研究者来说，内容效度有助于确定需要包含的组件以确保效度。研究者应该列出要评估的组件，并确保它们在监视中都有体现。虽然术语"表面效度"和"内容效度"有时可以互换使用，但前者涉及非专业人员的效度，而后者涉及实际效度。

五、效标效度（Criterion Validity）

效标效度是指考试成绩与标准测验成绩之间的关系（3）。效标效度是一种被广泛接受为黄金标准和有效测量的测试。例如，身体成分的金标准测试是双X射线吸收法。效标效度可分为共时效度和预测效度两部分。共时效度（Concurrent Validity）是指在特定时间测量结构测试的效度。要将测试与另一种更精确的结构测量进行比较，而这在大多数情况下是不可行的。例如，比较运动能力和竞赛能力的测试，在比赛当天进行3公里计时等性能的测试是很困难的。预测效度（Predictive Validity）是指测试能够预测未来某一结构或结果的能力。这种类型的效度对于运动员监控很重要，因为它涉及未来的运动表现，这是体育运动的基础（6）。显然，这种方法的应用领域是损伤预测和疲劳监控。研究者和教练员总是对有效的研究工具感兴趣，这些工具能够使他们预测运动员将如何对给定的训练刺激做出反应。更重要的是优化条件，以在比赛中表现出最佳运动能力。

效标效度的一个重要方面是选择合适的标准度量。显然，对于体育来说，赛事中的运动表现是一个被广泛接受的标准措施。在运动科学中，可以使用成熟的标准，如基于实验室的体成分测量和1RM。但是对运动员而言，对于什么构成了诸如训练负荷和疲劳等问题的金标准措施，则很少达成共识。例如，研究人员研究了RPE相对于诸如心率方法之类的其他训练负荷测量的效度（12，43）。

图2.3显示了大腿中间角度等长伸膝肌力（IMTP）测试期间产生的峰值力与1RM下蹲之间的效度相关性。散点图中的高相关性（$r=0.90$）和线性相关性表明这两个测试的结果高度相关。这表明两者被证明具有相似的信息，因此两者都可以使用。应当注意，为了测试是否具有高效性，它需要具有高信度。不过，有时测试虽然高度可靠，但却不是有效的。

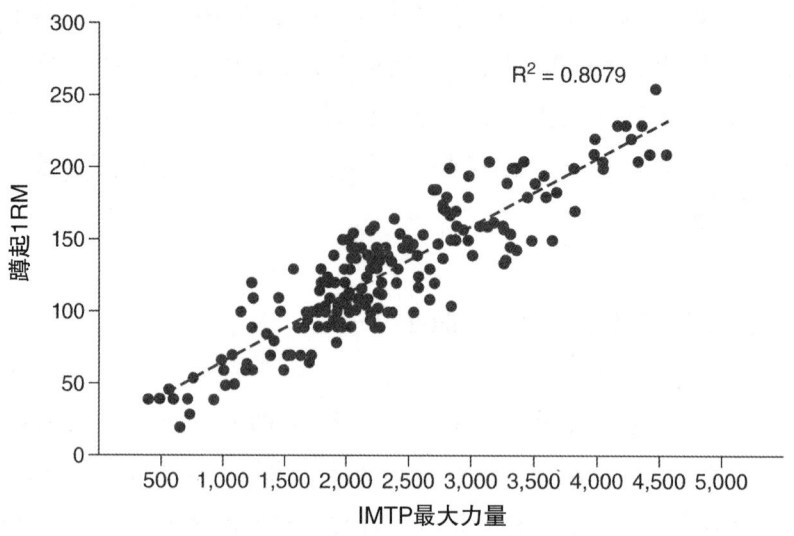

图2.3　IMTP与1RM蹲起的效度相关性

不同的因素会影响运动员监控的效度。一个关键的考虑是减少潜在的混淆变量的影响（13）。研究者经常忽略的方面包括如何执行测试的说明、言语鼓励的一致性、观察者的数量和性别，甚至在监控期间播放的音乐。一个好的策略是，无论何时执行测试都尽可能保持条件的一致性。使用相关的电子表格可以计算效度（21）。

第四节　有意义的变化

监控工具的灵敏度是指其检测竞技能力或某种特征如疲劳状态的变化，是非常重要的变化。这既涉及信度，也涉及效度。研究者需要确定监视工具结果更改的价值或含义。有意义的变化被定义为重要的最小实际变化（18）。换句话说，监控结果的变化是否具有意义？可靠的监控工具可提供一致的结果，但若它对运动员表现的变化不敏感，其价值就值得怀疑。

研究者必须知道关于运动员个体和运动员群体的实际数据有多大变化。这需要评估可能影响测试结果的不相关因素引起监控数据变化的程度。这个过程取决于运动员群体的性质和所选择的测试（27，38）。研究者需要确定他们使用监控方法的典型误差和CV。

当监控运动员的机能变化时，有意义的变化是一个重要的考虑因素。通过确定最小的有意义的变化，练习者可以计算变化量，该变化量将表明运动员没有对训练刺激做出积极反应，或变得过度疲劳。

一、确定最小有意义的变化

最小有意义的变化可以提供一种有用的观察视角，特别是当用于比较具有相似表现水平的运动员时。在此章节中，最小有意义的变化是指确定特定事件中参赛者间的差异所需的变化程度。例如，在奥运会100米决赛中，第四名和获得奖牌有什么不同？通过几个运动员群体对这个比较方法进行了调查，并且涉及计算特定项目中优秀运动员的CV值（25）。类似的概念可以应用于运动员的监控。研究显示，当测试优秀运动员时，研究者希望对测量最小的有意义的变化值达到约有一半的信心（19）。专业人员可以计算监控工具的最小有意义的变化，这些监控工具是特别限定于他们工作的运动员类型的。表2.1显示了各种运动研究的CV的例子（25）。研究者可以将这些结果作为指导，但是如果他们花时间建立自己的标准，他们将从监控程序中获得更多的价值。

表2.1 几种运动项目的典型变异系数

运动项目	单项	性别	变异值
田径	径赛	男/女	1.1
	田赛	男/女	1.4
赛艇		男/女	0.9
场地自行车	追逐赛/争先赛	男/女	1.2
	计时赛	男/女	0.8
游泳		男/女	0.8
举重	抓举	男子	1.9
	挺举	男子	2.0
	总成绩	男子	1.7
	抓举	女子	3.6
	挺举	女子	3.7
	总成绩	女子	3.3

在监控工具信度里设置最小有意义的变化值也很重要。在做此步骤之前，可以使用如下公式计算最小有意义的变化：

最小有意义的变化=0.2×运动员标准差

0.2指的是最小的有意义的或重要的效果统计（参见使用效应量的章节）（19）。运动员标准差是指为一组运动员计算的标准差。也可以使用一系列监控测试结果对单个运动员使用标准差。

理想情况下，最小有意义的变化应该大于测试的典型误差或CV。通过这种方式，研究者可以确信，任何更改都不仅仅是由于与测试相关的错误或噪声造成的。另一种方法是简单地将测试的CV作为有意义更改的基准。将CV乘以因子1.5或2可以是确定监视措施中的实际变化的一种方法（42）。除了使用尽可能多的运动员之外，使用相同的（或类似的）运动员群体来计算这些最小有意义的变化的分数也很重要，这确保了异常分数不会对总分产生太大的影响。

在查看这些值时，研究者也可以应用一套标准。多年来，澳大利亚体育协会这样操作，如果典型误差小于最小有意义的变化，将测试评为"好（Good）"；如果典型误差与最小有意义的变化大致相同，则该测试被评为"尚可（OK）"；如果典型误差远高于最小有意义的变化，则该测试被评为"边缘（marginal）"。研究者应该意识到，仅仅因为测试信度差并不意味着它没有价值。当感兴趣的测量值发生较大变化时，测试的灵敏度可能更令人担忧。例如，现今的研究已经表明，在跳跃监控期间的一些变量（如离心力量）可能对疲劳敏感，尽管具有超过最小有意义变化的典型误差（28）。

1. 效应量的应用

如前所述，使用标准化的变化或差异可以揭示使用监视工具观察到的变化程度。效应量可用于计算训练计划之后的性能变化或用于比较运动员组，可用于日常或每周的运动员监控（11）。例如，练习者可以使用效应量来比较一组运动员从第1周到第2周的跳跃速度（9）。这个测量也称为科恩效应大小，在荟萃分析（元分析）中是有用的，以评估不同研究中均值的差异或变化的幅度。效应量类似于Z分。使用这种方法，研究者可以用下面的公式来表示平均数的差值或变化，进而除以受试者之间的标准差得出效应量：

效应量=（平均数2-平均数1）/标准差1

其中1和2为日、周或时间点1和2。

例如，第1周的平均垂直下蹲跳跃速度为2.94 m/s，标准差为0.19 m/s，第2周的平均数为3.04 m/s，标准差为0.23 m/s。

效应量=（3.04–2.94）÷0.19 = 0.53

也可以在计算中使用总体的标准差（9）。在前面的示例中，总体的标准差为0.21m/s，因此计算如下：

效应量=（3.04–2.94）÷0.21= 0.48

研究者可以使用任意一种方法，只要它们在应用程序中是一致的，并且不变换方法，这将得出稍微不同的结果。

关于这个度量中什么构成最小有意义的差异或变化，并没有明确的指导方针，但是通常建议采用0.2（19）。有些研究提供了若干标准来比较效应量的大小（9，19）。Cohen提出的原始分类体系为小于0.2为微效应（trivial effect），0.2~0.5为小效应（small effect），0.5~0.7为中等效应（moderate effect），大于0.7为大效应（large effect）（9）。然而，这些都是武断的，不需要严格遵循。Hopkins及其同事提出的量表已经得到更广泛的应用，如小（0.2）、中（0.6）、大（1.2）和很大（2.0）的参考值对于研究者非常有用（19）。

一组运动员在某一周的平均跳远成绩为205cm（标准差为9.7 cm）；一周后，平均跳远成绩为208cm。效应大小计算如下：（208–205）÷9.7=0.31。研究者将0.31的效应量解释为从第1周到第2周的小的效果或变化。表2.2显示了一个可用于不同程度经验的运动员的效果大小分类的建议量度（计算为平均数的差异）。另一个关键点是，在运动员监控时，小的影响可能产生大的后果。人们还对效果大小及其应用进行了更深入的讨论（9，11，23）。

表2.2 效应量分级表

等级	效应量
微小	<0.2
小	0.2~0.6
中	0.6~1.2
大	1.2~2.0
很大	2.0~4.0
极限大	>4.0

2. 与基线比较

确定监控变量是否已经改变主要取决于与之比较的基线值。研究者必须有多个基线值来比较运动员的结果，这也提高了测量的信度。然而，比较必须是要有意义的，特别是在监控运动员疲劳时。例如，在赛季的紧张时期，研究者应该将测试结果与代表运动员相对无疲劳状态的值进行比较。

二、了解运动员有意义的变化——问卷调查

除了体能测试外，运动员问卷和主观反应也常被监控。然而，要明确这些报告的问卷中是什么构成有意义的变化具有很大的挑战（见第四章）。健康问卷通常要求主观评分，评分范围从差到优。这些量度解释分数的一个潜在问题是，运动员可以给出自动的回答，特别是当他们定期回答这些问题时。尽管已经详细地解释了评分过程，并且遵循了正确的锚定程序，但是经常出现高值或低值。锚定程序包括在开始问卷之前提供一系列的语言提示，以便运动员理解评分（见第四章）。

通过问卷调查，提出解决这些问题的方法（10）。一个是确定每个运动员的反应高于或低于正常的程度。另一个解决方案是将运动员当天的结果与代表运动员定期报告的值进行比较。这是通过使用如下公式计算的Z分或标准差异分的修改来实现的：

（当前分数－基线分数）÷个人基线分数的标准差

其中，基线分数的标准差可以使用在赛季前阶段收集的分数来进行。例如，在美国国家足球联盟工作的研究者可以利用4周的季前赛收集结果。

这个分数的作用是把运动员的分数转换成与基线的标准差。研究者可以设置他们自己的阈值，以确定有多少标准差在实际中是重要的。有人提出，阈值Z分大于1.5对于识别被认为处于危险中的分数是有效的。这是基于这样一个事实，即它代表了离基线分数1.5个标准差。一项对高水平运动监控实践的调查发现，一些研究者使用一个标准差作为监控的阈值。然而，需要更多的研究来证实这种研究方法的效度。研究者还可以在整个监控年中保持固定的基线，或者是用于比较结果的滚动变化基线。

案例

有意义变化的测试

我们用如下例子来说明,假设您对计算垂直弹跳测试中相对峰值功率的最小有意义的变化感兴趣。有10名运动员完成测试,分别得到66、49、56、65、61、54、53、69、62和55的分数(单位:W/kg)。运动员之间的标准差为6.5W/kg。这个测试的最小有意义的变化是6.5×0.2=1.3W/kg。为了监控的目的,把这个值降低到1 W/kg。在下周的重复测试中,将大于1 W/kg的测试结果的变化认为是有意义的。在1周后的随访测试中,运动员的得分为68、50、56、62、58、54、51、66、62和53(单位:W/kg)。可以根据计算确定哪些运动员经历了有意义的变化。例如,运动员1从66变为68,表示正变化,而运动员4从65变为62,表示负变化(记住,任何变化大于±1W/kg的运动员都会被认为具有最小有意义的变化。还可以对两个时间点进行效应量的计算,以指示组中的变化幅度。

第一周:平均数为59,标准差为6.5;

第二周:平均数为58,标准差为6.3。

因此,效果量=(58−59)÷6.5=0.15,提示只有微不足道的效果(参见表2.2)。这是一个很好的方式去观察运动员进行一周训练的效果。

也可以简单地将测试的典型误差与测试值的变化进行比较。例如,如果观察到测试值的变化大于典型误差,则可以将其评定为实际变化(这可能是根据测量值的改进或下降)。当观测到的测试值变化小于典型误差时,可以认为测量是稳定的。不必只关心最小有意义的变化。可以将这些原则应用于评估中至大效果的有意义变化幅度。这里将使用中等效果(0.6)或大效果(1.2)来执行计算。

三、长期变化的评估

研究者常常会遇到是运动员个体变化更重要还是群体更重要的问题。虽然运动员个体的变化是首先要关注的,但是与团队相比,观察缺乏变化或变化幅度不同也可以提供见解。例如,作为周期训练计划的一部分,监控变量的整体平均值可能将大负荷阶段的过度训练状态反映出来(10)。然而,一个运动员从一个阶段节点到下一个节点的运动成绩可能保持稳定。如果数据显示运动队整体表现出疲劳,但某些个体反应却不太明显,这提示运动员对同一负荷阶段的反应存在差异。因此,可能需要进行适当的调整。

调查监控变量中变化的更先进的技术是时间序列分析(time series analysis)(5)。它广泛地应用于许多学科,但在运动员监控方面受到的关注相对较少。它涉及计算变化的平均状态来分析时间序列数据,从而允许研究者确定何时性能正在增加或降低(7)。时间序列分析同样适用于运动员监控,因为它由具有系统模式的时间序列数据(time series data)和随机噪声(random noise)组成(5)。分析可能相当复杂,但是它本质上涉及计算数据的移动平均数和查找模式。因为大量的噪声和变异经常与监控数据相关,所以时间序列分析之类的方法可以帮助人们对此进行控制,并允许对模式进行系统分析。

在一项研究中,Chiu和Salem跟踪了重复窄拉(clean pull)产生的功率,以确定系统模式,并减少变异性(7)。假设一个研究者对每周一次的训练监控峰值功率(以瓦特为单位)感兴趣,并在12周的时间内获得以下值:850、903、901、876、834、904、977、1011、800、911、876和923。为了计算移动平均数,研究者将适当地计算平均数。要做三点移动的平均值,研究者将做以下计算:

第一周为850

第二周为877(第一周和第二周的平均数)

第三周为885(第一至第三周的平均数)

第四周为893(第二至第四周的平均数)

原始值可以与移动平均数一起绘制在图上。

另一种识别监控数据趋势的技术是分裂中间分析,对于观看运动员的趋势是有用的（36）。它包括根据天数或周数将数据分成两半，然后确定每一半的中值。研究者先取前50%的值，然后取后50%的值，再确定每个周期的中位数。然后将这两个中值绘制在包含所有数据点的图上，以便可视化结果中的任何趋势。例如，4周的健康问卷的结果可以绘制在图表上。然而，每天这样做会产生大量的数据，并且图表可能显得非常杂乱。可以计算第一周和第二周以及第三周和第四周的中值以揭示这两个数据点的任何一般趋势。

识别运动员监控工具的突然变化也是有用的。Stone及其同事提出，使用统计过程控制可以为识别监控变量中的峰值提供有价值的信息（26）。统计过程控制作为一种质量控制方法，也广泛地应用于其他领域，如商业和制造业。通过计算平均数和标准差，并将此类信息绘制成图，包括标准差的阈值（如±2），研究者可以可视化异常值。

四、急性与长期监控的比较

另一种越来越普遍的监控方法是观察急性和长期监控变量的比率。例如，研究人员将1周内完成的绝对训练负荷与2～4周的平均长期训练负荷进行了比较（4，22）。这个急性–长期工作负荷比率可以简单地通过将急性工作负荷除以任意给定周数的平均数来计算（22）。Z分计算在这里对于识别阈值，如对低负荷和高负荷的分析也是有用的（22）。

第五节 相关性与因果关系

研究者通常对监控变量之间的关系感兴趣。正如前面信度章节中简要讨论的，相关性是用于建立两个变量之间关系程度的统计方法。例如，体能师可能想知道，在做蹲起等长收缩时产生的峰值力量和训练过程中某种程度的疲劳之间是否存在关系。测量相关关系的大小相对简单。然而，相关性常常是一个被误解的概念，应该在监控过程中谨慎使用。虽然研究者经常将相关关系与因果关系联系起来，但两者本质上是不同的，并有可能找到一个原本不存在的关系。表2.3显示了如何解释和使用两个变量之间的相关强度。关系的强度由r值表示，r值可以从–1.0（完全负相关）到1.0（完全正相关）；0表示没有关系。

表2.3 相关系数分级表

等级	相关系数
低	0.1
中等	0.3
高	0.5
很高	0.7
极高	0.9

也可以将r值平方以计算R^2，也称为确定系数（coefficient of determination）。这是由另一个变量解释的一个变量中变化量的度量，它通常用百分数表示。如果以图2.3为例，1RM下蹲与IMTP上的峰值力之间的相关性是r=0.90。因此，R^2=0.90*0.90*100=81%。这意味着1RM蹲姿的81%的可变性是由IMTP的可变性解释的。因为每个测试中的大部分可变性都是由另一个来解释的，所以只需要一个变量，因为它们基本上测量相同的东西。然而，该计算还表明，19%的变异性是由其他变量所解释的，可能存在诸如收缩类型（如动力性收缩与静态收缩）的差异等。

当计算相关性时，样本大小也是一个潜在的问题，有时小样本会导致错误的高相关。然而，对于非常大的数据集或"大数据"，这可能也是一个问题，在这些数据中也可能发现错误的关系。研究者在解释这些关系时应该小心，并且要意识到相关性并不一定意味着是因果关系。用更先进的技术探索这些大数据集中的关系可能更加合适。

鉴于运动成绩受多种因素的影响，仅研究两个变量之间的关系是相当不足的。当探索数据之间的关系时，研究者可以使用更高级的技术，如回归和建模。回归是一种统计技术或模型，用于基于一个或多个其他变量解释一个变量中的可变性（3）。通过使用该技术，可以基于运动员在一个或多个其他测量上的得分来预测或估计运动员在一个测量上的得分。以图2.3为例，可以基于IMTP测试的结果来预测运动员的1RM。然而，这种估计的准确性取决于可变性，以及这种关系和模型有多好。可以使用Excel或统计软件进行回归计算。在第三章和第四章中，我们将讨论与利用训练冲量（training impulse，TRIMP）等方法监控训练负荷相关的建模。

第六节　结果的呈现

在处理监控数据时，重要的第一步是花时间来组织和简化数据。试图在数据中发现意义的过程是至关重要的。一旦完成了这项前期工作，就可以构建一个监控体系，该系统将提供关于运动员的最有价值的信息。

使用先前描述的方法的探索性数据分析对于识别数据中的模式、趋势和相互关系是有用的。此初始步骤还应涉及以某种形式可视化监控数据。在图表中显示数据提供了比数字更容易解释的信息可视摘要。研究者可以看到数据中是否存在任何模式。例如，运动员的成绩倾向于增加、减少还是保持不变？查找数据模式的任何异常值或明确的异常也是有价值的，可以指示结果中存在有趣的情况，或者仅仅是数据中有错误。了解典型数据如何，以及变量的一般范围在这里是至关重要的。一些研究者只接受由一项技术产生的数字，这可能导致一些问题。一旦创建了数据的图形表现形式，就可以生成数字摘要和简明描述。

一、图形显示测试数据

在分析监控数据时，第一步最好是以某种方式来绘制图表。例如，Z分可以很好地呈现在图中。这可以帮助研究者比较身体机能能力，并决定在训练课、整体训练计划或两者中需要调整的地方。本章讨论的方法需要与向教练展示结果的战略方法相结合。仅仅开发出可靠和有效的监控模式、收集数据，并确定这些变化是否有意义还是不够的。为了有效解释结果，研究者还需要评估变化的幅度，同时考虑测试的信度和敏感性，然后以教练员和运动员能够理解的方式呈现结果。否则，这些信息不太可能对运动员的表现产生影响。

报告可以以多种方式进行，并使用多种分析方法的组合。通常，教练员和运动员并不十分了解数字的内涵。图形化数据可以显示结果的趋势，或者这些利益相关者认为监控数据的大变化是有意义的。

研究者使用的主要类型的图形是线图、条形图、散点图、茎叶图、雷达图和饼图（33）。许多研究论文使用传统的线图或条形图报告结果，然而，这些并不总是理想的监控数据图形。散布图、线图、直方图、茎叶图对于观察数据的总体分布非常有用（44）。直方图通常用于大量数据（参见本章的图2.4）。线图可以显示监控数据的趋势或突然变化（参见第四章中的图4.4和4.8）。对于少量的运动员（<50），最好的选择是显示完整的数据集。散点图是可视化两个变量之间关系的好方法（参见图2.3）。

> **案例**
>
> ### 监控数据报告的指导原则
>
> 数据报告的关键是向教练和运动员提供结果。不良的测试数据表示会限制提高运动员成绩的潜力，如果数据产生过程中花费过多的时间也会产生负面影响。因此需要尽快报告监控数据，以便教练员和运动员有时间在训练中调整并纠正问题。理想情况下，报告应该包含某种类型的实时反馈，能够给予教练员和运动员及时的反馈，可以帮助他们调整相关训练方案。

二、生成图形与表格

下面的一般指导方针可以帮助研究者设计有效的数字和表格：

（1）确保视觉效果适合用户；考虑目标受众（在大多数情况下，是教练员和运动员）。

（2）把信息内涵整理清楚。

（3）图表应包含所有重要信息。

（4）使数据值直观清晰。

（5）使视觉信息易于阅读和理解。

（6）避免图表中的"图中垃圾元素（Chartjunk）"或杂乱。图中垃圾元素是指图中没有表达任何关键信息（41）。

（7）重视美感。关键信息和可读性应该是首要考虑因素。

许多资源可用于帮助研究者改善数据呈现方式（41，44，45）。

以下是绘制图表时需要遵循的准则：

（1）将所有数据放入某种表格格式或电子表格中。

（2）选择最合适的数据呈现格式（使用前面的指南）。

（3）创建一个简洁的标题，描述图表显示的内容。

（4）决定哪些变量绘制在各自的轴上，并为每个轴选择适当的标度。

（5）为数据轴写适当的描述。

（6）包括用于每个轴的测量单位。

（7）使用绘图软件绘制数据点（甚至进行手工绘制）。

前面介绍了几种分析运动员监控信息的方法，下面将讨论其他的关键事项。

1. 百分率变化

简单的百分率变化计算是提供监控结果的流行方法。以下是公式：

百分率变化=（运动后值-运动前值）÷运动前值×100

例如，场地自行车手的功率输出第一周是1911瓦，第二周是1866瓦。百分比变化的计算如下：

百分率变化=（1866-1911）÷1911×100=-2.4%

这也可以连同测试的噪声（表示为典型误差或CV）和最小有意义的变化一起报告。当需要极端的精度用于深入分析时，可以使用在线电子表格来发现监控变量中观察到的变化超过最小有意义的变化（20）。

2. 可能的置信区间

另一个有用的方法是对监控变量的真实值使用可能的限制或称置信区间。报告可能置信区间的最简单方法是使用观察到的变化加上或减去典型误差（15）。例如，一个运动员已经变化了+3%，并且测试的典型误差是±1%。如果最小的有意义的变化是1.5%，那么自上次测试以来可能出现积极的变化。这是因为运动员结果的变化比典型误差和最小有意义的变化都大。重要的是，最小有意义的变化大于典型误差。

可对可能置信区间进行简单的计算。例如，可以通过将值乘以1.96来计算测量的技术误差（变为2可以使计算更加简单）。这表示基于正态分布曲线的±2标准差。然后可以使用定性术语来解释这些结果，例如，可能有害、很可能实质上是积极的、不清楚但可能有益等（19）。这种基于幅度的推断方法在运动员监控中正得到越来越广泛的应用。电子表格可以精确地计算置信区间和相关的实际意义（17）。

3. Z分图

通过计算运动员的分数减去平均分除以标准差来显示相对变化的Z分，这在前面的部分中已讨论过。这些数字影响不大，除非进入上下文。雷达图或直方图是向教练员和运动员直观地呈现Z分的好方法。将这些统计数字以图表形式呈现的优势在于，它们可以演示运动员在组中的位置。当监控一系列的测量数据时，用雷达图或直方图绘制Z分图可以提供运动员相对于团队的优势和弱点的图形表示。这是一个有用的工具，可以用来解决一些问题，确定运动员是否过度疲劳或不如预期响应训练刺激，使研究者能够作出适当的计划调整。

图2.4显示了每周运动员监控概况，包括IMTP、反应力量（从向下跳开始监控）、睡眠质量、疼痛、疲劳、过顶蹲得分、GPS监控负荷和唾液皮质醇的数据。图2.4提供了该周运动员的快照，研究者可以从中得出结论，过度的肌肉酸痛、疲劳和压力的一些迹象可能需要注意。

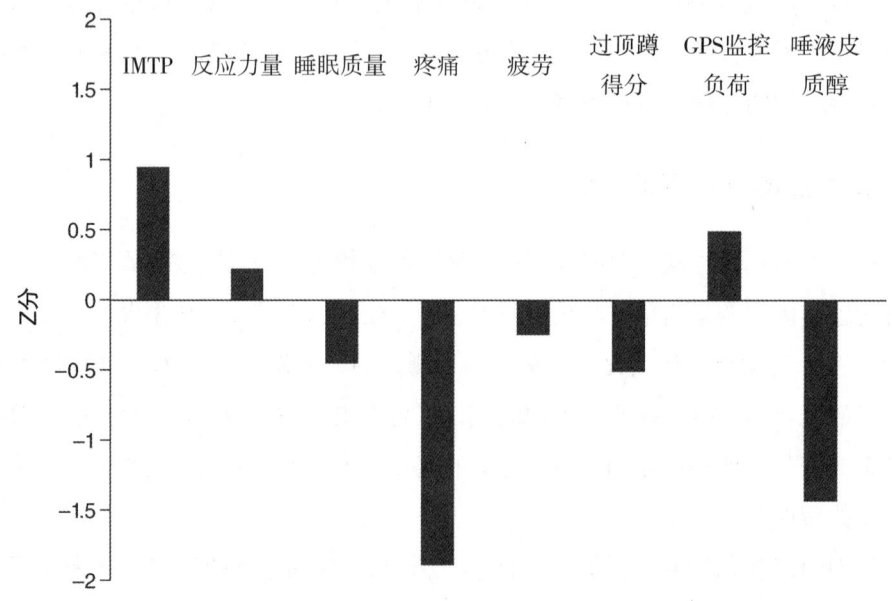

图2.4 运动员能力特征

研究者经常使用Z分雷达图来显示一次性监控和测试的结果。然而，运动员监控过程的一个重要部分是重新测试并将结果与先前的结果进行比较。如果特定的运动员由于受伤或其他原因不能进行监控，测试组就会出现问题。使用小样本（在高水平运动员中常见）在特定监控测试中特别强（或弱）的运动员可以导致平均值、标准差或两者的显著变化，从而使结果更容易受到异常值的影响。

另一种方法是使用修正Z分法，即通过确定基准平均值和标准差进而确定的。研究者可以根据发表的类似人群的文献、先前与该运动员群体或类似运动员的测试数据、与其他支持人员的讨论，以及来自教练员的反馈等信息来确定这些评价基准或目标。随着时间的推移，研究者应该能够建立一个关于运动员历史数据的数据库。这使得使用诸如比赛角色和训练年限之类的类别进行更复杂的分析成为可能。一旦确定了这些基准，就可以如前所述计算修改后的Z分，但是稍微修改使用基准分数而不是班级或团队平均数，如下所示：

修正Z分=（运动员成绩−基准分数）÷标准差

图2.5显示了使用这种方法监控运动员的Z分。监控程序包括测量神经-肌肉疲劳（垂直反运动跳跃平均功率）、健康状况（问卷）、训练负荷（RPE×会话持续时间）、受伤风险（运动筛查测试）和免疫状态（唾液IgA）。团队平均数是所有Z分的平均数，所以使用传统方式计算时，它总是等于零。研究者可以根据监视程序的特定方面的相对重要性来设置基准。

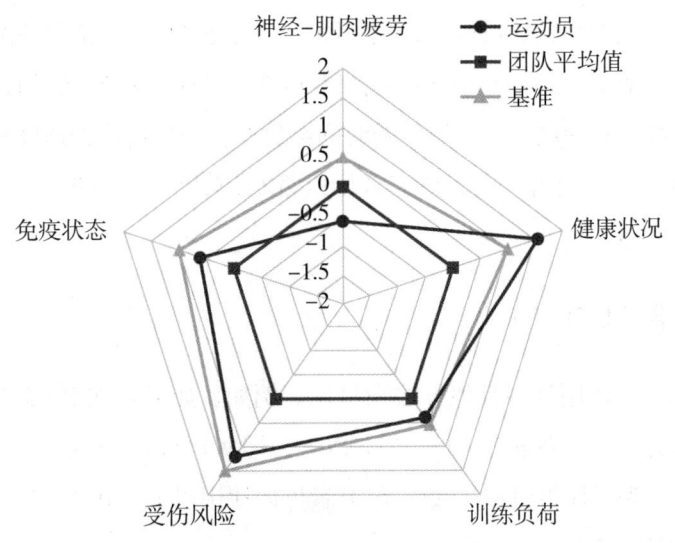

图2.5　测试运动员与团队平均值、基准值进行比较的雷达图

运动员还可以随时间监控变量,如图2.6所示。在图2.6中,运动员的成绩是在一个特别大负荷训练的3周内绘制的,以观察监控区域的变化。研究者可以观察到负荷逐渐增加导致负面结果,并作出必要的调整(如加入一个无负荷周)。

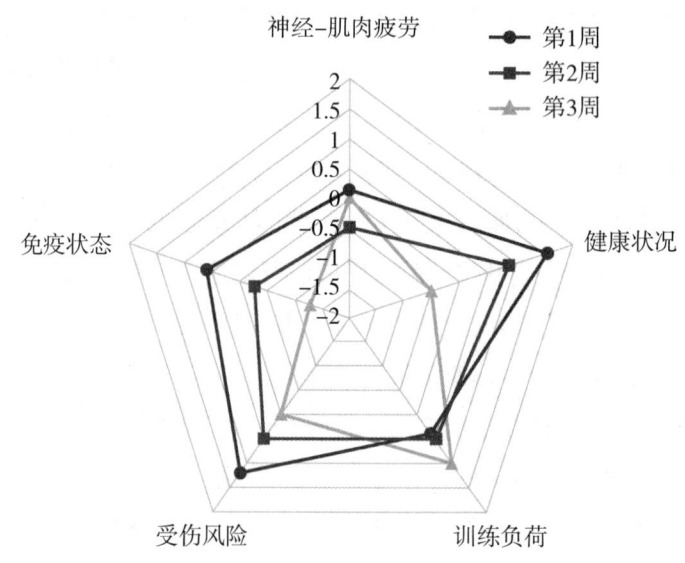

图2.6 运动员机能能力的雷达图

这些图允许研究者和教练员可视化变量随时间变化的情况。值得注意的是,在监控测试中表现更好的运动员对于某些测量可能会产生负Z分。例如,测量跑距超过20米的速度,其中更快(更短)的时间会更好。当使用诸如速度和身体成分的测量时,为了标准化雷达图,研究者可以将Z分乘以−1。当然,对Z分的更深入使用也是可取的(31)。

4. 标准10分(STEN)

监控数据也可以使用许多其他方法来呈现。例如,如果发现Z分令人困惑,可以使用另一种方法,比如标准10分(STEN),即从1至10,这可以从Z分或原始监控数据计算。为了计算STEN分数,研究者可以使用以下公式:

STEN分=(Z分×2)+5.5

或

STEN分=（监控值−监控平均数）÷标准差×2+5.5

比如，一个运动员使用健康量表（四个项目的1-10分：压力、肌肉酸痛、睡眠质量和疲劳）得到40分中的23分。该组的平均数为40分之32，标准差为4.5，因此：

STEN分=（23−32）÷4.5×2+5.5= 1.5

三、生成电子表格

研究者有必要花时间来学习一些统计软件（如SPSS、SAS），并充分利用它们。由于研究者时间较为紧张，熟练掌握统计软件包可能不太可行。然而，对于大多数人来说，熟练掌握电子表格是足够的。电子表格可以提供非常强大的分析功能，并且像Excel这样的程序应该能够完成练习者为运动员监控而需要的一切统计。还允许研究者使用图表来可视化相关数据。一些资源提供了关于如何从电子表格中获得最大值的进一步信息（24，42）。

第七节 定性分析

本部分所讨论的研究方法主要是定量的，因为它们是以数字的形式进行测量的。然而，一系列定性技术也可用于帮助研究者分析运动员的训练和运动能力。定量和定性相结合的混合方法也越来越流行。可以认为，基于幅度的推断就是这方面的一个例子，因为它们同时使用数值数据和定性描述（39）。混合方法得益于定量和定性方法的优势，从而获得更完整的运动员行为的画面。

三种类型的定性数据收集可以用于监控目的：访谈、小组座谈和观察。事实上，这些方法通常是研究者经常使用的。通过一些额外的计划，研究者可能从这些实践中获得更多有用的数据。

一、访谈

运动员访谈可以是结构化的、非结构化的或半结构化的。结构式访谈根据运动员的回答提出问题，没有任何偏离（34）。另一种是非结构化的访谈，从一般问题开始（如你今天感觉如何？），然后从这个问题出发。半结构化访谈介于这两种方式之间。研究者有一些他们想问的问题，但他们可能会根据运动员的回答来改变访谈的方向。半结构式访谈允许研究者深入探究这些反应，同时给运动员留出余地来讨论他们感兴趣的方面。

进行高质量的访谈是一项重要技能，应该包括记录访谈过程。理想的情况是，在访谈时做笔记，在完成面试后获得录音以进一步分析。倾听比提问更为关键，一个好的访谈者需要知道什么时候保持安静。从这些访谈中获得的数据可以帮助研究者确定诸如运动员准备训练的事情。一些研究表明主观信息对于运动员监控也具有重要的价值。在训练课开始前询问运动员的感觉如何，可以获得他们当前健康状况的重要见解。也可以使用定性分析方法，例如，在运动员的答案中找到共同的主题，也称为主题内容分析（30，40）。

二、小组座谈

小组座谈实际上只是对大量运动员的扩展性采访。一般来说，他们由5到10人组成，访谈者充当讨论主持人。小组座谈是获得关于团体中运动员意见和想法的详细信息的一种有用的方法。这些会议还应以某种方式进行记录，访谈者应熟练掌握促进、倾听和提出相关问题的技巧。也可以使用定性分析方法，并在运动员的回答中确定重要主题（40）。

三、观察

观察是大多数练习者监控运动员的常规部分。定性分析主要使用两种观察类型：参与式观察和非参与式观察。参与式观察，研究者是被观察场景中的活跃参与者，而非参与式观察，研究者是进行客观观察。无论使用哪种方法，以某种方式记录观察结果都很重要（如检查表、现场说明）。详细的现场说明可以帮助研究者记住他们观察到的重要事情。通过记录个人方面，如思想、感受、评估和培训期间的学习，研究者也可自我反思（14）。

虽然有些人认为定性分析不如定量分析严格、科学，但事实并非如此。可以使用一系列数据分析技术来分析使用定性方法获得的信息。定性方法可以为运动员监控系统提供更为丰富的理解。

结 论

有一系列的监控工具可供研究者使用。集中趋势、离散量数、最小有意义的变化、效应量和标准分的统计测量对于监控一组运动员，以及组内个体的反应是有用的。研究者应该始终使用具有最高信度的监控工具，并且为了提高信度，要始终坚持严格和一致的流程。监控工具还需要对运动员的变化有效和敏感。尽管监控工具的选择很重要，但是向教练员和运动员呈现结果可能更加关键。研究者应该使用有意义的表示方法，并且侧重考虑如何使用监控数据来影响运动员的运动能力。图表是表示监视数据的有效方法，并且可以帮助识别趋势和模式。使用多种方法来监控运动员，结合适当的数据分析，使研究者和教练员做出知情的、基于证据的训练决策。

第三章 训练应激的生理学效应

训练应激的生理学效应是理解运动员训练监控的根本。为了使训练方案最优化，从业者除了需要牢固掌握剂量效应关系外，还应考虑运动员准备活动等对剂量效应的影响。剂量效应关系的最优化状态是一个精妙的平衡，它要求从业者精确安排和测定训练量。平衡一旦被打破将导致负性训练效果，使运动员运动表现降低，产生适应不良综合征。运动员监控将有助于从业者做出准确调整以避免负性结果（如过度训练和运动表现下降）的发生。过度训练综合征的研究已达成共识（71），研究者最近又将目光投向高水平运动员不明原因运动表现低下综合征（10，63）。对剂量-效应关系的有效控制是从业者指导训练时应努力掌握的核心内容，即使运动员的训练计划已经最优化。对特定运动剂量诱发特定机体应答的清晰理解是一个好的开端，将有助于从业者改善他们的训练方案。

已有一些模型可用于解释单次急性训练刺激后机体的生理学反应：一般适应综合征模型（101）、健康-疲劳模型（4）、刺激-疲劳-恢复-适应模型（106）。这些模型都强调了应激监控相关的一般性和特异性指标。三个模型均指出，没有完全恢复的过度疲劳可导致适应不良，尤其是运动表现下降。在极端情况下，随着疲劳时间的延长，功能性训练过度和非功能性训练过度可能发生，进而出现最严重的情况——过度训练。充分理解这些模型将有助于从业者更全面掌握训练应激的生理学效应。

第一节 训练应激的生理学反应模型

加拿大生理学家Hans Selye的开创性研究——一般适应综合征模型（Geheral Adaptation Syndrome，GAS）奠定了随后应激监控研究的基础（100，101）。正

第三章 训练应激的生理学效应

如第一章所说，训练的目的是给予一个可改善运动表现的刺激。充分利用剂量-效应关系需要对GAS有充分的理解。该模型的理论基础是机体或系统应对各种刺激所经历的阶段。总的来说，这一模型认为，所有应激源均导致一个相似的应答，即应激被认为是机体平衡状态被打破。

图3.1概括了GAS模型。施加一个刺激后，机体进入警觉期（Alarm Phase），这将导致训练疲劳的产生。急性疲劳是一个正常可预期并且对训练刺激的短期应答，是训练过程的重要组成部分。如果起始应激得以充分恢复，机体就进入了第二个阶段，称为抵抗期（Resistance Phase），此时，各系统功能恢复至基线或达到稳态，并伴随生理性适应的产生，这使得将来施加相同的训练刺激不会扰乱机体至同样程度（43）。第三个阶段被称为超量恢复，是紧随训练刺激后的一个充分恢复阶段。超量恢复（Supercompensation）指机体功能恢复至超过基线的水平，为运动表现的增加。为了确保训练适应和效益的最大化，下次训练应安排在超量恢复阶段。不充分的恢复可能出现以运动表现下降为特征的功能性或非功能性的训练过度，甚至出现过度训练。

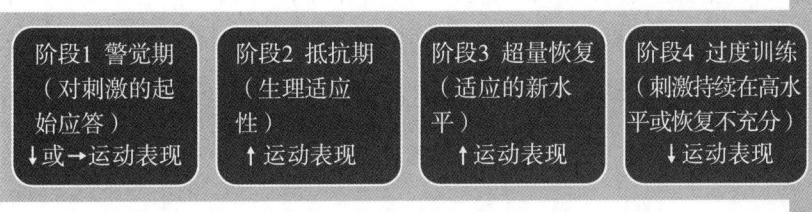

图3.1 一般适应综合征模型

尽管一般适应综合征模型不能涵盖刺激-应答的所有方面，但在解释一次急性训练刺激的适应性应答上却是非常有用的。值得一提的是，一般适应综合征模型并不是一个线性应答。运动员的具体应答在同一天内、不同训练日之间及不同训练小周期（一般为7~10天）之间都会有波动。

依照一般适应综合征模型，一方面，如果第二次训练刺激安排得过早，过度疲劳可能出现，这将导致训练不适应，运动表现下降，甚至出现图3.1中第四阶段描述的过度训练等严重后果；另一方面，如果没有在超量恢复阶段安排后续的训练刺激，训练效果可能会丧失，运动员能力将回到训练前水平。

从业者掌握负荷过量和负荷不足之间的微妙平衡是极其重要的。一个有效的运动员监控体系可为从业者提供运动员身上正在发生的运动疲劳和适应的相关信息。虽然一般适应综合征模型（GAS）是对训练适应如何发生的简单描述，但却为理解急性训练刺激的影响提供了良好的开端。尽管过分简单化可能使从业者在理解运动员监控时错失大量关键信息，但事实上训练量对训练适应的影响是非常复杂的。运动训练过程中，众多影响因素及其之间的相互作用使得对训练适应性应答分析十分困难。从业者必须意识到应激源的影响是外加的，很多因素可影响运动员对训练中应激源应答和适应的能力（5，66）。内环境稳态的传统观念需要考虑运动训练的多因素特性。具体来说，从业者需要了解运动员怎样感知刺激及运动员训练史如何影响他们对应激的处理方式。

一、健康-疲劳模型

我们前面已经提到，疲劳是运动员训练过程中期望出现的部分。尽管生理学家常将疲劳定义为急性运动时最大肌肉力量和功率的下降（11），这其实是一个相对简化的定义。疲劳其实是一个受众多因素影响的整体现象（11，57）。在运动训练中，从业者需要从运动员体能、技术、决策和心理等方面全面地考虑疲劳问题。

1. 什么是疲劳？

疲劳可分为中枢性疲劳和外周性疲劳。中枢性疲劳指中枢神经系统（大脑和脊髓）发放冲动减弱；外周性疲劳指肌肉内的直接改变损害了收缩过程（11）。在外周水平，体内很多指标的升高或降低大幅抑制生理过程进而影响运动表现。经常提到的公认的影响因素有三磷酸腺苷（ATP）、磷酸肌酸（PCr）、二磷酸腺苷（ADP）、无机磷（P）、乳酸、氢离子、氨、肌糖原、血糖、钾、钠、氯离子、钙离子、镁、细胞因子、活性氧、活性氮、脱水、五羟色胺、高温（核心体温过高）和缺氧（氧气减少）等。

近年来，大量中枢性疲劳的研究使得中心控制模型获得极大拓展。此模型的基本观点是：内在控制器通过降低神经系统传入肌肉的运动冲动来控制肌肉力量和机体运动，并主要通过主观感觉来感知疲劳（85）。事实上，运动员的中枢神经系统主要负责机体在特定情况下应产生多大的力量。这一理论仍饱受争议，但可以确定，运动性疲劳是任务依赖性的。例如，全力跑和长时间亚极量运动这两种项目产生疲劳的主要原因就不相同。从根本上讲，疲劳的许多方面仍不十分清楚。疲劳生理基础的具体内容可参考相关综述性报道（11，22，38，57）。

2. 疲劳的测量

因运动竞赛和训练多因素的特性，测量疲劳可能会面临挑战。关于疲劳的机制，实验室研究已为科学家们提供了多个重要的理论假说。尽管从业者通常都不关心疲劳的内在机制，但对他们进行深入了解将会非常有用。

运动性疲劳可通过多种方法进行量化（11），主要包括平均或最大输出功率、时间或速度、总做功量、作用于应力板、踏板或桨上的力及单个肌肉自主收缩产生的最大肌力（最大自主收缩）。从业者感兴趣的一种疲劳是低频疲劳，由高强度、高功率、重复性拉伸-缩短或离心收缩等诱发（52）。颤搐叠加技术（Twitch Interpolation Technique）是将一个电刺激叠加于一次最大自主收缩，这个技术被广泛用于测量低频疲劳（11）。主观感觉量表（RPE）等主观测量方法可用于评价整个机体、部分机体（如下肢）或特定部位的疲劳。修正的主观感觉量表等级也可用于评价呼吸困难。可用的等级量表包括常用的Borge 6-20量表、10项类别比率量表、分段式RPE量表和0-100 RPE量表（见第四章）。

运动训练监控的一个误区是从业者会因过分关注疲劳而尽最大努力去减少疲劳的发生。这是完全错误的，因为疲劳是复杂运动效益中一个自然而必要的过程，过度强调疲劳可能会减弱机体对运动训练的适应（27，94，95）。对机体完全没有刺激可能产生与训练过度或过度训练一样的问题，即导致机体适应不足，进而使得运动表现下降。这也是前面提到的GAS模型的一个重要特征。有证据可印证这一理论，研究发现训练负荷和应激指标之间是一种非线性的剂量-效应关系（74，96）。最近一项研究发现，低强度和高强度的训练负荷均可引起运动员应急指标的增加（74）。对一组高水平五人制足球（足球的一种修正形式）女性运动员的研究发现，机体对低负荷和极限负荷的某些应答反应基本相似（74）。运动训练监控可用于辅助制定精确的负荷平衡以达到最优的训练适应。

3. 健康与疲劳的关系

疲劳最好定义为一个连续统一性的存在。这一连续统一体的起始取决于以下因素：

- 训练负荷的累积效应
- 神经肌肉和精神疲劳的累积水平
- 恢复缺失的水平
- 疲劳累积的时长
- 疲劳症状的严重程度

图3.2反映了依据运动员生理应激获得的健康与疲劳的关系（37，106）。这一模型描述了健康和疲劳的关系如何影响运动员的意愿（13，37）。Banister等人的最初构想是运动表现应与健康-疲劳之间的差异相关（4，12）。在这一模型中，两个因素分别代表了增强和减弱的生理功能，两者之间的关系决定了应对刺激时运动表现的变化（4）。但健康和疲劳因素的多个方面（本部分开始处已列举）最终决定了运动员意愿的水平（13）。负荷和疲劳的累积水平、恢复不足程度和疲劳症状的严重程度等均可使运动员产生不同的个体化应答（13，37）。已有类似模型用于解释运动表现，它是一个具有受多种因素及其相互作用影响和不同个体化应答特征的复杂过程（87，88）。

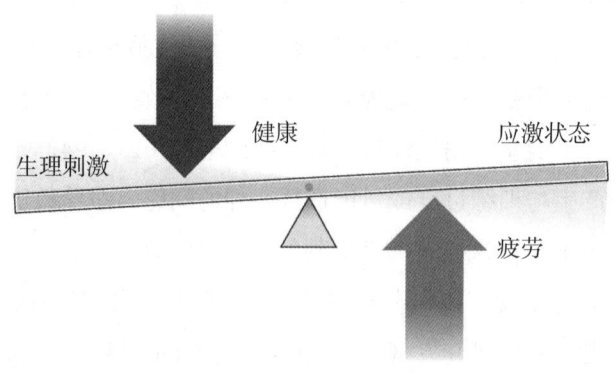

图3.2 健康和疲劳的关系

4. 疲劳的机制

神经肌肉疲劳既可以是肌肉水平的变化（如外周性疲劳），也可以是中枢神经不能募集足够的运动神经元（如中枢性疲劳）（34）。副交感和交感神经系统在疲劳过程中似乎扮演了重要角色。交感神经系统控制兴奋或兴奋应答，而副交感神经系统负责机体应激的下调。在健康-疲劳模型中，健康效应主要是神经源性的，而疲劳效应则既有神经源性的也有代谢源性的（13）。

神经源性机制有很多种，且都和外周神经系统有关。自我抑制降低（收缩或拉伸的肌肉兴奋性下降）、梭内肌纤维（肌肉内探测肌纤维拉伸程度和比率的感受器）募集下降和神经肌肉复合体激活减少均可导致疲劳的发生（13，34）。交感神经系统一旦激活，应激激素（如去甲肾上腺素、肾上腺素和皮质醇）的分泌将大幅增加。受体上调（增加细胞内容物）和儿茶酚胺（应激激素）分泌增多导致中枢神经系统活性增加。

疲劳的代谢源性机制主要是代谢底物（如ATP、磷酸肌酸）储存和利用的减少。此外，肌肉内无机磷水平的升高使得最大横桥功能、肌纤维钙离子敏感性及肌质网对钙离子的释放明显下降，从而发生外周疲劳（11）。肌肉内环境酸化使肌肉力量和收缩速度明显下降，而肌糖原的降低也导致肌质网钙离子释放减少。这些机体改变结合中枢神经系统的反馈共同导致主观疲劳感增加，进而出现中枢疲劳（11）。多种受体下调和儿茶酚胺释放减少使得神经系统功能减弱，这是疲劳的神经机制。多种机制和系统参与了疲劳的产生，因而综合考虑影响机体疲劳的各种生理因素是非常重要的。

乳酸是研究疲劳时最重要的测试指标，但是专家们已经摒弃"乳酸导致疲劳"的既有观念，现在大量研究表明，乳酸并非导致疲劳，而是疲劳产生的一个必然结果，事实上，乳酸通过维持肌肉力量起到部分机能促进作用（11）。这是一个经典的相关关系，而非因果关系！一致的结果是，过度训练可导致最大乳酸浓度下降，而次最大浓度维持不变，或仅有轻微降低（114）。

5. 后激活增强效应

后激活增强效应（Postactivation Potentiation，PAP）是指一次特定负荷运动（如为了增加肌肉力量、爆发力或速度）后爆发性运动表现提高的现象。PAP

反映了健康（Fitness）和疲劳之间的相互关系及内在机制（47，99）。用于解释PAP效应的机制有两个：肌球蛋白轻链的磷酸化和高阈值运动单位的募集（47）。此外，骨骼肌羽状角减小也被认为是相关机制之一（65）。经典理论认为，PAP和疲劳之间的平衡使运动表现增强，也就是说，这种增强效应既代表健康效应，也与疲劳效应有关。有关运动员的大量研究探讨了健康与疲劳的关系及后续的运动表现增强（112）。PAP和疲劳之间的正性平衡被认为是肌肉收缩能力增强的原因（93）。

一个运用PAP原则进行力量和调节性训练的运动方案是，运动员先做一组大强度后蹲举，紧接着进行一些爆发力训练（99）。教练员可制订3组、3次/组、每次负重90% 1RM的力量练习方案。每组完成后，运动员可休息几分钟，然后做3次垂直下蹲跳。PAP效应可导致更高的弹跳高度，理论上可产生更好的训练效果。

PAP增进健康与诱导疲劳之间的关系尚不完全清楚。研究表明，高水平运动员有更明显的增强效应和更少的疲劳产生（14，99）。高水平运动员能承受更大的运动负荷，且产生运动增强效应的时间更早，因而对疲劳的耐受能力更强（99）。因为疲劳可阻碍PAP效应，两次运动之间的恢复时间就显得至关重要。从业者应结合运动员的自身情况认真考虑训练方案以诱导PAP产生（93），同时，监控训练方案的具体细节有助于PAP效应和潜在适应的最优化。

最近一项研究对中枢神经系统是急性运动增强后续活动能力的潜在机制提出了质疑（109）。心理作用可能在后续活动能力增强中扮演了重要角色，运动员体验到的欣快感可部分用于解释这种心理作用。对这些潜在机制的深入理解其实并没有太大意义，尽管其有助于确定运动训练监控时的关键指标。显然，健康和疲劳的应答效应可为运用监控手段检测疲劳诱因提供一些参考。

短期训练研究为健康–疲劳模型提供了更有力的支撑。抗阻运动出现过度训练时，力量、爆发力和速度的应答各不相同，证实了刺激应答存在多样性（13，31，32）。大量相关研究并未提及运动员完成抗阻练习的运动量到底有多大，而仅表述为运动员进行近似最大强度的训练。一项研究发现，3周大强度抗阻训练（近最大强度后深蹲，3次/周）导致速度下降的同时并未影响力量水平（32）。这再次强调了总工作量并不是影响机体急性应答的唯一因素，训练负荷和相对强度也是重要的影响因素。

三、刺激–疲劳–恢复–适应模型

刺激–疲劳–恢复–适应模型解释了训练刺激后机体的一般应答过程（图3.3）（37，106）。正如前面讨论过的几个模型，训练刺激导致急性疲劳。只要给予一个充足的恢复期，这种可感知的疲劳对运动员来说一般都不是问题。急性刺激后的24小时至36小时，机体通常不会出现活动能力下降（71）。疲劳积累的程度与运动员所承受的负荷强度及持续时间成正比，且只要恢复时间足够长，超量恢复就会发生。恢复和适应期过后，如没有实施新的训练刺激，运动员的活动能力和机能状态将会持续下降至最初状态。在此模型中，这一过程有时也被称为"复旧"（37）。

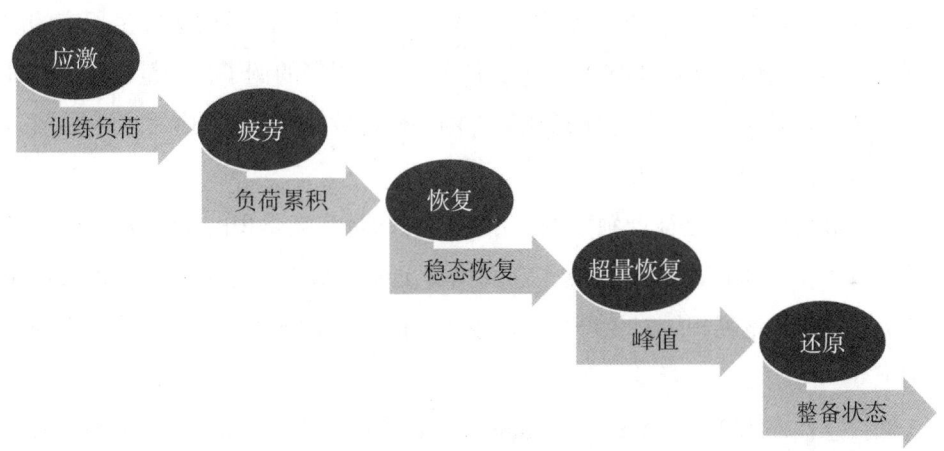

图3.3　应激–疲劳–恢复–适应模型

在刺激–疲劳–恢复–适应模型中，刺激强度是决定恢复–适应期长短的重要因素。调控恢复–适应期的时长是周期化训练的基本原则之一（37，113）。一个有效的运动员训练监控系统应让从业者去收集运动员对训练后机体反应的主要感受，并据此做出相应的判断。例如，如果训练强度过大，运动员将体验到更加严重的疲劳症状，需要更长时间去恢复和适应（106）。从业者仅通过运动员对疲劳的主观感受就可判断负荷对运动员机体的影响情况。针对这一问题的解决策略是重量训练负荷日和轻量训练负荷日交替进行，这既可抵消重度疲劳的持续时间，也可相应延长恢复和适应的时间。换句话说，从业者可减轻训练刺激以降低疲劳程度，促进机体快速恢复和适应。但是，一些特殊时期，如赛季准备期，运动员需要尽力忍受高水平的负荷刺激以备战接下来的比赛。

四、模型的应用

对从业者来说，GAS、健康-疲劳模型和刺激-疲劳-恢复-适应模型有一些显而易见的用途。三种模型的根本是尽力获得训练刺激水平，以及健康-疲劳效应和恢复-适应程度之间的动态平衡。GAS模型提出，决定机体应答水平的是总运动量，而非运动强度（13）。健康-疲劳模型则认为，运动后机体应答由总运动量和运动强度共同决定。如前所述，多重因素和健康-疲劳效应共同促成了适应的发生（13）。基于内分泌系统对刺激的一般应答理论，GAS模型将健康和疲劳效应区别对待（101）。但是，激素应答随着训练模式的不同会发生相应的改变现已得到专家们的认可（19）。抗阻训练是一个很好的例子，大量研究已经证明，激素（如睾酮、可的松、生长激素）的多样化效应会随着训练负荷和强度等的改变而改变（19，59，60）。

疲劳和健康效应是彼此独立的，但总效应却是相互累积的（见图3.2）。训练监控中关注最多的是疲劳效应，它们源自于训练刺激，可影响多个器官系统（13）。疲劳大量累积可对免疫系统产生明显的消极影响（35），这是一个很好的例子。

调控急性训练变量（Acute Training Variables）对判断运动员适应能力大有帮助。从业者需要有效的监控体系以确保他们所采用的训练负荷恰好能限制疲劳，并使恢复和适应效应最大化。另外，我们所说的目标并非避免疲劳，而是监控和掌握疲劳，以确保训练方案可随时进行调整。

五、疲劳连续体

很多因素可促成训练刺激的急性应答（见第一章图1.2）。运动员对训练负荷的应答被认为是有潜在影响的多个变量共同形成的连续统一体。合理训练方案产生积极适应，而训练负荷过大，疲劳积累过多将导致适应不良。从业者应尽力对这两者进行区分。如果急性训练刺激后的恢复不充分,这一连续统一体将滑向一个极端,导致机体活动能力下降,甚至出现更严重的消极后果,如训练过度或过度训练(71)。因为正常训练适应和适应不良之间并不存在明确的分界点,那么,将疲劳的产生当作一个连续的过程是非常有意义的。从正常适应向适应不良转化是一个渐进的过程,事实上,训练过度对提高运动能力是必需的(图3.4)。尽早发现这种转化将有助于预防过度训练综合征。这也是为什么选择可靠、有效且对疲劳敏感的监控手段是非常重要的。

在评估运动员对训练负荷的生理应答时,从业者需要考虑的另一个重要因素是慢性应激(55,95)。Kentta 和 Hassmen(55)运用他们自己的概念模式综合分析了刺激和恢复的整个过程,主要包括以下关键因素:总应激负荷程度、个体对应激的承受度,以及机体对应激的实际恢复程度。个体的应激能力存在巨大差异。最近一项研究表明,应激性神经反应的个体差异与应激诱导的可的松释放及安静状态下可的松水平之间具有明显相关性(46)。应激可通过多种途径影响机体的恢复过程。例如,在高应激状态下,机体修复能力呈现明显下降(115)。

一系列研究结果显示,在高应激状态下,运动员对训练负荷的适应能力明显下降(5,65,107,108)。例如,慢性心理应激可导致机体对抗阻训练的应答变得迟钝;有研究发现,慢性精神性应激可影响4天大强度抗阻训练后肌肉恢复的速率(108)。因此,在高应激状态下(如大学生运动员考试期间),从业者应有意识地适当调整训练计划以确保运动员的恢复。

高应激状态也可增加运动员伤病的风险(66)。可通过多种调查问卷来监控运动员的应激水平(详见第四章)。另外,营养和运动员对训练应激的感知能力也被认为是影响疲劳的重要因素(63)。

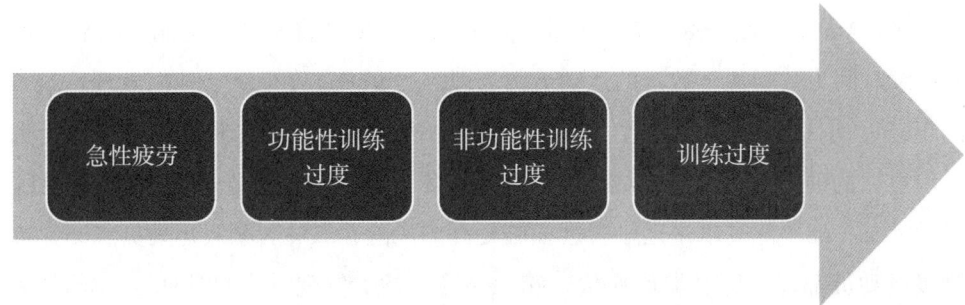

图3.4 训练过度和过度训练理论上的连续体模型

第二节 训练过度和过度训练

大部分研究支持训练过度和过度训练存在于一个连续统一体中的说法（71）。尽管刺激后的疲劳可诱导机体适应，但刺激后不充分的恢复却可导致适应不良。这种适应不良与下丘脑-垂体-肾上腺轴及其他所有下丘脑轴密切相关（71，72）。下丘脑在调节应激和训练的中枢应答过程中扮演关键角色，并可整合代谢、神经和激素信号。刺激和恢复之间的平衡是确保机体在训练后产生良性适应的关键。

在训练过度阶段，运动监控可帮助从业者避免其运动员出现机体活动能力下降。这方面的专业术语可能存在不一致，容易混淆，但泄气（Staleness）、精疲力竭（Burnout）和剧烈运动（Intensified Training）等术语有时可用来表示训练过度和过度训练。当训练负荷过大导致机体活动能力下降时，运动员就进入功能性训练过度状态（3）。随着超负荷训练时间的延长，机体不能充分恢复而出现非预期的疲劳及活动能力下降，即机体进入非功能性训练过度期（83）。过度训练综合征是疲劳连续体的最后一个阶段，主要表现为机体活动能力大幅下降及相应的精神紊乱，即使延长休息时间、降低训练负荷，这些症状仍会持续数周，甚至数月（见图3.4）（71）。

一、训练过度和过度训练的盛行

现有证据表明，训练过度和过度训练在运动员群体中的流行度属中等和较高水平。Matos等人（68）依据每日的疲劳相关数据，将机体活动能力明显下降且持续时间为数周甚至数月的运动员归为训练过度或过度训练。他们发现，29%的年轻运动员出现过非功能性训练过度和过度训练症状，从事个人项目的运动员因更大的训练负荷而面临更高的风险（37%个人项目运动员 VS 17%团队项目运动员）（68）。高水平运动员会面临更高的风险，37%国家级运动员和45%国际级运动员都曾经历过类似症状。Morgan等（78）发现，在自述职业生涯中有过类似经历的高水平中长跑运动员中，男性运动员占64%，女性运动员占60%。

另一项针对英国运动员（国家级和奥运会级）的调查显示，15%~35%的男性和4%~15%的女性运动员有过训练过度和过度训练的症状（58）。对高水平游泳运动员进行为期6个月的训练监控后发现，过度训练和训练过度的发生率为21%（48）。可见，不论何种运动项目和性别，高水平运动员都经常发生训练过度和过度训练。

在运动员群体中开展训练过度和过度训练的研究是非常困难的。鉴于过度训练往往对机体产生负性影响，试图在运动员身上诱导过度训练就显得很不道德。因高水平运动员训练过度和过度训练的研究很少是纵向研究，故绝大多数证据来自急性调查。这类研究的另一个问题是可用于研究的运动员样本量较小（76，83）。此外，大部分此类研究仅仅关注个别有氧耐力运动员（48，61，62），也有团体运动员的相关报道，但很少有研究将关注点聚焦于单纯抗阻性项目的运动员。

大量描述运动员训练监控的研究已经涉及众多运动项目（15，18，20，51）。"不同运动环境下应该如何开展训练监控"的研究为从业者做了生动的剖析（69，84）。不过需要指出的是，这些研究中涉及的训练方案通常都有一定的适用范围，且多偏向于观察性调查（9，111）。

二、功能性训练过度

功能性训练过度是为了增加运动表现的一种可预期的训练策略。从业者常用它来提高运动员（特别是已进行较长时间训练的运动员）的体能。递减式训练（Tapering）是运用有效监控训练过度来优化运动员体能峰值的经典训练方法。作为周期训练的关键部分，递减式训练法是指在降低总训练量的同时继续维持运动强度，通过超量恢复效应诱导运动员出现体能峰值（113）。一个精心设计的递减式训练方案可特异性诱导体能增加3%左右（0.5%~6%）（81），这点进步往往决定着比赛的成败。

在涉及训练方案的诸多因素中，递减式训练最使从业者困惑。原因是关于递减式训练和体能峰值我们还知之甚少。其中一个难点是运动员对递减式训练的高度个体化反应。当前大部分递减式训练的研究主要是针对有氧耐力运动员，仅有少量研究将团体项目运动员作为研究对象（18，81，91）。最近一项关于高水平三项全能运动员的研究表明，监控训练以避免训练过度带来的负性影响是非常重要的（3）。与已确诊"严重疲劳"的运动员相比，2周递减式训练后处于功能性训练过度状态的运动员身体活动能力更差，这突出强调了递减式训练期间监控的重要性。例如，运动员疲劳后可能需要更长时间的递减式训练和更大幅度的训练负荷减量（81）。

与递减式训练相关的是停训和减量训练。Buchheit等（8）研究了2周减量训练对澳大利亚高水平足球运动员的影响，实验期间，运动员进行非监控下的减量训练，多项测试显示肌肉力量和心肺耐力有所增加或维持不变，更长时间的停训可导致某些运动表现进一步改善。Loturco等（64）观察了28天递减式训练对4名高水平撑杆跳运动员的影响，发现停训一段时间后，力量增加速率和加速度明显改善。Andersen和Aagaard（1）的经典研究指出，一段较长时间的停训可导致肌球蛋白重链Ⅸ亚型出现超射现象，这可用于解释之前看到的爆发和力量发展速率的大幅增加（1，2）。从这一系列研究中我们似乎可以看出特定的递减式训练阶段可能相当保守，且可被延长以寻求运动表现最大化。但是，只有通过规律监控整个训练过程和递减式训练阶段运动表现相关变量，从业者才可从运动员处获取信息以帮助他们选择更加有效的训练策略。

功能性训练过度通常对高水平和优秀运动员更有效，这可能是因为高水平运动员需要功能性过度训练来持续获得运动表现的提高。反过来说，这种训练策略可极大增加运动员沿健康-疲劳连续体滑向适应不良的风险。随着运动员职业生涯的延长，他们耐受更高训练负荷的能力不断增强，对其进行密切监控就变得非常重要。关于功能性训练过度，从业者需要认真权衡风险与收益。周期训练中运用训练过度方法时，从业者可通过训练监控做出更加明智的决定，并实时调整训练内容以确保运动表现的提高，避免使其发展成非功能性训练过度。

三、非功能性训练过度

正常身体活动恢复时间是区分功能性训练过度和非功能性训练过度的主要因素（71）。非功能性训练过度表现为活动能力下降、心理困扰和激素紊乱，常被视为过度训练综合征的前兆。达到非功能性训练过度状态的运动员常出现活动能力下降和严重的疲劳感，且这种症状会持续2周到6个月。

1. 非功能性训练过度相关研究

非功能性训练过度的发生过程尚不完全清楚。除针对运动员的研究外，军事作战人员的相关研究也提出了许多有趣的见解。一系列监控手段可用于探测非功能性训练过度（16-18，83）。Nederhof等在针对优秀速度滑冰运动员的三个案例研究中检测了这一系列监控手段（见第四章），包括运动员恢复-应激问卷（RESTQ-Sport）、情绪状态分析（POMS）、反应时测试、两次最大自行车骑行后促肾上腺皮质激素（ACTH）和皮质醇应答。三个案例表现出明显不同（一个被确定为非功能性训练过度，一个正从非功能性训练过度中恢复，一个健康）。RESTQ-Sport、反应时测试和两次运动的测试方案似乎有望成为非功能性训练过度的诊断工具。

Coutts等（18）对大负荷训练后团体项目（橄榄球联盟）运动员训练过度的特异性指标进行了研究。一组运动员先进行一周递减式训练，再故意进行6周训练过度式训练。短期递减式训练使得跑动能力、垂直下蹲起跳高度、最大摄氧量和肌肉损伤的减少都出现超量恢复。谷胱甘肽/谷氨酸比值是唯一一个对区分功能性和非功能性训练过度足够敏感的生化指标。有趣的是，该研究还发现，训练负荷仅比平时略高就可引起非功能性训练过度。可见，除判断训练过度的工具外，对训练负荷的精确测量也是非常重要的。

2. 非功能性训练过度的运动-激素测试

两次最大运动测试已被用于研究运动员的训练过度和过度训练（71，72）。这个方案的理论依据是可间接测量下丘脑-垂体-肾上腺轴的反应度。通常两次最大运动之间间隔4小时，并测试相关激素应答。该测试可用于区分功能性训练过度、非功能性训练过度和过度训练（73）。相比于功能性训练过度的运动员，非功能性训练过度运动员对第二次运动有更加明显的神经内分泌反应（73）。一个过度训练运动员对第一次运动表现出极大的激素反应，但通常会紧随着对第二次运动产生抑制反应（73）。提示筋疲力尽（力竭）时机体首先对垂体敏感性过高，第二次运动时适当下调，或者两者都有（71）。

测试运动时的激素反应时，从业者应充分考虑这些测试方法的变异性。内分泌轴的监控也应考虑激素之间的相互作用。例如，运动中的激素反应会影响恢复时的内分泌应答（71）。内分泌轴功能是前后并联的，理解这一点对测试运动中和恢复后的激素水平至关重要，同时，这也是运用两次运动测试方案的原因。不过，它的缺点也较为明显，如需要一定的后勤保障、对运动员有较高要求及激素分析的高额费用，因而很难对一组运动员进行监控，仅对有非功能性训练过度或过度训练风险的高水平运动员进行此种监控可能是更好的选择。

出现训练过度时，下丘脑-垂体-肾上腺轴的相关激素水平出现紊乱（97，98）。特别是ACTH、可的松和生长激素水平明显下降（72，98）。睾酮/可的松比值也被视为一个潜在的测试指标（详见第五章），但结果的可信度不高（28-30，76）。其中，睾酮代表了运动员的合成代谢状态，可的松代表了分解代谢状态。有研究显示，长期训练后可的松水平下降（36），但也有结果不一致的报道（98）。

在一项关于优秀青少年足球运动员的研究中，运动表现低下的运动员表现出了与非功能性训练过度相一致的心理和激素改变（98）。安静时生长激素水平下降，运动后ACTH也降低，这说明生长激素的低水平反映了运动员合成代谢降低，而ACTH的低水平则是垂体-肾上腺轴功能紊乱的结果（98）。从业者通常既会测试这些激素的安静水平，也会监控单次或多次运动的激素应答。但是，实际操作时可能会遇到一些问题，如价格昂贵，采集过程需要一定的后勤保障，很难给从业者提供即时反馈。另外，还要考虑检测方法的变异性。这都限制了其在监控运动员训练过度或过度训练中的应用。

鉴于情绪状态在诊断过度训练中的重要意义，大脑特异性指标，如脑源性神经营养因子（BDNF）引起了科学家们的兴趣。BDNF可激活脑细胞生长和修复，保证神经系统的发育和维持。最近一项研究调查了一段时间大强度运动后血清BDNF和情绪紊乱的关系（89）。8名受过良好训练的自行车运动员仅做一周大强度训练就可使情绪紊乱度增加32%，且伴随着机体活动能力的下降。这些症状在一周恢复后均可消失，提示出现的是功能性训练过度现象。急性大强度运动后血清BDNF上升，但与运动后或安静状态下训练过度的程度无明显相关性。安静时可的松水平也被测试，但对于反应训练应激未表现出任何意义。情绪紊乱似乎是反应非功能性训练过度的最好指标之一，可用POMS等调查问卷进行测量。Halson等（42）发现，优秀自行车运动员2周大强度运动后情绪紊乱度增加28%。情绪紊乱、神经内分泌功能障碍、情志改变和睡眠障碍都和非功能性训练过度密切相关，同时，它们也是下丘脑调节和协调功能紊乱的预测信号。

训练过度的有氧耐力运动员会出现睡眠障碍和发病率增高（45）。尚不清楚这种睡眠紊乱是否由过大的训练负荷导致训练过度引起，或者说是训练过度的一种表现。处于非功能性训练过度状态下的运动员除了活动能力下降外，情绪也会变坏（98）。Morgan等（77）的一个经典研究显示，女性游泳运动员4周超负荷训练后情绪状态恶化，特别是愤怒和抑郁的情绪增加。监控运动员的简单工具对从业者来说是非常重要的。这些工具如能精确评估运动员正处于健康-疲劳连续体的具体位置就可使运动员避免严重的过度训练。

四、过度训练的评价指标

非功能性训练过度和过度训练的主要区别是机体恢复至正常水平的时间（71）。过度训练是指极度疲劳和运动表现低下达6个月以上（68）。从业者面临的一个问题是：为了成功，运动员需要长期的大负荷训练（24）。运动员经常每天训练多次以达到这样的训练负荷。当一个运动员正经受疲劳，判断疲劳是否会转化为过度训练就显得非常重要（71）。在一项共识声明中，Meeusen等（71）提出的应激-恢复-适应模型太过笼统，建议过度训练综合征的诊断需要具有特异性、排他性的临床和非临床（训练量、能量、营养、恢复状态、心理）判断标准（63，71）。除了训练过多，过度训练综合征还由多种其他因素共同引起，训练从业者应该综合加以考虑。

Lewis等（63）认为，过度训练综合征的提法可能会使训练从业者只关注训练本身，其实综合征是多因素共同作用的产物。当运动成绩不理想时，训练从业者往往倾向于增加训练组数和频次。为了避免出现上述情况，他们需要明白运动员的训练过度和过度训练是有本质区别的。专业术语的统一将有利于教练和运动科学家之间更有效的理解和沟通，也使训练从业者和运动员能正确运用训练负荷，确保充足的恢复以获得最大的训练效果。

很多方法可用于检测运动员的过度训练。最理想的情况是，训练从业者可以确定导致过度训练的确切因素，并在过度训练综合征发生前对其进行调整。前面章节已详细讨论了这些检测方法。体力疲劳症状有：无明确原因的活动能力下降、持续的疲劳感、训练时需要付出更多努力、睡眠障碍（包括质量、数量、失眠和频繁打盹）。为了弄清过度训练是否是运动员疲劳的原因，训练从业者首先必须排除其他可能因素，例如贫血、埃巴病毒、莱姆病、糖尿病、成年型哮喘、肌肉损伤、心脏疾患、感染性疾病、变态反应、运动伤病、生化指标异常等都可导致机体疲劳，任何最近罹患的疾病及相关症状都应考虑在内。另外，从业者还应关注心理、社会因素及运动员最近是否进行了过多的训练。

从业者还需要排除"过度训练其实是训练失误"的情况。训练时间过长、强度过大、训练内容单调、比赛次数太多和施加热、冷、高海拔等环境刺激等都可导致这种情况的发生。运动员训练日记或日志是了解这一信息的最好来源。

运动表现下降是需要特别关注的，下降幅度和持续时间应做详细记录。在可能的情况下，从业者最好能重新审视最近比赛和训练数据，包括主观努力度、心率和全球排名情况。安静心率、运动时心率和心率变异性（HRV）等心率测试可帮助从业者有效监控过度训练。

情绪紊乱也应该被考虑在内，包括应激、焦虑、食欲下降、性欲下降和饮食失调。运动员可能自述正经历的精神疲劳、易怒和注意力不集中。对于女性运动员，月经周期需要重点考虑，如月经初潮、避孕、持续时间和周期频度等。服药和用药史也值得重点关注。营养状况也是至关重要的，主要内容包括标准日常饮食和液体补充、用餐时间、最近饮食改变、饮食禁忌和营养补剂的应用。能量平衡是指能量摄入和消耗之间的平衡，对训练和适应十分重要。国际奥委会在一项声明中对"竞技运动中相对能量缺乏"给予指导，因为能量缺乏与运动员活动能力密切相关（79，80）。能量平衡也是引起女运动员三联征的重要因素（79）。饮食不规律和月经周期紊乱共同作用可导致雌激素分泌下降，甚至会使骨矿物质丢失（79）。女性竞技运动员体脂含量过低也是非常危险的（79）。体重和体成分都可用于监控能量平衡。

一旦医学原因被排除，运动员经过连续休息和恢复仍表现出活动能力低下则可诊断为过度训练综合征（63）。考虑到不同个体表现出的症状可能千差万别，诊断将变得非常艰难（92）。

第三节 生化、血液和免疫学指标

生化、血液和免疫学指标已被用于监控运动训练,以避免训练过度或过度训练的发生(详见第五章)。常用的生化指标有睾酮/皮质醇比值、血浆谷胱甘肽、肌酸激酶、C反应蛋白、血清铁、铁蛋白和转运蛋白。血液指标包括红细胞计数、血红蛋白、红细胞比容。在监控过度训练时,免疫学指标显得非常有价值,主要有白细胞计数、血液细胞因子、唾液免疫球蛋白A和淀粉酶,其中白介素-6和肿瘤坏死因子α因其在免疫功能和运动应答中的重要作用而成为最具潜力的监控指标(102)。

肌酸激酶是反应肌肉损伤和不适应运动应答的敏感指标,但在过度训练运动员中并未有统一的模式(44)。Coutts等(18)发现,6周大强度训练后,橄榄球运动员的肌酸激酶显著升高。随后进行1周减量训练,与其他生化指标不同,运动员的肌酸激酶水平可迅速恢复至正常值,这无疑是减量训练后肌肉损伤减少的反应。关于过度训练,运动引起胰岛素样生长因子绑定蛋白3(IGFBP-3)降低已有报道(21)。一项研究揭示了胰岛素样生长因子1、IGFBP-3与调查问卷测定的过度训练之间的关系(21)。鉴于交感神经在机体调节中扮演的重要角色,很多研究对儿茶酚胺在训练过度和过度训练中的作用表现出极大的兴趣,有证据显示它们可能是非常有用的测试指标(48)。但是,需要指出的是,并没有大规模的研究对此加以证实。

慢性能量缺乏和由此而产生的糖原耗竭可加剧应激激素应答,进而触发过度训练(71)。考虑到下丘脑在调节能量平衡中的重要作用,能量平衡的破坏可影响多条关键代谢途径,这也反映了恢复不完全和潜在的训练过度。与能量平衡相关的一些激素,如脂联素和饥饿激素也都被当作反应过度训练的潜在指标(53)。

在非功能性训练过度状态下,细胞因子可作为过度疲劳和疾病的检测指标(53)。促炎症细胞因子在机体内有广泛的作用,且对免疫应答和下丘脑信号传递尤为重要(102,103)。因此,通常认为它们有助于区分功能性和非功能性训练过度(102,103)。在下丘脑内促炎症细胞因子有结合受体,可对运动员训练过度和过度训练的某些症状发生应答性反应（53，105）。

一、活动能力测试

过度训练最终导致机体活动能力下降。活动能力测试可用于判定运动员是否出现训练过度和过度训练，也可用于确定大强度运动后恢复是否充分。一项关于优秀青年运动员的研究中，研究者对场地活动能力测试是否能够有效区分非功能性训练过度的运动员与对照组运动员进行了调查（97）。场地活动能力测试包括足球运动员进行间歇性折返跑和跑步运动员进行佐拉兹测试（118）。结果显示，活动能力下降与不同情绪状态、皮质醇应答钝化、ACTH和皮质醇水平解偶联等密切相关。这些次最大强度活动能力测试对探测训练过度和过度训练的有效性仍需基于大样本量优秀运动员的更多研究去进一步确认。

检测生理生化指标对运动的应答性反应是区分训练过度和过度训练的一个重要方法。过度训练的一个特征是运动后激素应答能力下降。正如前面讨论的，两次最大运动测试已被用于区分这两种情况（72，73）。鉴于优秀运动员一般没有被要求训练两次，两次最大运动测试模式可洞察训练负荷的机体应答情况。据说，正处于非功能性训练过度或过度训练状态的运动员在每天第二次训练时会表现出活动能力下降。Meeusen等提出，ACTH和催乳素对第二次运动的应答性反应及随后的恢复时间可用来鉴别疲劳连续体上的两个不同位置（72）。一个过度训练运动员第一次运动后出现的ACTH超射现象会在第二次运动后得到完全抑制（73）。作者还指出垂体的过敏反应可用于解释这一现象。两次最大运动测试似乎可用于探测训练过度以预防过度疲劳。

生理生化指标在具体应用中遇到的最大问题是分析和整理结果需要一段时间，这使得应用于大样本量运动员显得不切实际。想办法缩短测试时间和降低体能要求会使生理生化指标监控更加实用。一个重要的调整是运动员做30分钟的运动，之后1分钟55%最大强度和4分钟80%最大强度运动交替进行，两个小时后，运动员以70%最大强度做自行车运动直至疲劳（或最长30分钟）（49，50）。Hough等（49）调查11天大强度运动后唾液睾酮和皮质醇应答情况及PESTQ运动分数后发现，唾液睾酮和皮质醇对大强度运动是非常敏感的。具体来说，他们强调了睾酮和皮质醇在运动测试后应答性反应下降。活动能力测试细节将在第五章详细讨论。

二、心率测试

心率指标（如HRV）是监控运动员训练过度和过度训练的有效工具（6）。这些指标的最大优点是在运动环境中非常容易获得。许多研究已经讨论过这种方法的价值（62，90）。一项关于高水平全能三项运动员的研究发现了功能性训练过度时心率受副交感神经调节的证据（62）。HRV和其他心率指标的应用将在第五章详细讨论。

心率恢复测试也被当作监控训练过度和过度训练的潜在指标。一项meta分析指出，超负荷训练不一定都会影响心率（6）。安静心率、心率变异性、最大心率可能用于反映急性疲劳，但面对慢性疲劳时，这些心率指标的作用就显得非常有限。近来很多数据显示，这些生理指标对探测疲劳连续体中不同位置的敏感性较低。像其他指标一样，心率只有和反映训练过度和过度训练的其他指标结合才能更好地发挥作用。

三、认知功能测试

中枢疲劳和外周疲劳的关系已经得到一些研究人员的关注（67，104）。在一项研究中，16名自行车运动员在进行自行车能力测试前先完成一些需要集中精神的任务（67），结果该组运动员运动至力竭的时间下降了15%，且有中枢疲劳的自行车运动员在运动中体验到更高的主观努力感（67）。另一项研究显示中枢疲劳使足球运动员跑动、传球和射门等专项技术能力受到影响（104）。从业者需要留意运动员身体活动能力和主观努力的关系，因为它可影响运动监控。训练过程中主观努力感觉的增加也可能是过度训练的信号（41）。测试运动训练和竞赛过程中RPE是监控过度训练信号的一个简单方法。

心理活动速度测试可用于测试非功能性训练过度和过度训练（82），优点是非常易用且价格低廉。这些测试基于这样一个事实：疲劳发生时，认知功能和反应时均下降。在重度抑郁症和慢性疲劳综合征等相关条件下，心理活动减慢表现出高度一致性（82）。两周超负荷训练和功能性训练过度的自行车运动员心理活动速度受到明显损害（82）。大量评估注意力和反应时的应用程序可用于过度训练的早期诊断，但是，在实际给出结论性建议前尚需更多的证据支撑。

四、单调性测试

有证据显示，训练负荷较少改变的高度单调性训练使运动员发展成过度训练综合征的风险大幅升高（23）。将赛马作为研究对象的一项有趣实验发现，难易训练日程交替进行可避免过度训练（7）。当训练负荷渐进性增加时，赛马的应答反应符合预期。但当恢复阶段未能充分休息和训练单调性增加时，赛马的跑动能力明显下降并表现出过度训练特征（如食欲下降）。运动员的相关研究也支持了这一观点（23，24）。Foster等的研究揭示了特定训练指标和过度训练之间的关系（23，24）。该研究以主要由急速滑板队员组成的25名运动员为研究对象，当训练压力（训练强度*单调性）超过阈值，他们的患病率就会变得很高。最近一项针对32名橄榄球运动员的研究证实了这一现象（110）。运动员被跟踪监控了赛季前期和整个竞赛过程，所用监控工具为RPE和健康调查问卷。阈值可通过训练负荷、单调性（训练变异性）和用于预测疾病的训练压力来确定。总体健康状态下降也可预测疾病。在预测运动员训练过度和过度训练的过程中，像这样的建模方法配合健康状态的简单测试可为从业者提供极具价值的参考。

五、免疫功能

如前所述，进行大强度长时间训练的运动员呈现出免疫功能下降，进而使得罹患上呼吸道疾病的风险大大提高（117）。将运动员免疫功能与过度训练联系起来分析的研究很少，但从从业者的经验性报告中可知，过度训练导致感染比率增高（102）。其他研究也证实了这种关系的存在（92）。例如，Reid等（92）对持续性疲劳和反复性感染运动员的一项临床调查显示，免疫功能下降和反复出现的病毒感染导致了疲劳、反复性感染和活动能力下降。有趣的是，他们研究还发现组内各成员的条件和症状都不尽相同，再次佐证了运动员监控应采用多因素手段这一概念。基于以上证据，处于非功能性训练过度或过度训练状态的运动员似乎有更大的风险发展成上呼吸道疾病。

六、睡眠

睡眠被公认为是运动员机能恢复的关键因素之一。监控睡眠对预防过度训练综合征来说非常重要。未能获得足够时间和质量睡眠的运动员会发生过度训练综合征的有关证据尚且不足（40）。一项研究调查了睡眠质量和青少年运动员损伤发生率的关系（75）。而最近另一项研究发现功能性训练过度的全能三项运动员在睡眠时长（-7.9%）、睡眠效率（-1.6%）和睡眠时的不动时长（-7.6%）等方面有明显下降。每晚用腕动仪监控睡眠，这些消极的睡眠模式在随后的减量训练阶段明显减少。研究者已经发现睡眠剥夺和免疫功能抑制、活动能力下降间稳固的关系（33，45，56）。在Hausswirth等人的研究中，9名非功能性训练过度的运动员有5名出现上呼吸道感染症状，且在超负荷训练的最后一周发病率最高。这一发现与先前报道中提到的运动员罹患疾病与大训练负荷阶段有强烈相关性完全一致（116）。Halson等发现有过度训练症状（持续性疲劳感和活动能力低下维持数月之久）的女短跑运动员通常有更严重的睡眠缺乏情况。Killer等发现，仅9天大强度训练就可使优秀自行车运动员睡眠质量、情绪状态和最大运动能力明显下降。监控运动员睡眠的方法有腕动仪活动检查几率法及评估睡眠数量和质量的简单问卷调查。

七、健康状态检测

心理学和健康状态问卷也可用于探测运动员的过度训练（详见第四章）。这些自我报告测试常被认为与过度训练有着更加密切、更加一致的相关关系。POMS、运动员生活需求的每日分析、感觉量表、主观应激量表、总体质量恢复量表、训练痛苦量表和RESTQ-Sport是最常用的自我报告测试方法。这些方法一般都具有很好的可靠性，且反映了训练负荷的剂量效应（96）。他们似乎也对训练过度和过度训练症状非常敏感。每个问卷都有各自的优缺点，这将会在第四章中进行详细讨论。

另一个方法是在训练日记或日志中罗列症状清单（48，77）。每日训练日志是获得运动员训练状态和其他信息的良好开端。Hooper等为了探测过度训练症状收集了整个赛季游泳运动员完整的训练日志。评估量表包括对睡眠质量、疲劳、应激和肌肉酸痛的主观评估（刻度为1-7）；运动员每日醒来后完成测试。研究人员将运动员确定为"过度训练"会依据大量评价标准。该研究还测量了血液指标，包括儿茶酚胺、可的松、肌酸激酶、血红蛋白、红细胞比容、红细胞和白细胞计数，同时还收集了心率、血压和乳酸等生理学指标。

最新一项研究表明，消极生活事件会非常明显地影响运动员对应激的主观感受和恢复（86）。消极生活事件包括刑事案件的受害者、严重疾病和损伤、近亲或朋友死亡。16名跑步运动员接受RESTQ-Sport调查，消极生活事件发生当周和接下来的一周，他们的活动能力发生明显改变。有趣的是，运用跑步经济学评估机体活动能力改变后发现，应急事件和随后运动员的活动能力改变间确实存在相关关系。

环境因素也可能导致疲劳（40），包括高海拔、高温和长途旅行（时差反应）（25，26，40）。海外训练营就是一个很好的例子，在训练营中，环境因素的影响将变得非常突出。尽管设计初衷是好的，但这种训练营引起各种因素的"完美风暴"，进而导致损伤发生率增加、过度训练或两者都有。这些因素包括营养补给改变、睡眠模式破坏、新的训练环境等。同时，训练负荷的增加也对机体产生刺激，所有因素共同导致运动员最终滑向疲劳连续体。因此，在设立这种类型的训练营（见第一章"运动员的个体应答"）之前应先进行扎实的成本效益分析，之后从业者再决定是否能产生足够效益而值得他们为之辩护。

另一个需要重点考虑的影响因素是赛季或正在发生的赛事。例如，在奥林匹克运动周期的最后一年，运动员可能会承受更大的压力。因此，谨慎地监控额外刺激和疲劳并作出适当判断是十分明智的。当一个竞赛团队正处于赛季时，很多赛事可能异常艰难，这就对运动员提出了更高的要求。从业者可能会预测赛事难度以帮助运动员制定适当的训练负荷方案（54）。例如，在赛事特别艰难的那几周，从业者可能会适当降低训练负荷，并相应延长恢复时间。而在有夺冠关键比赛的训练周，从业者将以类似减量训练的曲线型方式降低训练负荷。这些方法的有效性研究需要进一步加强。

第四节　避免过度训练的多学科多因素途径

所有此类研究中已明确的一点是，大量监控手段可用于帮助减少运动员的过度训练综合征（63）。运动队配备顶级的多学科专家团队去帮助运动员避免过度训练，并指导他们从适应不良状态恢复至运动巅峰。症状的纷繁复杂要求从业者在诊断过度训练时需要考虑很多因素。职业声明中也提到，生理反应和症状是千差万别且极具个体特征的（41，68，70，71）。

没有任何一个监控工具可以对过度训练进行完全准确的诊断。因而，推荐从业者使用一组监控测试以获得运动员的完整信息，这将有助于准确预测过度训练。大量长期的监控手段也可使从业者把控运动员逐渐恢复至完全训练的整个过程（40）。

研究者已开始调查导致训练过度和过度训练的多种因素（61）。Le Meur等将24名全能三项运动员随机分为过度训练组和正常训练组，运用多变量分析法测试3周训练过程中生理、生活、认知和主观感觉的变化。训练结束后，11名运动员因活动能力下降被认定为训练过度。基于一次最大增幅测试中心率和乳酸的变化，判断分析显示8个变量可用于解释过度训练的绝大部分情况。该研究证实，为了阻止有氧耐力运动员从训练过度向过度训练状态转化，各种变量都需要进行监控。作者还指出，一次大强度训练后，训练过度指数联合心率和血乳酸浓度改变可用于探测运动员的训练过度。

一项多因素分析研究监控了季前训练营18名优秀足球运动员的健康、疲劳和跑动能力（9）。在为期2周的训练过程中，多项生理、心理指标被采集，主要有训练负荷、健康指数、唾液可的松和训练前HRV。常规体能测试采用YO-YO间歇性恢复测试法，并通过全球定位系统收集所有环节的数据。重要的是，训练营中没有出现运动损伤，且所有运动员的体能水平均有改善。HRV和健康分数对训练负荷的微小变化非常敏感。作者建议心率、训练负荷和健康状态测试可用于监控训练诱导的疲劳和恢复状态的改变。

以一组优秀游泳运动员为研究对象，Hooper等提出一个有趣的运用一系列标准来确定过度训练的多因素分析法。这些判断标准主要有：

- 自赛季早期至赛季结束，机体活动能力未能增加。
- 在国家选拔赛中，机体活动能力未能较之前最好时期有所增加。
- 疲劳评分超过5分（7分制李克特量表7-Point Likert Scale），且持续时间超过7天。
- 在训练日志的自评栏中，运动员认为他们对训练的适应不好。
- 训练日志上注明患病，此判断来自如白细胞计数等正常血液检查。

诊断为过度训练需要满足以上所有的判断标准。

图3.5是一个监控运动员训练过度的例子。进行为期6周的体力活动能力测试，覆盖超负荷和减量训练的全部过程。两个阶段的每周负荷、健康状况和体力活动水平均有体现。图中显示发生功能性训练过度，且经过减量训练周后体力活动水平出现回弹。通过运用大量监控手段对运动员进行监控，从业者可追踪训练负荷的变化，弄清运动表现和健康状况（情绪、疲劳、肌肉酸痛、睡眠和应激）如何受到影响。

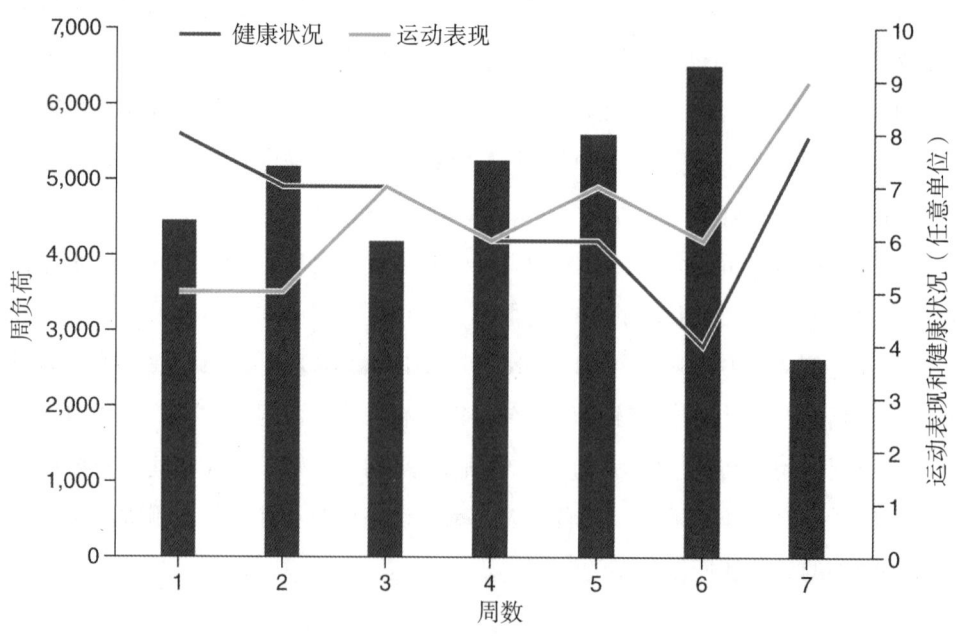

图3.5 超负荷和减量训练阶段运动员训练过度时运动表现和健康状况的变化情况（7周）

运用大量检测手段的多因素分析法是判断运动员是否易出现过度训练的合理方法。因为并非单一检测方法可精确预测训练过度或过度训练的存在，从业者应联合运用多种检测手段。

从业者可运用多种策略以避免运动员出现过度训练综合征和运动表现下降（70）。对于充分发展的过度训练综合征的解决办法是完全休息和恢复，因而，预防才是最应受到关注的策略。恰当嵌入训练方案的运动员监控将对预防过度训练综合征大有帮助。

以下策略可帮助从业者预防其运动员出现过度训练：

- 经常和运动员交流，询问他们的感受。
- 坚持写训练日记，记录训练和竞赛过程的所有细节。
- 当活动能力下降时调整训练负荷。
- 认真制定周期训练计划，训练负荷逐渐增加，避免周与周之间出现大幅改变。
- 大负荷训练日与小负荷训练日交替进行，避免出现训练过程过分单调。
- 巧妙运用休息日和多样化训练手段以避免单调和枯燥。
- 根据耐受度个体化制定每位运动员的训练负荷。
- 弄清可增加运动员训练刺激的外界刺激源（如压力性生活事件：考试、人际关系等）。
- 考虑环境条件的影响，如高温、高海拔和长途旅行的时差反应。
- 优化恢复。
- 优化睡眠和休息策略。
- 确保充足均衡的营养补充。
- 运用健康问卷记录运动员心理和情绪状态。
- 当运动员出现过度疲劳时调整训练负荷和频率。
- 记录任何疾病，并随时准备停训或减量以增加机体恢复。
- 无论停训多久，运动员都应逐步恢复到全负荷训练。
- 考虑到运动员对训练负荷的耐受度不同，在训练和竞赛中应运用客观标准。
- 由内科医生、生理治疗师、营养师和运动心理学家等组成多学科专家团队来进行日常健康检查。

结 论

  大量模型都试图去解释运动员对训练的急性反应。GAS模型、健康–疲劳模型和刺激–疲劳–恢复–适应模型对理解这一急性反应非常重要。考虑到训练诱导的急性生理应激的多因素特性，我们应该适度调整与应激相关的内环境稳态这一经典理论。疲劳连续体概括了疲劳从功能性训练过度到非功能性训练过度，再到过度训练的整个过程。所有这些状态均以活动能力下降为主要特征，而以所需要的恢复程度做区分。尽早探测非功能性训练过度是非常有意义的，可让从业者在运动员出现过度训练综合征前适度调整训练方案。没有任何一个指标可探测从功能性训练过度到非功能性训练过度再到过度训练这一过程，因此，从业者应运用多种检测手段来构建运动员疲劳水平的全貌。

第四章　量化训练应激

为了使运动员更好地适应训练计划，教练员必须通过某些测量工具量化其训练应激水平，同时也要量化运动员对该应激水平的生理反应。以往的研究中有许多主观或客观的训练应激测量工具，这些工具都可用于指导训练计划的设计和训练课的优化。教练、运动科学研究者、健身与体能训练从业者都需要充分了解这些测量工具，并避免为了使用工具而使用工具，最终，这些测量工具能够帮助训练监控人员制订运动员的训练计划。本章主要概述了一些用于评估运动员外部和内部的训练负荷的常用测量工具。

第一节　测量工具

运动员的训练计划可以采用很多方式量化，训练计划中的每个训练项目都可用频率、强度、时间及运动方式来定义，训练负荷也可以被分为外负荷和内负荷。训练负荷等于训练强度乘以训练持续时间，可以用以下公式表示：

负荷=强度×时间

外部负荷的大小与运动员运动的距离、速度和持续时间等因素有关。随着科学技术（如功率计、全球定位系统、加速度计等）在体育运动中应用越来越广泛，训练监控人员能够更加准确且实时地监控运动员在训练或比赛中的外部负荷。

内部负荷主要指运动员训练中的生理应激，这很大程度上取决于运动员对训练的适应程度。心率、自感疲劳程度等级（RPE）、血乳酸等都可以反映运动员的内部负荷。因此，给运动员做运动监控时，教练员要同时考虑运动员的外部负荷和内部负荷。

在过去，训练计划的制定往往依据外部测量，而忽略不同的人对于该外部负荷产生的不同反应（66、76）。例如，同一个运动员在两组功率自行车测试（外部负荷）中可能会表现出同样的功率输出，但在这两组测试中运动员的努力程度以及心率（内部负荷）反应却不尽相同。研究显示，运动员对相同的外部负荷也会产生不同的内部反应（66）。如果教练员给运动员团队制定外部负荷方案却不考虑每个运动员内部负荷的个体差异时，那么他所制定的团队外部负荷训练计划就可能出现问题，从而导致疲劳或运动不适应。因此，教练员需要了解运动监控中外部与内部负荷之间的差异，以及它们之间的相互作用。

第二节　外部负荷

外部负荷的测量通常被用于量化有氧耐力运动和团队运动中。随着可穿戴技术日益广泛地应用，我们能够更系统和详实地获得外部负荷数据，比如运动距离与运动员的速度等（129）。一个测量外部负荷的典型案例是利用现在的技术条件我们可以得知某名足球运动员一场比赛跑动距离为9725米。

案例

训练负荷监控的外部测量

外部训练负荷指的是在训练过程中运动员所举的重量、移动总距离、冲刺次数、冲击力以及跳跃次数等。如果没有这些数据，教练员不可能安排合适的训练量。而GPS、加速度计、功率计等新技术的广泛应用使我们能够更客观地对外部负荷进行测量，如果没有这些技术的帮助，训练监控者就难以记录到运动员在训练过程中做了什么（如多少组、每组多少次、负荷量、间歇次数、总距离、时间、恢复次数及时长）。然而，这些数据并不能反映运动员的自身生理反应，这也是为什么内部负荷监控同样重要的原因。

一、时间-运动分析

运动表现与训练的追踪观察是监控运动员疲劳及恢复情况的常用方法（169）。采用一系列的技术方法可以对运动员进行时间运动分析，并且如今可穿戴技术已经成为专业运动场上必不可少的技术。简易计步器就可以记录人们走路的步数，它的原理是利用力学传感器来识别人体垂直加速度的变化。然而，计步器不能测量方向变化和能量消耗，所以在运动监控中应用较少。

简易加速度计现在被广泛应用于训练监控。像Fitbit（www.fitbit.com）、Jawbone UP（www.jawbone.com/up）、Microsoft Band（www.microsoft.com/microsoft-band）and Garmin Vivosmart（www.garmin.com）这些设备都可以提供心率、计步、能量消耗以及睡眠时间等数据，这些设备往往被做成可调节式腕带，并为分析数据定制了专门的软件（156）。尽管有研究结果表明，这些数据的变异性较大（156），并且目前就这些设备在运动监控中应用的可靠性和有效性的研究还很少，这些设备之间的相互对比研究以及与经典研究方法之间的有效性验证研究也尤其缺乏（52、156）。

（一）全球定位系统（GPS）

如今，GPS与加速度计技术的应用越来越广泛，因为GPS的量度范围广，可以满足运动员在训练或比赛中的需求。GPS导航系统由一系列卫星提供信号支持，可以用来计算移动距离（106）。通过四颗卫星的信号整合，就可以计算出准确的距离和速度数据。GPS不仅能给出距离和速度数据，而且模块中内置的惯性传感器（加速度计、陀螺仪、磁力计）还能描述诸如跳跃和冲撞等运动的更多细节数据。因此，GPS能够给出训练和比赛中运动员的运动表现的定量数据，以及在不同位置上的战术需求差异（162），不少文献也验证了GPS的可靠性与有效性（7、42、106、162）。

1. 惯性传感器技术

惯性传感器可以被做成专门的可穿戴装备或装配到其他设备上，用于游泳

（129）、英式（78）或美式橄榄球（183）、赛跑（29）这样的团队或多人项目中。惯性传感器技术相关研究相对较新，并且研究规模不断扩大，研究中设备的使用以及实验的过程都不尽相同，以至于研究的横向对比相对困难。这项技术具有为教练员进行运动监控时实时反馈关键指标的巨大潜力，并且具有指导实际应用的价值。例如，游泳教练可以通过惯性传感器了解运动员在出发与转身技术中的速度和加速度（129）；并且惯性传感器也可以装配到其他运动装备上，如船、桨和踏板，以提供训练和比赛中这些器材的机械性能数据；在抗阻训练中，传感器还可以安装在杠铃上，以了解杠铃的速度（158）。

在使用惯性传感器时，训练监控人员必须要考虑到传感器的测量范围、测量频率、信号滤波、数据存储与转换、电池寿命等关键问题。传感器的穿戴位置也很重要（11、12），研究人员将传感器分别放置于人体上背部和髋关节附近，发现测试结果有显著差异（11）。另外一个问题是运动员的依从性，有些运动员不愿意佩戴这些设备，尤其是佩戴在上背部。因此，开发更小的设备，并整合到鞋类中，使佩戴者完全没有突兀的感觉，这将有助于缓解以上的问题。

2. GPS系统

在一项对高水平运动参与者的调查中发现，43%的受访者都将GPS作为他们运动监控系统中必不可少的一部分（169）。另外一项研究调查了澳大利亚、欧洲和美国职业足球俱乐部，发现41个俱乐部中有40个俱乐部在每一次训练中都为每一名运动员采集GPS数据（1）。时间-运动分析系统在精英运动员与体育项目中的应用越来越多，如GPS和基于数字录像的动作技术分析（Stats, http://stats.com）。如今的GPS和加速度计模块小而轻便，具有非侵入性，便于在训练监控中穿戴。另外，很多比赛允许运动员使用可穿戴设备。因此，近年产生了大量将GPS和加速度计作为测量运动员外部负荷的方法的研究（7、42）。

GPS设备从只能测量简单的距离数据，发展到测量加速度和冲击力等更精确复杂的数据，为运动监控者提供了更详尽的监控信息。最常见的用于运动员监控的内容有工作效率（如每分钟多少米）、运动负荷（通常由其他技术方式采集的数据，如加速度等产生的衍生数据）、大强度运动的时间和运动总距离（169）。职业足球俱乐部中最常用的数据有加速度、总跑动距离、速度大于5.5m/s的跑动距离和代谢能力（1）。其他使用的比较多的数据有加速与减速的次数（92）、冲击力（41）与代谢能力（39）。

　　GPS获得的数据有多种用途。就运动表现来说，训练监控人员最感兴趣的是训练和比赛中的疲劳及训练节奏的策略，另一种常用的方式是用于运动员不同运动水平的评定（如精英级、次精英级、青年级运动员）。特定的位置数据可以帮助训练监控人员更准确地设计以项目需求为指导的训练计划。有效使用GPS数据有助于青年运动员向更高水平过渡。例如，如果知道精英运动员在某运动中某个位置的跑动负荷特点，年轻运动员就可以以此为目标，逐渐超负荷地、安全地达到这个负荷水平。

　　鉴于GPS设备的广泛使用，训练监控人员对GPS设备优点与局限性的准确理解是更好地应用这种技术的前提。加速度计、磁力计与陀螺仪等微传感器能够为身体活动和运动项目提供更精准的测量，这使得监控人员能够计算运动时的碰撞与冲击力（41）、代谢能力（39、47）和加速负荷（61）。运动员所承受的累积机械应力可以通过加速、减速、方向变化和冲击力的矢量大小计算出来，这些累积的负荷指标可以由很多商业系统提供，如Player Load（Catapult，www.catapultsports.com）和New Body Load（GPSports，http：//gpsports.com）（37）。冲击力可以由三个面上的加速度合成计算出来（即前后、左右和上下），跑、抢断、跳和冲撞等动作所产生的冲击力也应该被考虑进去。这些数据被证明与某些球类运动中运动员的内部负荷［如足球（69）、澳洲足球（66、93）和英式橄榄球（111）的RPE会话量表］有很强的相关性。重力的衡量可以根据区域分类（如由轻到重的冲击力）。

　　高速跑也是一项经常让训练监控人员感兴趣的测试。例如，训练监控者可以将高速跑的速度定义为大于14.5km/hr（9mph或大于4m/s），超高速跑的速度为大于19.1km/hr（12mph或5.3m/s），而训练监控者对于这个高速或超高速的速度区间的把控在不同运动项目之间可能有很大的差异（46、78）。另外，速度范围还可以用来定义步行［小于2.0m/s或0.45mph（0.72km/hr）］、慢跑［2.1~3.5m/s或 4.70~7.83mph（7.61~12.6km/hr）］、跑［3.6~5.5m/s或 8.05~12.30mph（13~19.8km/hr）］、冲刺［大于5.5 m/s 或 12.30 mph（19.8km/hr）］、最大加速度（大于2.78 m/s^{-2}）。

　　在团队运动项目中，重复的高强度连续跑步也常常被使用（94），即连续三次或三次以上的加速跑（速度达到5m/s，加速度大于2.79m/s^{-2}）、间歇恢复时间不超过21秒（9、64）。

代谢能力通常以总能量消耗（焦耳，J）和平均相对代谢能力（瓦特每千克，W/kg）衡量（39、68），可以作为大强度长距离运动项目能量消耗指标（68）。在训练或比赛中从GPS设备获得的测量结果可以表示为绝对值或相对时间。

3. GPS设备的可靠性和有效性

很多文献研究了GPS设备在测量运动中距离、速度、加速度等指标时的可靠性和有效性（92、162），包括美式橄榄球（183）、英式15人制橄榄球（117）、英式7人制橄榄球（157、178）、英式13人制橄榄球、澳式橄榄球（93）、曲棍球（90）、篮网球（37）、板球（120）和足球（177）。通过监控运动员的表现，训练监控者可以了解运动项目的特点，获得有价值的信息，优化运动计划。例如，团队项目中不同位置对跑动的要求也不同，教练员就可以根据每个运动员的位置特点，利用GPS制订相应的训练计划。

GPS设备的可靠性随运动速度的增大而降低（88），同时设备的可靠性还受其他因素影响，如采样频率、速度、持续时间和运动形式（7、27）。采样频率指GPS设备每秒钟采集多少次数据，对冲刺或冲击这样的高速运动，就需要高的采样频率。例如，10Hz的采样频率对于慢速运动是足够的，但快速运动就可能需要100Hz。尤其是团队项目，当运动员在比赛中使用GPS时，监控人员就要考虑许多变量，如团队战术、对手水平、环境条件与团队凝聚力，这些变量会大幅度影响GPS数据的可靠性（76）。与更具有挑战性的对手进行比赛，比赛的强度可能会更高，这可以反映在高速跑动的数量上，此外，强调防守或是进攻的比赛风格也会造成运动员总负荷的差异。

尽管不同的产品都使用同样的GPS技术，但所用的软件或数据系统却不尽相同，这为不同研究间的横向比较带来麻烦。如果同组的不同运动员使用不同的GPS设备也会出现问题，为了避免不同设备之间的误差，运动员应始终使用同一品牌的GPS设备（89、95）。另外，训练监控人员应谨慎比较不同类型的GPS技术（147），因为研究发现不同设备之间测试结果有显著差异（95、147）。有研究对比了5Hz和10Hz采集模块，发现10Hz采集模块在测量总距离、高速跑动和超高速跑动时更精确（147）。然而，超高速跑的变异系数还是很高，一般来说，

GPS设备的精度随采样频率的增加而增加，但随着运动速度的增加，采样的可靠性也会降低。

如果使用GPS设备的加速度数据测量冲击与碰撞运动，也会存在有效性与可靠性的问题（41）。因此在比赛或训练过程中，能够更加精确地量化与运动相关的冲击对训练监控者来说是非常有益的，但此方面的研究还较少。

从加速度测量中得出代谢能力的测量方法的有效性尚未得到有效证实（39、143），不过在运动过程中，运动方向和加速度的改变将会增加运动员的能量消耗，所以在评估运动需求时也应将其考虑进去（143）。

（二）GPS和加速度数据的应用

GPS和加速度测量技术最需要考虑的问题之一是所能获取的变量的绝对数据量。Akenhead和Nassis（1）鉴定了44类由训练监控者采集的数据（不包括RPE和心率），这些数据包括绝对度量（总变化量或总数量）和相对度量（基于时间或体重的变化量或数量），此外，数据量巨大也增加了数据分析和解读的难度，这也产生了一个问题：哪些变量才是真正需要测量的呢？运动监控者们有时会被一些变量迷惑，例如移动总距离或跑速，但事实上，某些测量结果的价值是值得商榷的。例如，在很多团队项目中，技术好的球队比技术差的球队跑动要少（85、148）。

案例

训练过程中的GPS监控报告

GPS对于监控训练负荷非常有帮助。通过实时采集的海量数据能够确保运动员达到训练目标，并根据数据信息及时做出必要的调整。训练监控人员需要确定实时数据采集的最佳方式，并把信息及时反馈给教练员和运动员。商用GPS设备通常都有自己特定的数据报告方式，训练监控人员可以修改这些方式从而使报告呈现最有价值的信息。监控报告应该把

> **案例**
>
> 重点放到对运动员和教练员最有价值的3~5种测试数据上,避免被无意义的信息干扰。采集数据时应该采用多种测量方法从多个层面出发,从而得出能够多方面反映外部负荷的综合数据,这些数据如果与反映运动员内部负荷的心率以及自感用力程度等指标相结合,就能够更全面地了解训练负荷对运动员的影响。
>
> 运动员姓名:运动员A
> 位置:中锋(无挡板篮球)
> 训练:团队训练
>
> | 数据(单位) | 目标 | 结果 |
> | --- | --- | --- |
> | 时间(分钟) | 60 | 63 |
> | 速度大于5m/s跑动距离(m) | 500 | 577 |
> | 外负荷(任意单位) | 700 | 719 |
> | 加速(次数) | 50 | 57 |
> | 80%~96%最大心率(训练时间%) | 80 | 84 |
>
> 评价:已完成所有训练目标,不需要增加训练量。

GPS设备在预防运动损伤方面也具有一定的作用。Murray与他的同事(134)通过GPS数据发现英式橄榄球联盟球员中运动损伤的发生率受比赛期间运动员恢复时间长短的影响。Gabbett与他的同事(60、62、63、65)使用GPS数据研究橄榄球联盟球员训练负荷与运动损伤之间的关系,发现过大的季前和季中训练负荷会增加软组织运动损伤的风险(60),确定每个运动员的负荷阈值,训练监控者就能够更有效地避免运动损伤的发生。在一项关于美国大学生甲级联赛的橄榄球运动员的研究中,Wilkerson等(185)发现惯性传感器可以通过追踪运动负荷的程度和变化来提供损伤风险的信息。

将时间–运动分析数据与所测得的最大速度阈值数据相结合的分析方法越来越普及（110）。GPS数据的使用在避免设定运动员目标速度时的随意性和无针对性，以及为每个运动员制定个性化的速度阈值从而准确反映目标速度下运动员的真实反应，提供了有价值的信息（34、110）。有研究发现使用5m/s的阈值速度会低估女子7人制橄榄球优秀运动员的高强度跑动量（34）。

GPS和加速度计也能帮助训练监控人员探讨比赛表现、体能与健康状况之间的关系（7），有学者就在团队运动项目中做过上述相关研究（127、128）。通过运动表现的全方面监控，确定影响运动员比赛状态的关键问题，以及这些问题与运动员体能之间的关系，这对运动员的赛前体能准备有重要的意义。通过确定运动表现的关键问题，训练监控者将知道如何测试运动表现，从而知道训练计划需要达到什么样的体能目标。

二、功率计

功率计在训练监控中最为常用，其仪器仪表已广泛使用多年，它可以持续记录功率输出以及各种变量，如速度、加速度、节律、平均功率、峰值功率和标准功率（91）。通过基于标准功率输出和乳酸阈强度的总体训练负荷测量，功率计可以推算训练应激得分（181）、血乳酸浓度和代表运动员在规定时间内维持高强度运动能力的训练强度（101）。

功率计在训练监控中有多种应用方法，例如在有氧耐力运动中，步速非常重要。功率计所提供的实时信息，对于指导教练员与运动员在训练和比赛中了解节奏策略的有效性是很有价值的。此外，对于输出功率的长期监控还能够反映运动员的适应情况和运动表现（136、142）。图4.1显示了一个场地自行车运动员每周一次、为期一年的功率输出和节奏转速。像Wattbike（www.wattbike.com）这种技术还可以测试左右脚不同的功率情况（45、137）。

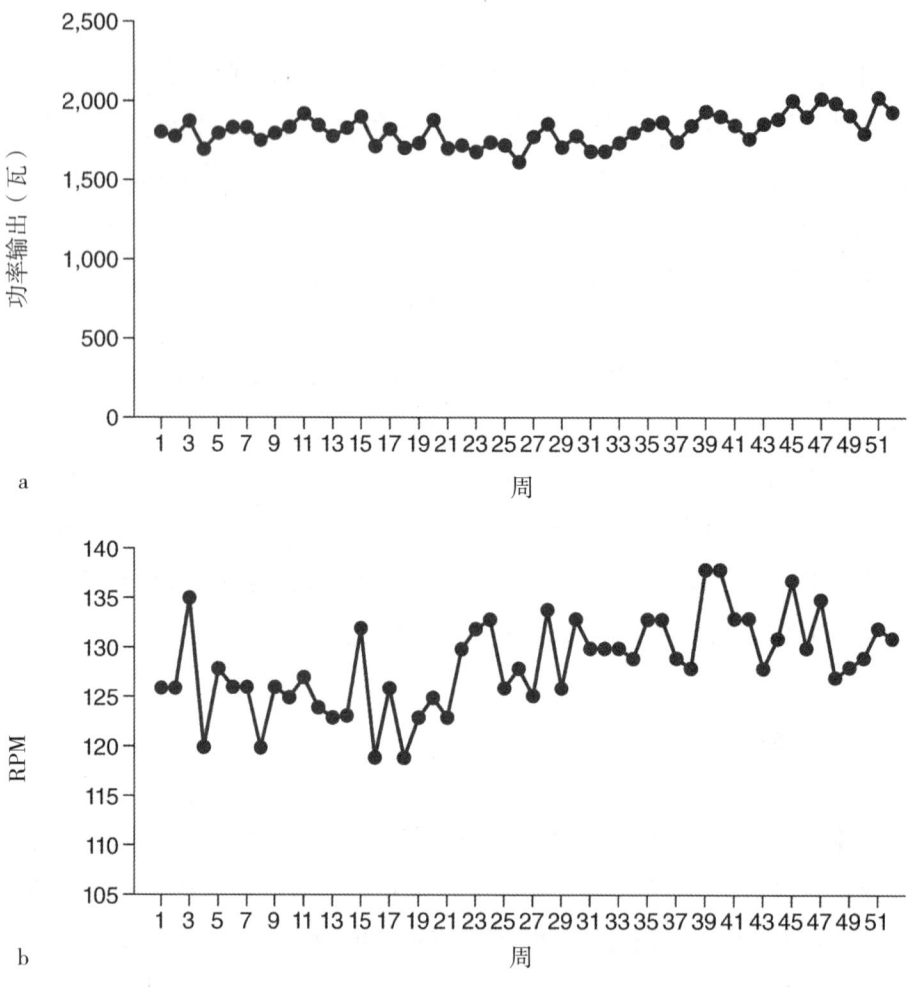

图4.1 场地争先赛（速度赛）自行车运动员12个月的（a）功率输出与（b）转速折线图

三、抗阻训练

线性位移传感器和加速度计等设备可以通过测力和位移来计算总功，因此可以用于确定抗阻训练中外负荷的大小。然而这种操作方法对于大多数运动监控者来说过于耗时，并且存在逻辑上的困难。首先，要在训练日志中详细记录每天训练次数、每次训练多少组、每组重复多少次，其次计算整个训练中的重复次数（74）。例如，举重运动员在训练中完成了5次练习，每次做5组，每组重复5次，那么他总共做了125次。这种方法虽然比较简便，但并不能真实反映运动负荷，因为这5次练习是分别完成的。

（一）负荷量

如果考虑训练中的总负荷，就需要计算负荷总量（总重复次数乘以每次的负荷）（74、167）。这里有一些方法可以用来计算负荷总量：

负荷总量（lb或1kg）=组数×每组重复次数×每次举起的重量（lb或kg）

例如，一名运动员做了4组训练，每组重复8次，每次举80kg。

负荷总量（kg）=4×8×80kg=2560kg

另外一种方法可以用运动员的最大能力表示，一般用一次重复最大重量（1-repetition maximum，1RM）的百分比计算（74）：

负荷总量（kg）=组数×每组重复次数×（%1RM×1RM）

例如，一名运动员的1RM是150kg，他用85%的1RM做了5组，每组重复3次。

负荷总量（kg）=5×3×（0.85×150）=1912.5kg

（二）训练强度

训练强度可以用负荷总量除以重复次数来计算，这代表了整个训练过程中的平均负荷（74）：

训练强度=负荷总量（kg或lb）/总重复次数

例如，一名运动员在A练习中用50kg做了2组，每组重复10次，在B练习中用80kg做了3组，每组5次。

练习A的负荷量（kg）=2×10×50kg=1000kg

练习B的负荷量（kg）=3×5×80kg=1200kg

总重复次数=（2×10）+（3×5）=35次

训练强度=（1000kg+1200kg）/35=62.9kg/次

对抗阻训练进行监控时，必须要详细记录训练的组数、次数和每次的负荷情况，而且还要自始至终一直使用同一种方法记录并计算。

第三节　内部负荷

外部负荷的测量不能准确地描述运动员在训练和比赛中产生的生理应激。锻炼效果与运动员的内部负荷有关，包括运动员承受的心理负荷和生理负荷。内部负荷监控则为我们提供了有关运动员如何适应训练的重要信息。心率和RPE等测量是监控内部负荷最常用的方法（76），训练监控人员有时也使用主观健康评分（160）。血液标志物（如乳酸）和生理指标（如最大摄氧量）也是测量内部负荷的指标。

一、主观体力感觉等级（RPE）

对努力程度的自我感知通常也会用于运动员训练监控，并可用于确定运动强度（22、51）。在运动过程中，许多因素都有助于努力程度的自我感知，包括激素浓度、神经递质释放、肌肉募集量、底物浓度、心理特征、环境条件和个性特征（22）。RPE量表由Gunnar Borg设计，用于测量运动中个体间主观用力程度的差异（22）。

案例

内部负荷测量的个性化

运动员机体内在的反应取决于一系列自身因素，包括年龄、训练史、体能、遗传和伤病史，因此，这些反应具有个性化。

我们已经注意到，相同的外部负荷对不同的运动员会产生不同的内部反应。例如，一名美式橄榄球防守队员和一名马拉松运动员在进行315磅（143kg）的深蹲时，会有不同的知觉和生理反应。同样，在同一个运动员身上也可以出现不同的内部反应。例如，一名中长跑运动员刚刚伤愈复出，与受伤前相比，她在参与1500米计时赛时会有不同的内部反应。

RPE通过将来自肌肉和关节（四肢）的信息与来自心血管系统、呼吸系统和中枢神经系统的信息结合起来，提供了一个整体的主观努力感觉程度（22）。有多种不同的量表可以用来测量RPE，最常用的是Borg 6-20量表（21、51）。这个量表与运动心率有关，通过将量表等级的数字乘以10，来表示运动强度所对应的心率。

分类比值RPE等级表（Category Ratio RPE Scale，CR-RPE）也广泛应用于运动监控（19、51）。CR-10使用0到10之间的分值来非线性地测量RPE（20）。受试者用语言描述用力程度，找出相对应的分值，每个分值代表前一个陈述等级强度的两倍（如强和非常强）。在CR-10量表上，0表示完全不需要用力，10表示力竭。

研究一致表明CR-RPE量表与心率和乳酸等生理指标之间存在很强的相关性（20、138）。然而，有证据表明这种相关性并不像以前认为的那样明显。一篇Meta分析（33）指出RPE的效度与心率、血乳酸和最大摄氧量的相关系数分别为$r=0.62$、$r=0.57$、$r=0.64$。对于疲劳呈非线性反应的高强度运动（如团队项目），CR-RPE量表可能表现得更好。RPE通常与其他生理指标（如心率、乳酸和训练持续时间）相结合，以提供更全面的内部负荷信息。

另一种分值从0到100的CR-RPE（CR-100）量表也越来越多地被训练监控者使用（16、53）。Borg CR-100量表也称为centiMax量表，与CR-10量表一样，也是使用语言描述努力程度并找出相对应的分值，分值范围为0～100（16）。一些人认为这是一个更敏感的测量方法，因为数字分值范围更广，这样将会有更多与分值相对应的关于不同努力程度的言语描述（53）。CR-100量表也可以看作努力程度的百分比，对教练和运动员来说，这种表达可能更直观（18、53）。

在第一次使用RPE时，运动监控者应该让运动员熟悉这个量表，在充分理解每个条目的含义后，运动员才能准确地给出自我用力程度所对应的分值。言语描述为运动员提供了参考点，让他们了解什么程度的运动强度在量表中对应的是什么分值，由于运动员对运动强度较熟悉，所以在理解用力程度时也相对容易。例如，当使用CR-10量表时，需要运动员回忆并比较最大用力（RPE=10）与完全休息（RPE=0）时的自我感知情况。

经过修改的经典RPE量表也被用于运动员监控。例如，此量表已经用于评估身体各区域（如，腿、肺）的运动感知（17）。此外，学者对基于速度的力量训练与调节越来越感兴趣，部分试图尝试开发速度感知量表（13、14），而这种方法有益于那些没有线性位置传感器等技术设备的运动监控者。另外，也有研究将RPE用于测定特定运动期间内的总体用力情况和肌肉募集情况（184），还有学者用RPE评定呼吸用力程度（5、17、70、184）。Weston及其同事（184）研究了不同RPE在澳式橄榄球比赛中的应用，包括比赛要求、呼吸困难程度、腿部用力情况和技术要求等。有些学者指出这些测量量表可能很灵敏，但这并不能弥补使用这种复合量表的实际操作难度。另一项有关职业足球运动员体能的研究显示，这些足球运动员下肢的RPE程度和总训练量之间存在负相关关系（4）。这些关于内部负荷的评估可以给出一些有趣的见解，但必须与运动员运动过程中的额外运动应激相匹配。

（一）Session-RPE

目前运动员监控中还没有理想的测量量表。运动监控者和研究人员尝试将RPE与其他测量方法结合起来，以监控运动员的训练负荷。最好的例子是高水平运动中使用最广泛的监控方法Session-RPE。这个量表会询问运动员："你的训练情况如何？"值得注意的是，Session-RPE量表与CR-10量表的分值范围和言语描述有所不同（51）。Session-RPE量表的描述如下：0=休息，1=非常非常容易，2=容易，3=中等，4=有点困难，5-6=困难，7-9=非常困难，10=最大负荷。

由Carl Foster开发的Session-RPE量表使用非专业人士来询问运动员（如运动员的母亲），在实际操作中尽管有一些问题，但并不影响结果（如，亲爱的，你的训练难不难？你的训练强度大不大？你的训练感觉怎么样？）（54），采用该量表的目标是获得运动员对训练的一个总体评分，它包括运动员参与的所有训练。然后，可以通过使用训练持续时间（包括热身、放松和恢复间隔）乘以由Session-RPE量表测量的训练强度来计算训练负荷（55、56）：

训练负荷（以任意单位或劳力时间）=训练持续时间（分钟）×Session-RPE分值

例如，如果运动员完成持续60分钟的训练，并且自身的劳力等级为稍微困难（RPE为4），则训练负荷计算为60×4=240。在大多数团队运动中，低强度训练的负荷范围大约是300到500，高强度训练负荷大约为700到1000。

　　研究表明，一般来说Session-RPE与训练期间收集的RPE值的均值相同（43、116、166）。因此，训练监控者可以确信，使用Session-RPE获得的信息与在整个训练期间测量的多个RPE度量所得到的信息是相同的。

　　为了提高Session-RPE的可靠性与有效性，训练监控者应按照标准条目解释和操作程序使运动员熟悉量表（151）。研究表明，经CR-100量表的验证，Session-RPE量表是测量运动员内部负荷的有效方法，包括橄榄球运动员（53）及澳式橄榄球运动员（163），且目前的证据表明，Session-RPE量表可与CR-100量表交替使用（53）。

　　由于Session-RPE是对整个训练的测量，因此不应在训练结束之后立即进行（166），这是为了避免在训练快结束时进行的特别困难或特别容易的训练内容对总体评级产生影响（54、166）。Singh及其同事的研究表明（166），在完成训练的10分钟后测量Session-RPE在休息时间上来说已经足够了，此时测量与30分钟后测量没有显著差异，这些发现也已被其他研究人员证实（79、102、175），这些训练监控者可以确信，在训练后等待10到15分钟，再测量Session-RPE是有效的。

　　Session-RPE的有效性已在各种锻炼形式、体力活动和运动项目中得到验证（43、56、57、109、116、145、168）。对于测量有氧运动中的运动强度，与基于心率的测量方法相比，Session-RPE已被证明更为有效和可靠（56）。

　　研究人员还发现，Session-RPE还能有效地反映抗阻训练期间的运动强度（即大负荷少次比小负荷多次更困难）（43、168），甚至已经有使用Session-RPE计算抗阻训练负荷的方法：

训练负荷=重复次数×Session-RPE

　　如果运动员举重120次，训练感觉等级为困难（Session-RPE=5），则训练负荷为120×5=600单位。

　　在跨模式的训练中使用Session-RPE也有一些限制。Impellizzeri及其同事发现（87），橄榄球运动员使用Session-RPE计算的训练负荷与基于心率计算的训练负荷之间存在中等到较强的相关性（r=0.50~0.85）。其他研究则显示了更强的相关性，Gabbett和Domrow（62）在研究橄榄球联盟球员时发现，Session-RPE与心率（r=0.89）和血乳酸（r=0.86）之间也存在相关性。理想情况下，训练监控者也应该在高强度训练中记录心率，现在有几项研究支持在监控运动员内部负荷时使用个性化方法（2、141）。

在抗阻训练中，使用Session-RPE的研究结果是多种多样的（79、102）。抗阻训练是一种复杂的练习组合，可以根据训练目标选择多种练习方法，发展肌肉爆发力的训练与发展最大力量的训练完全不同。研究人员发现，就一般来说，Session-RPE在监控运动员抗阻训练方面具有可接受的有效性和可靠性。也就是说，在给定相同负荷量和组间休息时间的情况下，Session-RPE随着训练强度的增加而增加（43、80），然而，根据Session-RPE设计的抗阻训练计划的有效性尚不清楚。

Singh及其同事（166）比较了爆发力、力量和超负荷的方案，测量并收集了每次训练的Session-RPE和整个训练的RPE的平均值。当训练负荷和组间休息时间这样的训练变量改变后，Session-RPE值也会改变。Pritchett及其同事的一项研究表明（144），60%1RM的练习失败会导致其Session-RPE值高于90%1RM的练习。Kraft及其同事发现（102），相同训练负荷下，当组间休息时间从3分钟减少到90秒时，Session-RPE值显著增大。抗阻训练中的工作效率（单位时间内举起的重量）已被证明与Session-RPE有关（79），这提示研究人员可以开发出用于描述抗阻训练的RPE量表。此外，有学者还研究了用于测量重复次数储备（repetitions in reserve，RIR）的RPE量表（186），RPE的10分等于RIR的0分，表示运动员不能再重复了（即最大努力），RPE的9分等于RIR的1分，表示可以再重复一次，RPE的8分等于RIR的2分，表示可以再重复两次，以此类推，RIR值越高表示需要的努力程度越小直到不需要任何努力（186），但这种方法的有效性还需要更多的研究来证实。

训练监控者可以根据运动员对训练刺激的反应来用Session-RPE制定训练计划，例如，在训练期间RPE分值一直较高，这可能表明需要更改训练计划。Lockie及其同事研究了Session-RPE在监控冲刺跑和超负荷训练中的作用（109），训练计划中使用递增超负荷反映Session-RPE的分值，研究结果显示该测试有效。不同的训练强度范围也可以用作粗略的训练指南，Session-RPE值对应的范围，如低（≤3）、中（4-6）和高（≥7）已被用于研究和实践（111、130）。尽管Session-RPE的确存在局限性，但因其具有实用价值和易操作性，从而成为运动员监控计划中不可或缺的一部分。不过,它在指导制定训练计划方面的应用价值还有待进一步研究。

(二)单调性和紧张性

用Session-RPE计算(持续时间×Session-RPE值)是测定训练负荷最常用的方法。然而,其他的测量如训练单调性、紧张性变异系数和变异可以提供关于运动员有价值的信息。训练的周负荷情况可以通过对整周的每次训练的负荷求和来计算。训练的单调性(monotony)是一周内训练负荷的变化,它是通过计算每日平均负荷并将其除以每日负荷的标准差而得出的,该标准差可以用7~10天的训练周期计算,它也被认为是衡量不同训练是否相同的方法。例如,如果每天训练负荷变化都很小,其训练的单调性就会很高,而训练的强度可能很大也可能很小,因为它是指训练的变化程度或相同程度。

训练的紧张性是单调性和训练周负荷的产物。研究表明,在训练的高度紧张与高单调性期间,运动员患病和受伤的风险更大(15、54、145)。高紧张性是高训练负荷和高度训练单调性的产物。通过监控一段时间内的负荷、单调性与紧张性的变化,训练监控者可以确定个人的过度训练风险阈值,如第三章所述,当运动员充分恢复后,一般能耐受并适应大负荷训练。一项研究发现,单独使用RPE就可以有效地监控澳大利亚精英橄榄球运动员的训练负荷(179)。有趣的是,作者发现Session-RPE方法并不能增加预防疾病或损伤的能力,该研究还表明了全面考虑训练的重要性,仅仅采用基于跑步运动的监控方法在预测疾病或运动损伤方面效果不佳(179)。大多数研究建议,使用Session-RPE是确定运动员训练负荷的强有力方法(69、111)。

(三)Session-RPE与其他测量方法之间的关系

研究表明,Session-RPE与心率一样能够提供更为客观的生理数据指标(54、56)。Foster(54)的研究显示Session-RPE与心率区间得分之和存在很强的相关性($r=0.75~0.90$)。在橄榄球运动员中,Session-RPE和心率区间也存在非常强的相关性（r=0.50~0.85）（87）。这种方法的另一个优点是数据采集比较简单且廉价。对于诸如抗阻训练那样的高强度体力活动，Session-RPE可能比心率测量更有效。

据报道，80%~90%的运动员会从Session-RPE量表中给出一个数字值（56）。少数运动员则喜欢将整个训练分成多个部分，然后再对每个部分进行评分。这说明让运动员清楚Session-RPE的评分方法是很重要的。

Session-RPE作为衡量内部负荷的指标已广泛应用于各种体育项目中。很多团体运动都使用过Session-RPE，如板球（120）、澳式橄榄球（126、130、155）、13人制橄榄球（111、173）、足球（在美国叫soccer）（3、69、87）、篮球（131、132）、轮椅橄榄球（141）和15人制橄榄球（40、117）。一些个人项目也使用这种方法，如马拉松跑（113）、自行车（154）、网球（71）、潜水（125）、武术（73、140）和游泳（180）等，并且大量研究已经证明Session-RPE在大多数情况下是有效并且可靠的。Wallace及其同事（180）发现，在优秀游泳运动员的训练中Session-RPE和游泳总距离（113）之间存在很强的相关性（r=0.65）。事实上，有研究表明，在团体项目中采用内部和外部负荷因素相结合的方式来判断Session-RPE优于单独测量（69、111）。Gallo及其同事（66）的一项研究表明，多年的比赛经验、比赛时所处的位置和健康水平等因素可以调节外部负荷和Session-RPE负荷之间的关系。这说明运动员的个人特点会影响他们的训练反应，应该在实施运动员训练监控时加以考虑，多项研究都支持Session-RPE可以作为反映训练强度的有效指标（66、87、180）。

（四）Session RPE的执行

一些训练监控人员试图将Session-RPE应用于训练课程的某些部分，但不将热身和放松计算在内。尽管只考虑运动员实际训练的部分会提高与其他对于外部和内部负荷测量方法的相关性，不过这样做可能会引起团队运动环境中的多数运动员反对。虽然这种分段式的Session-RPE测量方法已经被研究人员使用（75），但Session-RPE测量从设计上来说仍然是整体训练强度的评级。因此，建议训练监控者不要将热身和放松部分排除在Session-RPE计算之外。

研究人员也对Session-RPE与比赛时表现的匹配情况感兴趣（8）。了解急性训练负荷阈值对于训练监控者是有用的，但了解之前进行过一次中小周期训练（例如前4周）的Session-RPE可以提供更多有用的信息。这种方法通过将周负荷与月平均负荷对比来测量训练应激平衡，如4周滚动平均值可能是有用的（84）。如果当前训练周的训练负荷超过前4周的训练负荷平均值，则训练应激为负，如果低于前4周的平均值则为正（84）。研究表明，在澳式橄榄球比赛中，训练压力与紧张性的正向应激是比赛结果强有力的判别器（8）。这进一步证实了在任何训练负荷监控系统中，测量紧张性是非常重要的（54）。

在审视内部和外部负荷测量方法时，前后一致性至关重要，应该采用一系列措施来准确量化运动员在各种体力活动中的训练应激。在实施训练监控计划之前，应为每位运动员确定其自身个体差异，以及其内部负荷和外部负荷之间的关系。训练监控人员还应该为每个训练活动和训练强度制定Session-RPE基线，以增加监控的价值。Weaving及其同事（182）对执行不同训练计划的橄榄球联盟球员，使用了训练负荷监控的主成分分析法（将数据简化为一组主要变量的统计技术）研究球员在进行不同训练时的训练负荷。在技术训练期间，外部负荷监控（例如总体影响和身体负荷）能解释大多数的训练负荷变化。在速度训练期间，内部负荷监控（训练冲量和Session-RPE）能解释大多数的差异。这提示我们应该考虑到训练环境对运动员外部负荷的影响，并且应使用内部负荷和外部负荷相结合的方式来监控训练。

（五）OMNI RPE量表

研究人员为各种锻炼形式开发了不同的RPE图像表征（151-153、176），并专门为跑步和自行车运动及抗阻训练制定了量表（151）。这些OMNI RPE量表也可作为监控运动员RPE的一种有效的替代方法（图4.2）。OMNI RPE量表具有0-10分值相应的言语描述和特定的运动模式图片。将语言与图示相结合并附上分值，已被证实可以提高测量工具的可靠性（151）。

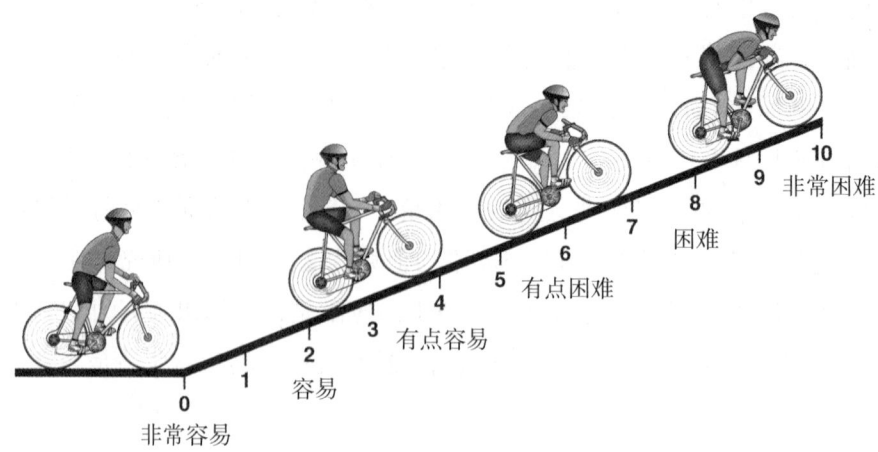

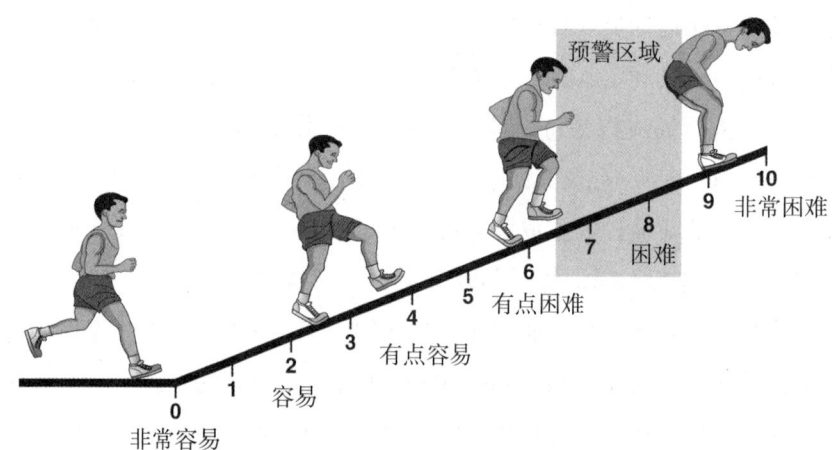

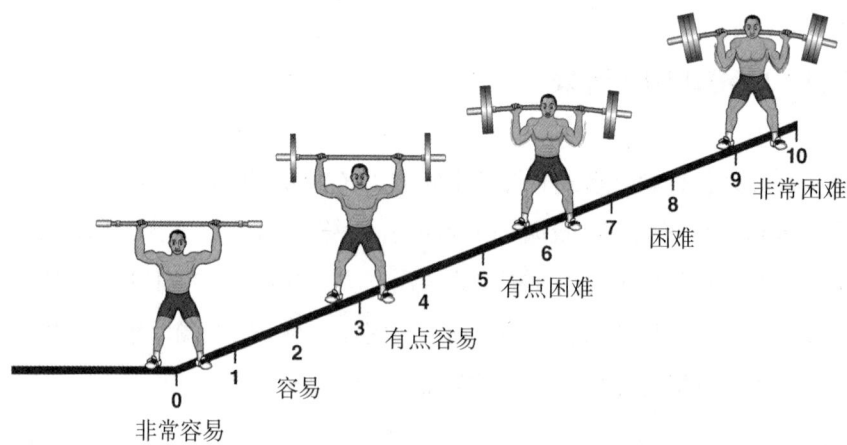

图4.2 自行车、跑步和抗阻训练的OMNI RPE量表图示

二、心率

心率测量是监控运动强度最常用的方法之一。Akenhead和Nassis（1）的报告显示，41家职业足球俱乐部中有40家都会采集每个球员每次训练课程中的心率数据（除GPS以外）。心率监控使教练员和运动员能够准确地掌握每次练习和任何相关恢复期的相对训练强度。此外，训练监控者通常使用心率来确定训练强度，这是依据在稳定状态下的亚极限强度运动时心率和最大摄氧量间存在的线性关系（115）。然而，当使用心率确定间歇运动的强度（包括高强度高爆发运动）时就存在一定局限性（38）。

案例

训练负荷、单调性和紧张性计算

训练监控人员需要注意的是计算方法将会影响负荷计算的结果。传统方法中，他们仅依靠训练负荷或RPE进行监控，而增加单调性与紧张性的监控可以更全面了解运动员在整个训练周期中的情况。

表4.1显示了如何使用session RPE的方法计算训练负荷、单调性与紧张性。值得注意的是，这些计算方式会对结果产生重大影响。训练监控人员需要知道如何安排休息时间，并了解大多数顶级运动员每天训练不止一次（这一因素在计算时需要考虑进去）。训练监控人员还需要计算几天或几周的滚动平均值，以挖掘监控数据中的模式规律（第二章）。此外，训练监控人员还要了解将测得的监控数据与已发表的研究结果进行比较时所使用的计算方法。良好的训练监控需要在一定周期内采集信息，熟悉测试量表，并自始至终使用相同的测量工具。图4.3显示了一年间一名优秀运动员的训练负荷、单调性和紧张性。

案例

表4.1 优秀运动员训练负荷、单调性和紧张性计算

天	训练形式	持续时间（min）	RPE	训练负荷	日平均
周一	健身房	60	6	360	360
周二	场地	120	7	840	645
	场地	75	6	450	
周三	健身房	60	7	420	690
	场地	120	8	960	
周四	跑道	60	8	480	600
	场地	120	6	720	
周五	健身房	75	6	450	750
	场地	150	7	1050	
周六	健身房	90	7	630	630
周日	恢复	30	1	30	30
总周负荷				6390	
日负荷均值				529.29	
日标准差				252.00	
单调性				2.10	
紧张性				13419	

注：总周负荷等于7天负荷相加。日负荷均值为所有日平均负荷的平均值。日标准差为日平均值的标准差。单调性等于日平均负荷除以日标准差。紧张性等于周总负荷乘以单调性。

有很多心率监控设备可用于运动员监控，标准心率监控设备由一个环绕在胸部的传感器组成，可将心率信息无线传输到显示器上，也有其他设备将传感器安装在腕带、指环或智能手机上。但是，使用胸带的心率表更准确和有效（170）。

多年来，静息心率一直是评估训练状态的常用方法（103），但诸多纵向研究报告了静息心率的巨大变异性（26），所以它在训练监控中的应用具有一定局限性。心率的恢复和心率变异性也是两种常见的基于心率的训练监控方法，这些方法将在第五章中详细讨论。

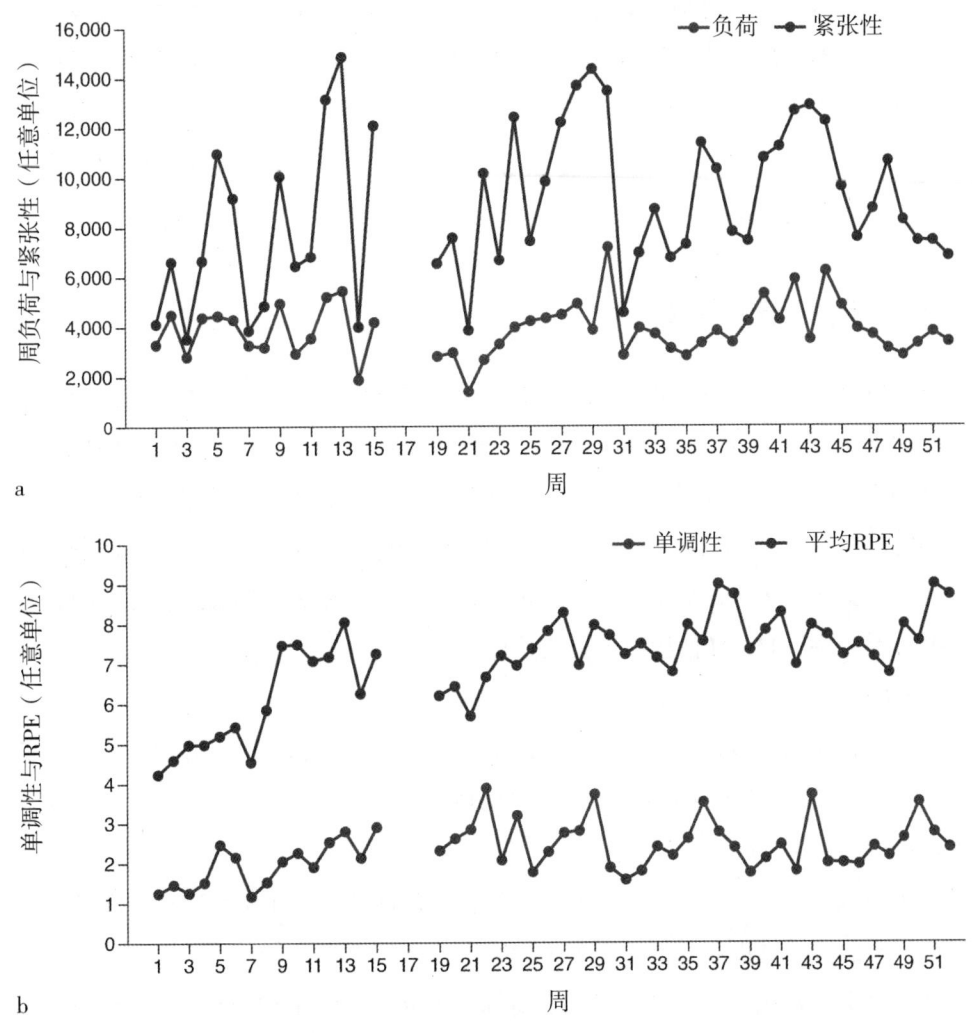

图4.3 优秀运动员1年的（a）周负荷与紧张性、（b）单调性与RPE折线图

三、乳酸

如第三章所述，乳酸是作为反应内部负荷应用最为广泛的生理标志物之一。作为一个内部负荷指标，便携式系统和指尖血样本的使用增加了这种监控方法的实用性。在运动期间定期采集运动员血样是实现准确监控和制定训练处方的前提。此外，诸如糖原利用率、环境条件、水合作用、运动形式和采样技术等因素，都会使乳酸浓度在个体间和个体内出现较大的差异（26）。最近开发的不需

要采集血液样本的系统似乎具有良好的有效性（23）。此外，近红外光谱技术具有监控乳酸水平的潜力。所有这些具有便携和非侵入特点的测试技术都可以用于运动员的监控。

四、训练冲量

1. 训练冲量的计算

训练监控人员一直为训练监控寻找量化和简化的方法，一系列心率监控可用于量化训练冲量（Training Impulse，TRIMP）。训练监控人员可以将TRIMP视为在运动期间施加给运动员的总训练负荷（10、31）。它基于一种系统模型方法，将训练的所有方面都集成为一个值。该数学模型可用于描述和评估训练课程或计划对运动员运动表现的影响（26），但是训练监控人员必须知道运动员的静息心率和最大心率。TRIMP使用以下公式计算：

$$TRIMP = D \times (\Delta 心率比) \times e^{(b \times \Delta 心率比)}$$

其中D=持续时间，常数e=2.718，女性的加权因子b=1.67，男性的加权因子b=1.92（133），其中Δ心率比=（运动时的平均心率–静息心率）÷（运动时最大心率–静息心率）。

加权因子b用于强调高强度训练具有更大应激反应，并反映运动强度和血乳酸的广义曲线（男性和女性不同）（133）。

一名男运动员在完成60分钟的训练课程期间，他的平均心率为150次/分，最大心率为180次/分，静息时他的心率是45次/分。

Δ心率比=（150次/分–45次/分）÷（180次/分–45次/分）=105÷135=0.78

D=60分钟，e=2.718，并且b=1.92

$TRIMP = 60 \times 0.78 \times 2.718^{(1.92 \times 0.78)} = 60 \times 0.78 \times 4.47 = 209.20$

TRIMP的另一种计算方法是计算每次训练的TRIMP分数（47、57），也被称为Edwards方法（47）。它涉及将训练持续时间乘以一个由训练强度范围或区域确定的乘数；心率表示为峰值心率的百分比。例如：

区域1=50%~60%HR峰值

区域2=60%~70%HR峰值

区域3=70%~80%HR峰值

区域4=80%~90%HR峰值

区域5=90%~100% HR峰值

这个心率区域总和的方法可以用以下公式计算：

TRIMP=（区域1持续时间×1）+（区域2持续时间×2）+（区域3持续时间×3）+（区域4持续时间×4）+（区域5持续时间×5）

一名女运动员完成90分钟的训练课程，在锻炼期间她在每个区域持续时间如下：1=14分钟，2=10分钟，3=49分钟，4=11分钟，以及5=6分钟。

TRIMP=（14×1）+（10×2）+（49×3）+（11×4）+（6×5）=14 + 20 + 147 +44 + 30=255

Borresen和Lambert（25）为了量化训练负荷研究了Edwards方法和Session RPE之间的关系，结果表明在运动员进行时间较长的高强度训练时，基于心率的量化方法会高估训练负荷；而如果运动员进行长时间低强度训练时，基于Session RPE的量化方法也会高估训练负荷。使用加权因子的方程其局限性是由于心率属于一定强度范围，而这个范围中1~2次/分的心率差异可以极大地影响测量结果（25）。

Lucia及其同事（112）开发的另一种方法是使用低于通气阈（低强度）的心率区间，通气阈与呼吸补偿阈（中等强度）之间的心率区间高于呼吸补偿阈（高强度）的心率区间。通气阈是指递增负荷运动期间相对于摄氧量的呼吸速率变化的拐点（即当呼吸速率突然开始快速增加时）（101）。当发生过度通气时，呼吸补偿阈达到高于通气阈值的摄氧量（101）。Busso及其同事（30）的方法简化了TRIMP方程，即将运动持续时间乘以整个练习中最大有氧能力的平均分数。

2.基于心率的方法的局限性

当用于确定内部负荷时，基于心率的监控方法存在若干限制。首先要求训练监控人员要一直测试和监控运动员，但如果有很多运动员时，这个方法就很难操作，并且运动员必须在运动时一直佩戴心率监控设备。此外，基于心率的方法对于监控抗阻训练和间歇训练并不理想。Busso及其同事（30）试图使用TRIMP方法监控举重运动员，方法包括1RM的百分比和重复次数，而不是持续时间。尽管传统上TRIMP监控方法已经用于有氧耐力活动，但是训练监控人员还需要一定的技术能力来准确分析和解释心率数据，而且技术故障等问题还可能导致数据丢失，从而制约了数据的作用。

尽管有这些局限性，基于心率的方法对于监控有氧耐力活动中的训练负荷也是有价值的。因此，计算TRIMP和Session RPE是现在量化运动员训练负荷的普遍方法。然而，根据这些监控方法制定训练计划的训练监控人员必须确保能准确地量化内部负荷。这也进一步支持了在监控运动员时使用多种方法的建议。

五、健康评估

训练监控人员和运动员通常使用调查问卷和训练日志来量化训练（82），由于这些工具具有主观性，因此评估其有效性非常重要。Borresen和Lambert发现有24%的运动员过高地记录了训练日志中的训练时间，而有17%的运动员过低地记录了训练日记中的训练时间。只有59%的运动员能够准确记录本周的平均训练时间。Foster及其同事指出，教练的训练要求与运动员的完成度之间仅有中度相关性，相关性为训练负荷（r=0.72）、训练持续时间（r=0.65）、训练强度（r=0.75）。如第一章所述，教练与运动员就如何训练以及训练的难度有不同的看法（28、58、146、180）。因此，训练监控人员应该谨慎使用运动员的自我报告信息来指导训练处方的制定。

由于每位运动员对训练应激的反应都是不同的，因此训练监控人员开发了各种健康监控方法。通常他们会调查运动员的应激水平、肌肉酸痛、情绪、疲劳、动机、应对方法及睡眠等情况，还包括有关恢复和营养的问题。正如在第三章中所述的，经历超负荷训练或过度训练的运动员会表现出更严重的情绪紊乱，因此，健康评估对于确定运动员的应激水平（82）和伤病风险情况（160）有非常大的帮助。与Session RPE类似，健康评估的最大优点是易于实施且价格低廉。但是，它们应与其他监控指标结合使用，例如运动表现测试、生理测量和训练负荷监控。

还有许多针对运动员群体的健康问卷（76、160），评估情绪状态、训练困境、肌肉酸痛、生活需求、恢复及运动员健康的其他方面的调查问卷都可以在文献中找到（76、160）。训练监控人员经常使用他们自己的调查问卷，但因其出版的问卷项目太多，完成和分析都太费时间，并且对特定运动项目的针对性不强（169），同时，对这些定制设计的调查问卷的有效性研究也是有限的。

（一）情绪状态调查问卷

对情绪状态的测量大多是用调查问卷，如心境状态量表（Profile of Mood States，POMS）和Brunel心境量表（Brunel Mood Scale，BRUMS）（www.moodprofiling.com），这些调查问卷提供关于运动员的总体性格特点，以及对紧张、活力、愤怒、抑郁和疲劳等因素的反应情况。POMS问卷有65个条目，可以测量六种情绪或感受：紧张-焦虑、抑郁-沮丧、愤怒-敌意、有力-好动、疲乏-惰性、困惑-迷茫（119）。运动员根据他们即刻的感受为每个条目选择合适的评分等级（0-5分），运动员们依据Likert量表的5分制进行评分，0=几乎没有，4=非常地。研究表明，使用POMS调查问卷测量的情绪状态与训练负荷之间存在相关性（77、150）。

POMS调查问卷，特别是简版的，具有在团队中容易实施及坚实的研究基础的优势（119、160）。此外，POMS调查问卷足够可靠，可以检查运动员如何回答一个子问题。例如，在监控运动员的疲劳程度时，运动监控人员可能只对疲乏-惰性有关的反应感兴趣。图4.4显示了各种内部负荷测量，包括使用折线图的POMS测量（参见第二章）。不过训练监控人员不应该仅仅依靠一份问卷来确定运动员的情绪状态，因为有许多因素会影响测量结果。

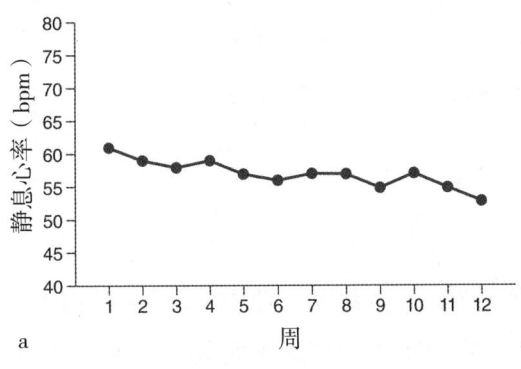

a

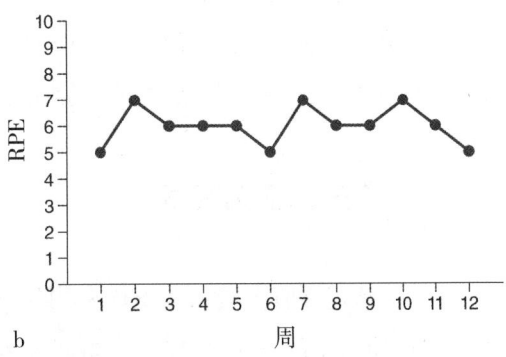

b

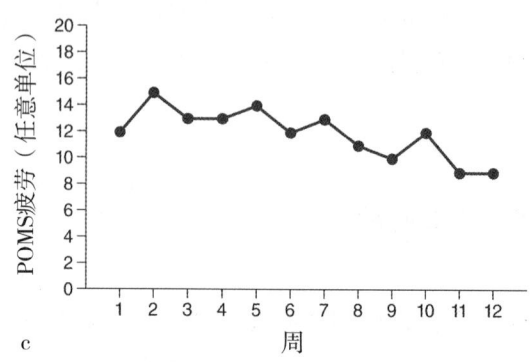

图4.4 12周训练阶段跑步运动员（a）心率、（b）RPE与（c）健康状况监控

BRUMS调查问卷源自POMS，旨在快速评估青少年和成人的情绪状态（171、172）。这个问卷有24个条目，采用与POMS问卷相同的Likert 5分制量表，POMS问卷有65个条目。由于BRUMS问卷的平均完成时间仅为1到2分钟，因此具有良好的实用价值（105）。例如，BRUMS问卷可以在训练前使用，或用作运动员心理状态的快速评估方法。

（二）训练困境

训练困境量表（Training Distress Scale，TDS）评估与训练相关的困难情况和训练前准备情况（72）。这个简短量表（22个条目）的一个优点在于它包括了情绪障碍、应激及行为的分量表，此外，它还评估了其他不适症状，如一般疲劳、注意力不集中、睡眠障碍、食欲不振和身体不适等（59）。运动员用Likert 5分制量表评估他们在过去24小时内产生不适症状的程度，其中0=完全没有，4=极端。Grove及其同事对一系列项目的运动员进行的实验室和现场验证的研究表明，TDS是一种评价运动员训练和比赛准备情况的有效测量方法。

（三）肌肉酸痛

延迟性肌肉酸痛（DOMS）是一种通常发生在大运动量训练后24至48小时的自然的、可预期的反应。大量研究表明造成DOMS的原因是炎症反应（83）。当

DOMS限制运动员的训练时就会出现问题，有证据表明，当酸痛的肌肉试图维持高负荷训练时会导致运动损伤（121）。因此，监控运动员的肌肉酸痛程度显得尤为重要。视觉模拟量表（Visual analog scales，VAS）是用来测量DOMS的常用方法（107、139），也可用于评估训练强度（124、135、149）。图4.5显示了肌肉酸疼的VAS量表。在这个100毫米的刻度上，0表示没有疼痛，100表示极度疼痛或难以忍受的疼痛。疼痛等级和疼痛强度能够被计算出来，即根据运动员从左起在标尺上标记的距离（mm）。另外也可以使用了CR-10疼痛量表，即0表示无疼痛，10表示最大疼痛。

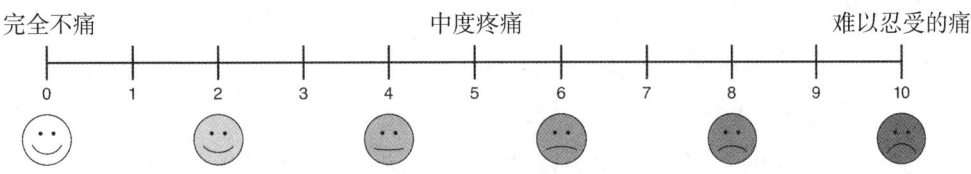

图4.5　肌肉酸痛视觉模拟量表

训练监控者通常对某个特定区域或身体某个部位的酸痛感兴趣（例如，股四头肌或整个下肢），并要求运动员对这些区域的酸痛或疼痛程度评级。更复杂的问卷会调查更多维度的疼痛，如感觉和情绪方面，McGill疼痛问卷由78个词语组成，这些词语是由运动员选择的最能描述他们疼痛的单词（122）。Cleather和Guthrie就DOMS疼痛等级将McGill问卷和VAS进行了比较，他们发现抗阻训练后DOMS的评级没有显著差异，表明使用McGill疼痛问卷并没有更大的优势（36）。

使用VAS对训练强度评级的训练监控人员，可以将图4.5中表示疼痛的术语替换为"毫无感觉"和"极其强烈"。研究表明，测量训练强度时，VAS和CR-10量表可以互换使用（135）。Neely及其同事发现（135），CR-10和VAS量表可用于测量年轻男性自行车运动员运动期间腿部用力情况。研究发现，CR-10似乎更为敏感，特别是在大强度运动时，这可能是因为它能够通过言语描述来明确区分不同等级，Session RPE量表也与CR-10和VAS进行过比较，并表现出相同的结果（124、125）。Rebelo及其同事（149）重新修订了VAS量表，用于评估足球运动员的训练负荷。两种量表分别使用两种不同的描述："毫不费力"到"最大的用力"和"毫不吃力"到"非常吃力",他们用VAS评分乘以训练持续时间来计算训练负荷,该方法与使用Banister(见第三章)和Edwards方法计算TRIMP一样,能获得相同的信息。

触诊也可用于评估DOMS的程度,因为如果没有某种物理刺激,运动员可能不会注意到肌肉酸痛。可以使用专门设计的压力探头来客观地测量疼痛以使触诊标准化,这在研究中很常见(107)。不过有研究表明使用0到10的主观疼痛评估量表(0=无疼痛,10=最大疼痛)与使用探头的客观测量一样准确(104、164)。通过对身体不同部位疼痛等级的评定,可以准确掌握身体DOMS发生的具体情况(107)。

Lau及其同事(107)比较了测量肌肉酸痛的不同方法,包括VAS、CR-10量表、不同部位的触诊、压力-疼痛阈值(疼痛映射)、离心运动后的屈肘肌疼痛,经综合分析,VAS对于疼痛的评级要优于CR-10量表(107)。VAS似乎更敏感,辨析疼痛更准确,但CR-10量表对自感用力程度的评级更有效(135)。

(四)健康清单

健康清单可以用于运动员监控。大多数健康清单收集了可以感知的肌肉酸痛、总体健康状况、疲劳、应激和睡眠的评分,一些还包含关于营养和恢复的问题。其中一个例子是Hooper指数,量表包括对疲劳、应激、肌肉酸痛和睡眠等方面的评级,1(非常非常低或好)到7(非常非常高或不好)(81)。调查问卷还可以包括疾病,询问运动员目前是否患病,是否有下列一些常见症状(如流鼻涕、喉咙痛、咳嗽)(173)。另外,身体各个部位(如下背部、股四头肌、股后肌群、小腿、腹股沟、上半身)也可按肌肉酸痛程度进行评分。这些问卷经常使用Likert量表的形式(例如,0=无疼痛,6=剧烈疼痛)(86)。

大多数训练监控人员使用自行设计的问卷,一项针对优秀运动员的调查显示,80%的人使用自己的调查问卷(169),研究表明,这些问卷对于测量优秀运动员的应激和疲劳变化很敏感(118、126、160)。表4.2是健康问卷的一个实例(118),评定优秀运动员的睡眠质量、肌肉酸痛、应激和疲劳,并将各项得分相加以获得总体健康分数。分数越低表明对整体监控情况越好,分数越高表示健康情况越差,可以计算出Z分数或标准差(见第二章)。一般的定制设计表格通常有4到12个条目，使用1-5分制或0-6分制的Likert量表进行计分。调查问卷的优点是易于操作、价格低廉，并且能为训练监控人员和运动员提供快速反馈。

表4.2 睡眠质量、肌肉酸痛、应激和疲劳健康问卷

	1	2	3	4	5	分数
睡眠质量	非常差	差	一般	好	非常好	
肌肉疼痛	极痛	痛	一般	轻微痛	几乎不痛	
应激等级	极大	大	一般	小	极小	
疲劳水平	非常疲劳	疲劳	一般	略疲劳	几乎不疲劳	
总计						

健康问卷可以进行修改，Chatard及其同事的调查问卷包括8个条目，每个问题以7分制评估，1=完全不是，7=非常多。问题包括训练强度、睡眠质量、肌肉酸痛、疾病、注意力集中程度、训练效率、焦虑或易怒，以及一般应激（32），这份问卷目的是开发一种用来监控游泳运动员训练负荷和运动表现的敏感测试工具（6）。此外，法国运动医学会调查问卷（50）的英译版包含54个仅需要回答"是"或"否"的条目，如果回答总共超过20个"是"则表明存在训练负荷过大或过度训练（114）。它还包含6个运动员对其身体状况的VAS评分条目。

考虑到睡眠对运动员的重要性，也有相应的问卷来判断运动员的恢复情况（100）。一份调查问卷要求运动员在早晨刚醒来时记录其睡眠状况（100），问卷记录其进入睡眠所需的时间（睡眠潜伏期），以及是否睡着和醒来的时间长短（称为片段睡眠和入睡后觉醒时间）。睡眠质量也可以使用Likert量表来计分，其中1表示睡眠质量非常差，5表示睡眠质量很好。如体动记录仪与可穿戴设备等活动监控装置都可用于更客观的睡眠质量测量，尽管有人质疑这些设备的有效性（156）。

（五）运动员生活需求的日常分析

运动员生活需求的每日分析（DALDA）问卷用于评估运动员的日常应激水平（表4.3），记录他们的心理健康状况和对训练的反应。问卷的A部分包括

关于一般应激的问题，B部分包括应激反应症状。每个问题采用"比正常情况差""正常"或"比正常好"评级标准进行评分。

表4.3 DALDA问卷

姓名 试验日 日期
圈出现在正确的反应：1=比一般差，2=一般，3=比一般好

A部分							
1. 饮食	1	2	3	6. 气候	1	2	3
2. 家庭生活	1	2	3	7. 睡眠	1	2	3
3. 学校工作	1	2	3	8. 娱乐	1	2	3
4. 朋友	1	2	3	9. 健康	1	2	3
5. 运动训练	1	2	3				
				合计			
B部分							
1. 肌肉疼痛	1	2	3	14. 充足的睡眠	1	2	3
2. 技术	1	2	3	15. 训练间恢复	1	2	3
3. 疲倦	1	2	3	16. 全身乏力	1	2	3
4. 需要休息	1	2	3	17. 兴趣	1	2	3
5. 补充工作	1	2	3	18. 争论	1	2	3
6. 厌倦	1	2	3	19. 皮疹	1	2	3
7. 恢复时间	1	2	3	20. 鼻塞	1	2	3
8. 易怒	1	2	3	21. 训练努力	1	2	3
9. 体重	1	2	3	22. 脾气	1	2	3
10. 咽喉	1	2	3	23. 肿胀	1	2	3
11. 内脏	1	2	3	24. 魅力	1	2	3
12. 不明原因的疼痛	1	2	3	25. 流鼻涕	1	2	3
13. 技术力量	1	2	3				
				合计			

DALDA问卷可以安排在整个训练期间内进行，并且很容易由训练监控人员评分。调查结果最好用图表的形式呈现，因为这样可以显示运动员应对训练和应激水平的趋势，训练监控人员也可以根据调查结果来计划后续的训练。DALDA调查问卷并不是为了运动员之间的对比而设计的，而是为了在一年或一个赛季中长期追踪运动员的个体情况。

（六）运动员恢复期应激调查问卷

运动员恢复期应激调查问卷（The Recovery Stress Questionnaire for Athletes，RESTQ-Sport），可以作为测试运动员主观应激水平和恢复情况的工具（96），也是目前应用最广的运动员监控问卷之一（160、169）。它包括76个问题，分为19个量表，7个量表与应激有关，5个涉及恢复，3个反映在运动中的应激。这些条目都使用Likert量表评级计分方法，0表示"从不"，6表示"总是"。应激和恢复这两个方面涉及项目的总分计算方法源于它们之间的区别。RESTQ-Sport量表如表4.4所示。

表4.4 RESTQ-Sport量表

Scale		概要
1	一般应激	得分高的人认为自己经常精神紧张、抑郁、失衡、无精打采
2	情绪应激	得分高的人频繁经历恼怒、攻击、焦虑和压抑
3	社会应激	得分高的人经常与人争吵、打架、恼怒、周身不适并缺乏幽默感
4	冲突/压力	如果前几天的冲突未解决，不得不做不愉快的事情，目标无法达成，某些想法无法消除，得分就会很高
5	疲劳	工作、训练、学习和生活中的时间压力，在重要工作中经常受到干扰，过度疲劳，睡眠不足
6	精神不振	无效的工作行为，如不能集中精力、缺乏精力和决策制定
7	身体不适	身体不舒服和周身不适
8	成功	评估过去几天的成功、工作乐趣和创造力
9	社会恢复	高分指运动员经常有愉快的与放松和娱乐相结合的社会交往和改变
10	体力恢复	指体力恢复、身体健康或健康
11	一般健康	一般的放松和满足或经常有好心情和幸福感高
12	睡眠质量	充足的恢复性睡眠，入睡时没有睡眠障碍，以及整晚安睡
13	干扰休息	指恢复不足、中断恢复和在休息期间被妨碍（如队友、教练）
14	倦怠/情绪疲惫	得分高的运动员会感到筋疲力尽，想要放弃运动
15	健康/损伤	高分指急性损伤或易受伤
16	健康/体态良好	得分高的运动员自我描述为健康、高效和有活力
17	倦怠/个人成就感	得分高的运动员感到能融入团队，与队友沟通良好，并享受运动
18	自我效能	运动员确信他/她训练得很好，准备充分
19	自我调节	运动员运用心理技能为自己做准备、推动、激励和设定目标的能力

研究发现RESTQ-Sport量表对于急性和慢性运动负荷都比较灵敏（160）。Saw和同事（160）发现疲劳分量表和三个恢复分量表都可以用来反映急性和慢性训练负荷。对于应激和恢复，将分量表折合成一个分数便能提供不同的信息。这个提醒我们在分析问卷结果时不仅要考虑分量表的重要性，同时也要注意量表的总分。

鉴于训练监控人员对完成问卷所需时间的担忧，也可以使用精简版的RESTQ-Sport（169）。最初的RESTQ-Sport问卷比较适合每周使用，但是训练监控人员应该更频繁地了解运动员的健康状况。简版RESTQ-Sport有32个条目，涵盖了身体、心理、情绪、应激与恢复等方面（99）。如果监控人员有特别感兴趣的方面（例如伤害或疲劳），也有相对应的分量表，更简版的RESTQ-Sport又被精简为8条目：体能能力、心理能力、情绪稳定、整体恢复、肌肉应激、缺乏激活、负面情绪和整体应激。每个条目的评分等级为"0"（完全不适用）到"6"（完全适用）。有文献已经证实了这个问卷的有效性（99），采用折线图能够较好地显示趋势和不同（图4.6）。

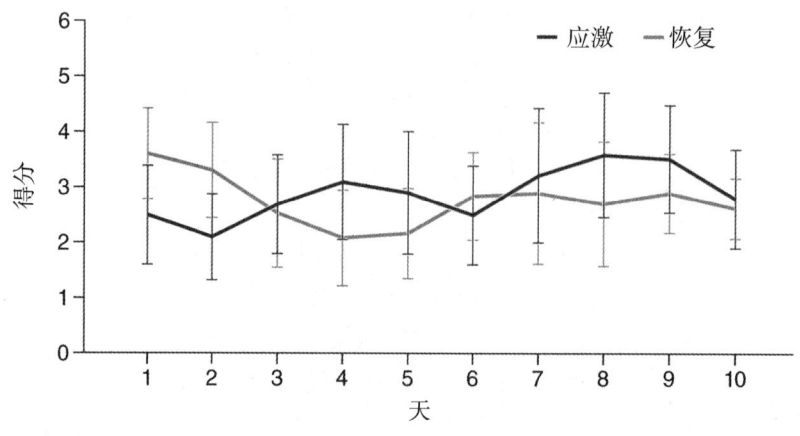

图4.6　季前训练阶段运动员RESTQ-Sport得分

（七）总体恢复质量量表

由于恢复对运动员非常重要，训练监控人员有必要监控训练计划中有关恢复方面的内容（98）。总体恢复质量量表源自于Borg 6-20量表，Kentta和Hassmen（98）

认为这个量表评估的主要方面是感知能力恢复和行动能力恢复情况。训练监控人员使用"你现在状态怎么样?"这样的问题让运动员评定他们过去的24小时的恢复情况,量表使用0-10的分级,如下:

总体恢复质量修订量表	
0	恢复非常非常差
1	恢复非常差
2	
3	恢复差
4	
5	恢复一般
6	
7	恢复较好
8	
9	恢复非常好
10	恢复非常非常好

为了测量恢复情况,运动员就他们之前24小时的情况从4个方面打分:营养和水分、睡眠和休息、放松和情感支持、拉伸和积极休息,问卷的每个方面都将被打分(最多20分),得分低于13表示训练后没有完全恢复(98)。该评分手段被多次修改,并用于许多高水平运动项目中。所有系统对不同恢复策略进行评分,并且每天或每周都设定一个目标。虽然很少有关于这种方法有效性的研究(103),但是这个测评系统易于实施,具有实用性价值。

另一种恢复测评工具是感知恢复状态量表(Perceived Recovery Status Scale),用来评估机体表现状态的变化(108)。分值范围从0(恢复非常差并且非常累)到10(恢复非常好并且精力充沛)。一项研究显示这个量表可能可以用于监控大负荷抗阻训练后的恢复情况(165)。分数0到2表示表现不佳,这使该量表能够成为评价训练准备情况的有效指标,然而目前还需要更多的研究来支撑这个观点(35)。

（八）健康评价指南

健康评价的成功实施能使测量结果对运动员的训练计划产生积极影响（160）。Saw及其同事完成了关于影响运动中健康测量实施因素的研究（159）。该研究对来自澳大利亚国家体育学院的运动员（n=8）、教练员（n=7）及体育科学和医疗人员（n=15）就20项运动进行了半结构式访谈。作者发现社会环境对于帮助运动员认同和配合参与监控是至关重要的，让运动员明白调查问卷对于运动员本身以及对他们训练的意义，是成功实施健康测量的必要条件（159）。

训练监控人员一定要告诉教练员和运动员：必须真实并且准确地回答健康问卷上的问题。问卷的真实结果会帮助教练员们消除一些顾虑，这个顾虑包括运动员可能会为了逃避训练或隐藏伤病而说谎。训练监控人员不应该仅仅将一个调查问卷就作为其监控计划的基础，任何调查问卷都需要与其他监控结果一起考虑。

该调查问卷涵盖了广泛的自我评价内容，但问题数量少的调查问卷才是更理想的（67、160）。最终，研究者需要考虑问卷的设计和可能影响数据的因素（159）。此外，在一天的同一时间进行测量也很重要（103）。

最有用的测量数据应该是运动员所感知到的肌肉酸痛、疲劳、健康状况、睡眠持续时间和质量。这些数据需要定期收集，一项研究报告称，55%的监控人员每天都会收集这些信息（169），然而，如果运动员每天都被要求回答相同的问题，可能会导致问卷疲劳。

在常规负荷训练期间，监控运动员的一些正常变化可以帮助运动监控人员确定适当的阈值。不过在小负荷或大负荷训练期间不太适合确定这些阈值，因为这段时期运动员会出现情绪紊乱或潜在的适应不良（123）。

及时分析调查问卷并向运动员和教练员提供反馈也很重要。精心设计的问卷在反映有价值的信息的同时，不会对运动员和监控人员有过多的要求。在设计自己的问卷之前，监控人员应先考虑那些经过验证的问卷，不过，他们也应该意识到，已经被设计出来并实施的问卷并不意味着它就是可靠和有效的。此外，运动员的回答会受问卷提问的措辞、语境和格式的影响（159、161）。

一些新的技术手段可以帮助实施问卷调查（159），许多训练监控人员让运动员在智能手机或平板电脑上完成问卷（1），伤害预防和监控方面的研究认为这种新技术比较有价值（48、49），使用应用程序并结合社交媒体也能增加运动员的认同感和依从性。

（九）健康调查问卷的分析

有多种方法可以用来分析健康问卷的结果（见第二章），一般使用Likert量表，较高的分数通常表示更高的健康水平。通常的问卷分析是将队员的回答记为数字，然后执行计算，由于这些问卷具有分类特质，所以可用的计算方法是有限的，选择合适的分析方法比简单计算均值更有意义。Taylor及其同事（169）的调查结果显示，最常用的分析方法是观察运动员连续几天和连续几次训练的数据趋势。

一些训练监控人员用红色标记表示运动表现出现有意义的变化（例如偏离均值的±1.5标准差）（118），而有些监控者使用交通信号灯的方法，分别用红、黄、绿灯设定相应的阈值，以指示所需的操作：红灯表示必须进行干预，黄灯表示需要对监控数据保持密切观察，绿灯表示一切正常，运动员可以正常训练。对于肌肉酸痛，研究者可以使用个体的内标准差值来识别运动员正常变化之外的变化。

由于缺乏对健康问卷中实际有意义的变化的研究，限制了研究者对重要阈值和适当行动做出明智决策的能力，他们通常使用健康问卷来强调疲劳和恢复所引起的潜在问题（169）。训练监控人员可能会从第二章中介绍的一些统计方法中受益。在高水平运动环境中选择适当的统计分析方法尤为困难（159）。健康量表中使用超过±1标准差的阈值设定可视作最小的有意义变化（174）。图4.7显示了团队项目运动员在集训期间的Z值分数。由于训练负荷过大，健康分数出现稳步下降。如果1.5标准差作为阈值判定标准，那么运动员在第8天和第9天就会超过该阈值。

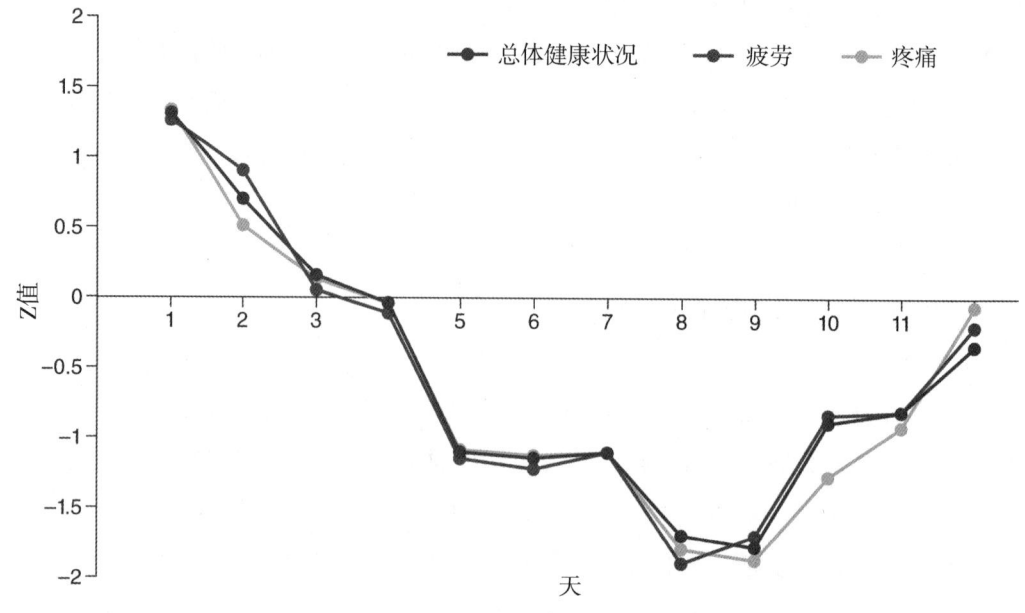

图4.7 集训期间综合健康评分与危险信号标识

一旦发现运动员监控数据的异常，训练监控人员的基本思路应该是：他们应该采取什么样的干预措施。这在第七章到第九章中有更详细的讨论。使用图4.7中的例子，监控人员应该在集训的第8天之后减少运动员的训练负荷。显而易见，所有监控策略的实施应采用某种方法，以每天或每周的方式定期规律执行。

结论

在训练监控的过程中，监控人员应同时考虑外部负荷和内部负荷的测量，并准确量化训练应激，而GPS、加速度计和功率计可以用来测量外部负荷。在设计训练计划时，训练监控人员必须了解外部训练负荷对运动员内部反应的影响。心率、RPE和TRIMP等内部负荷的测量，能够为监控人员提供有关运动员应激反应的重要信息，而主观的健康问卷也可以提供有关运动员应激水平及其对训练负荷反应的有价值的信息，这对于发现超能力范围训练或过度训练的早期症状是有帮助的，特别是情绪障碍量表（POMS、BRUMS）、应激症状量表（DALDA、TDS）和感知应激恢复量表（RESTQ-Sport量表、总体恢复质量量表、感知恢复状态量表）等的应用对于量化内部负荷都是非常有用的。

不过，训练监控人员应采用内外结合监控训练负荷的方法，量化训练与比赛的生理应激，此外，他们还需要考虑如何分析、解释和使用这些信息来优化运动员的训练监控。

第五章　身体素质和疲劳的测定

测试人员需要客观的测试来帮助运动员评估训练进程及训练和竞赛的负荷，同时监控运动员的疲劳情况，然而，单一的测试不能达到这样的目的。因此，测试人员必须在运动员监控计划中纳入一系列测定素质和疲劳（如神经肌肉和健康）的指标。

许多监控测试用于评估运动员的身体表现，在运动员研究中也广泛使用了多种类型的评估手段（91，97，194）。但是，有些手段是不适合定期监控的，因为在测试场地进行测试时，较多的测试仪器不便携带，而且仪器的费用高、不适合测试大部分运动员、缺乏敏感性和可靠性。例如，等速力测力计超出大多数运动项目的负荷，并且难以定期监控运动员。监控测试必须客观地测定运动员的身体素质和疲劳程度，并且实际上是可行的。本章概述了可用于监控运动员身体素质和疲劳的测定指标，包括神经肌肉疲劳、心率、生化、激素和免疫学指标、运动表现测试。

第一节　神经肌肉疲劳

检测神经肌肉疲劳的测试被广泛应用于高性能运动（1，91，194）。神经肌肉疲劳是指最大自主收缩力的减少，如第三章所述，这是神经驱动肌肉时，中枢神经系统的缺陷或肌肉本身缺陷的结果。大量研究提到了运动中进行神经肌肉疲劳测试（29，38，74，91，124，210），但由于大多数是在实验室设备下进行的，所以尚未确定其可靠性和有效性。

测试人员通常对低频疲劳感兴趣（67），它是高强度、大力量、重复的牵张–缩短循环训练或离心（延长）肌肉动作的结果（104），它可以使用插入颤搐技术直接通过肌肉或经皮通过皮肤刺激进行评估，其决定了自主收缩期间骨骼肌的活化水平（27，156）。然而，由于这种方法在大多数情况下不适用于常规运动员监控，研究者已经开发出其他方法来间接评估运动和跳跃等活动中的低频疲劳（41）。这些活动涉及肌肉像弹簧一样作用的牵张-缩短循环：吸收的能量在拉伸阶段被储存为弹性能，然后在缩短收缩期间恢复。运动中也存在慢（长）和快（短）牵张-缩短循环活动。缓慢牵张-缩短循环（大于0.25秒）发生在排球（长地面接触时间和高位移）的跳跃过程中；快速牵张-缩短循环（小于0.25秒）发生在冲刺（短接地时间和低位移中）。

一、垂直跳（Vertical Jump）

使用垂直跳跃来评估运动员的神经肌肉疲劳是一种常见的方法，并且有证据有力地支持了其功效（194）。泰勒及其同事（194）发现，在一项关于高水平运动员的运动监控调查中，54%的受试者使用了某种类型的垂直跳跃测试。这些测试的优点是容易完成且不产生疲劳，运动员在训练之前可以接受两到三次跳的测试。一些技术装置如力板、线性位置传感器、加速度计和接触垫可用于这些测试；跳跃的高度也可以使用垂直跳跃装置或卷尺来评估；智能手机应用程序也可在跳跃期间提供信息（5）。使用这种技术可以测量的变量包括力、速度和位移（73）。具体的测定如跳的高度、平均功率和峰值功率、平均速度和峰值速度都受到测试人员的欢迎（194）。其他措施如腾空时间与收缩时间的比率也可用于运动员监控（39）。腾空时间代表从起跳到着陆的时间，收缩时间是从垂直跳跃开始到离开地面的时间（38）。腾空时间与收缩时间的比率使得测试人员了解运动员在跳跃期间使用的运动策略。Gathercole及其同事（73）提出，仅依靠跳跃分析的输出测量具有局限性，如跳跃高度和跳跃力，同时时间相关变量对疲劳更敏感。因此，研究鼓励测试人员采用更有效的疲劳测试措施，如飞行时间到收缩时间的监控。

图5.1显示了运动员在力板上进行的垂直反向跳跃。运动员站在力板（或接触垫）上，将手部放在髋（髂前上棘）上，并以最大的力量尽可能高地跳跃，跳跃的垂直相位的深度是自选的。或者，可以使用测量棒进行测试，也可以通过智能手机应用来测量跳跃高度（5），另外，还可以让运动员在墙壁旁边进行测试，用粉笔标记他们达到的点。

 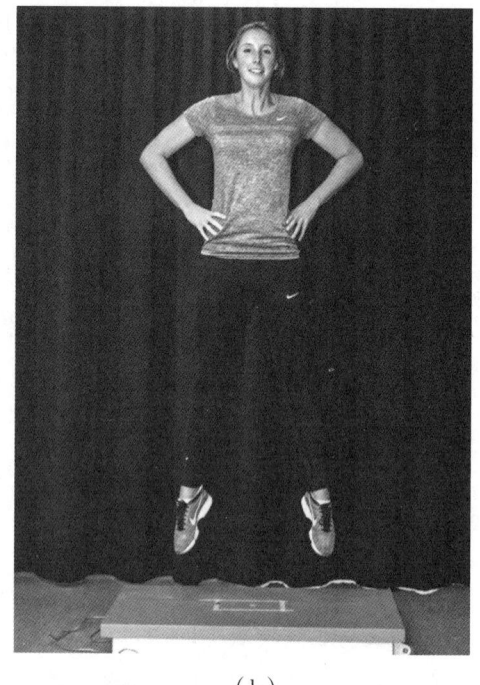

(a)　　　　　　　　　　　　　　(b)

图5.1　在力板上测量运动员垂直反向跳跃：（a）起始位置；（b）跳跃阶段

（一）可靠性和有效性

已经有许多研究者对跳跃作为判断运动员神经肌肉疲劳的指标进行了有效性和可靠性（38，40，72，78，100，161）的研究，一般方法是从比赛中收集测定数据，在一年中跟踪变量（特别是在竞赛时期），观察跳跃测试成绩在有负荷和无负荷情况下如何变化（68）。Cormack及其同事研究了澳大利亚足球赛对运动员神经肌肉疲劳的影响（39），并且也贯穿比赛时期（40），这是在确定单次和重复跳跃测试的可靠性之后完成的（41）。比赛结束后，力板测试显示18个指标中有6个指标下降，主要绩效指标（跳跃高度）保持稳定，比赛后这些变量随时间变化也存在不同之处。

跳跃测试通常使用跳跃高度，但缺乏灵敏度（46，137）。研究发现在高强度训练期间，测定指标如跳跃高度等没有变化（31，46）。在许多其他研究中，研究者已经验证了使用跳跃来检测各种运动中的神经肌肉疲劳（40，72，

75，78，100）。研究的结果不一，目前对于疲劳最为敏感的变量尚无共识。Gathercole及其同事（72）在精英女子橄榄球7人队的研究中表明，腾空时间和跳跃高度等变量随疲劳程度的增加而下降，他们还注意到跳跃力学的变化也随时间变化。研究结果的差异很可能是由这些研究中使用的各种设备、测试方案、训练和运动员水平不同而导致的。

练习者往往侧重于向心方向的跳跃表现，然而，垂直跳跃的离心相位也可以提供关键信息（42，43）。鉴于离心阶段在拉伸缩短循环活动中的重要性，它也不应被测试人员忽视（42，43）。整体的力-时间曲线显示了运动员在接下来的训练和竞赛中的表现如何（42）。

（二）跳跃测试方案

许多跳跃测试方案可用于运动员监控。由于单次跳跃比重复跳跃更节省时间，因此通常被推荐用于测试（137）。重复跳跃测试的可靠性也较差（41），负重跳跃还可以测定运动员承受外部负荷的能力（137），测试者可以选择绝对（总）负荷或相对（体重百分比或最大强度的百分比）负荷进行检测（137）。实验室中研究低频疲劳与跳跃性能变化之间的关系并不是决定性的，所以测试人员不应该单独依靠这些测定指标对运动员进行监控（67）。

垂直反向跳跃期间的跳跃高度可能表示运动员下蹲时的1RM（103）。Jimenez-Reyes及其同事（103）对田径运动员进行了测试，建立了使用跳跃高度来确定其下蹲1次重复最大负荷（1RM）的回归方程。其他研究已经确定，可以在运动中以亚极量负荷估算1RM（102）。研究者还尝试使用主观运动等级表（RPE）来估计运动中功率输出等变量（6）。然而，还需要更多的研究来建立感知运动与训练负荷之间的关系，将其作为运动训练的指导，具有一定的意义。

双边和单边跳跃的比较可以提供关于不对称的附加信息（137），从预防损伤和运动表现的角度来看，了解运动员的不对称可能很重要。在表现方面，Bailey及其同事（3）发现大学运动员的不对称程度与跳跃表现之间存在显著的负相关关系。实现对双侧力平板系统单侧测量的双向力测量技术可以显示不对称性（105）。测量具体不对称性不需要运动员进行单腿跳跃，例如，正在康复的运动员可以进行双边跳跃，因为压力小于单腿跳跃。

垂直反向跳跃高度与静态跳跃高度的比值可以计算离心利用率（138）。垂直静态跳转的方案与垂直跳跃类似，但是运动员在跳跃的底部暂停2至3秒以消除牵张-缩短循环增强。离心利用率计算如下：

离心利用率=垂直反向跳跃高度÷垂直静态跳跃高度

一个运动员垂直反向跳跃48厘米（18.9英寸）和垂直静态跳跃45厘米（17.7英寸）的离心利用率计算如下：

离心利用率=48÷45=1.07

跳跃高度和峰值功率等变量可以用于计算。比例较高表示牵张-缩短循环的作用较突出（137）；比例较低可能表明运动员需要进行更多的牵张-缩短循环活动，如超等长收缩训练。

诸如线性位置传感器之类的技术装置提供了关于位移和速度的信息，并且在一组和一次重复运动期间提供实时反馈（95）。Randell及其同事的一项研究表明，使用这种接收实时反馈技术的运动员取得了更好的训练成果（175）。一些学者提供了在抗阻力训练期间可用于运动员监控技术的概述（10,95）。

在监控跳跃和运动表现测试时，测试人员往往侧重于结果。然而，检查和记录运动员的技术可以提供有用的见解（72），这可以通过使用指示跳跃力学的测定来实现，例如，峰值力的时间和腾空时间与收缩时间的比率。

测试人员应考虑开展自己的研究，以确定哪些测定最适合用来监控（见第七章）。常见的分析方法依赖于对趋势或任意阈值的视觉分析（如10%的减量）来识别疲劳（194）。第二章概述的方法对于分析这种类型的监控数据是有效的。

研究者已经尝试使用垂直反向跳跃来评估训练准备活动（32）。Claudino及其同事（32）在对训练有素的男子研究中，采用了预先训练的垂直反向运动跳跃测试来修改随后的增强训练，跳高高度使用最小个体差异（随机误差的最大变化）（212）。如果参与者被确定为疲劳或其运动表现有所改善，则对训练计划进行调整。如果他们疲劳，删除一组练习；如果运动表现有所改善，则增加一组。虽然结果并不是决定性的，相对来说参与者也未经培训，但有证据表明，这种方法已经带来绩效上升。更高水平的运动员和不同类型的训练课程需要更多的研究。

二、跳深（Drop Jump）

跳深也用于神经肌肉疲劳的监控，并具有足够的可靠性（140）。由于跳跃反应性较强，对疲劳可能更敏感（94）。测试时，运动员垂直站立在箱子上，将手放在髋上（图5.2），用主导腿从箱子上跳下（而不是跳跃），两脚落到力板上或者接触垫子，并立即以最大的力量进行一次垂直跳跃。

图5.2　在接触垫上的跳深

给予运动员的指示应尽可能标准化（125），要求运动员接触地面时间尽可能短，起跳离地尽可能高，可以告诉运动员将地面想成热板，确保接触时间短。用于此测试的箱子高度可以有所不同，但是30厘米（12英寸）的高度似乎足以用于团队项目运动员的监控（94）。跳跃高度的范围可收集成运动员的范围，并确定运动员的伸展承受范围。拉伸承受范围是跳深不断增加高度导致更大拉伸后的测量结果，这提供了另一种量化运动员反应能力的方式。

反应强度指数可以通过跳深试验来确定，并被提出作为爆发能力的衡量标准（155），它可以用几种方式计算，但通常它涉及测量跳跃高度与接触时间的比率（155），可以使用力板、接触垫或测量跳跃高度和接触时间的装置测定。反应强度指数也可以用腾空时间与接触时间的比值计算出来（139）。

反应强度指数=跳跃高度（m）÷接触时间（s）

一个运动员从40厘米（15.7英寸）的箱子上跳跃，跳跃高度0.45米（17.7英寸）；接触时间为0.298秒。

反应强度指数=0.45m÷0.298s=1.51

在反应强度指数的修改版本中，指数是在垂直反向跳跃期间跳跃高度和接触时间之间的计算，而不是跳深（112，191）。Suchomel和他的同事使用了负重（20公斤或44磅）和非负重的垂直反向跳跃来计算改进的反应强度指数（191，192），发现改进的反应强度指数对于区分不同运动的运动员来说是可靠的（192）。此测试不用箱子成为它的一个优点，因为它不需要额外的设备。无论使用哪种方式计算反应强度指数，测试人员必须使用相同的方案。将结果与已发表的结果进行比较后发现，注意研究中使用的测试方案也很重要。

三、肌肉硬度（Muscle Stiffness）

肌肉硬度也可用于运动员监控。简单来说，刚度是指力与变形程度之间的关系，与牵张-缩短循环活动有关（143，215），肌肉硬度大与软组织损伤增加和重复性应激有关（172，209）。评估肌肉硬度的方法包括垂直跳跃、跳远和跳深测试（144，170），其他可能的方法是垂直上下跳和直腿双向跳跃。垂直跳跃测试（单侧）是下半身刚度的总体度量，双边和单边测试可以在接触垫或力板上进行，通常使用重复跳跃（如连续5次）（143）。单侧测试可以揭示四肢与刚度不平衡之间的差异。在重复跳跃测试中，运动员根据节拍器指示进行跳跃或保持稳定的频率。测试通常具有足够的可靠性，但不如其他类型的跳跃测试那么可靠（127，171）。

计算肌肉僵硬度的常用方法是Dalleau方法（57）。或者，肌肉硬度可以更简单地计算为地面反作用力除以质心的位移（126）。

四、产力大小（Force Production）

监控肌肉力量和功率可以促进训练方案完善，为测试人员提供敏感和即时的反馈，并确定运动员的训练适应是否稳定（140），力量评估包括等距测试、重复最大测试和测力（139）。

等距测试，如等距大腿中部拉伸（86）、等距深蹲（7）和等距卧推（216，217）等，可以帮助测试人员定期评估运动员的力量。等距测试有几个优点，首先，它们是高度可靠的，特别是峰值力等变量。其中等距测试的峰值力量非常可靠，有报道显示其变异系数大于2%（110，197）。另一个优点是，相比传统1RM测试，测试人员可以效率更高地测试大量运动员。最大等距测试有些练习与1RM高度相关，如后蹲、硬拉和高翻（7）。最后，等距测试也比1RM测试产生的疲劳少，所以理论上可以经常地进行测试。

等距大腿中部拉力试验通常在具有与大腿中部高度相等的固定杆的力板上进行，通常测试两次或三次。举重绑带和胶带可用于提升抓地力，运动员应尽可能快速地大力地推地面，持续3至5秒。指令对于这种类型的测试很重要，研究显示指令的形式决定了所产生的力量大小有差异（90），在试验之间推荐休息3至5分钟。然而，证据表明较短的休息时间并不影响最大产力能力（131）。峰值力可以用绝对值表示，也可以用相对于体重来表示，这称为比例缩放。

类比法（Allometric Scaling）（53）考虑了运动员的体型，可用于比较不同范围的身体尺寸。类比法方程描述身体质量与肌肉力量等其他方面如肌肉力量（53）间的关系，在计算中使用指数因子。最常用的缩放方程使用简单的幂律函数：

运动表现变量 = a × 身体质量^b

其中a是缩放系数，b是指数项，并且都是使用回归分析计算数据得出的。

为了简化测试人员的过程，可以使用以下公式。文献中可以找到适当的估计指数项，如Crewther及其同事的文章（53）。

类比法峰值力=峰值力÷（体重$^{0.67}$）

例如，身体质量为90.5公斤（199.5磅）的运动员在等距大腿中部拉力测试期间产生了4218N的峰值力。方程式如下：

类比法峰值力=4218÷（90.5$^{0.67}$）=206.1N

力的发展速度也可以作为等距大腿中部拉力试验的一部分来评估。力量发展的速度是指力-时间曲线的变化率，可以度量运动员的爆发能力（87）。对运动员可靠和有效的力量发展速度的测定需要非常严格的控制测试条件（如绳子提高可靠性），不同分析力发展速度的方法会使结果产生很大的差异（87）。除了计算平均力发展速度之外，还可以使用预定的时间段（例如，0~50ms和0~200ms），但这些测定的可靠性是有问题的（87）。相反，测试人员应该使用最大力量而不是力量发展速度来进行运动员监控，因为最大力量具有最高的可靠性。测试灵敏度是另一个重要的考虑因素（见第二章），研究结果有些不一致；没有明确的证据表明急性训练负荷和疲劳时峰值力会显著变化（39）。

（一）双侧评估和单侧评估

握力测力法已经作为运动员监控的单侧力量评估方法（166）。握力评估可以定期进行，因为比其他类型的力量评估产生疲劳少。这个测试是否可以作为训练准备的直接衡量标准还不明确，也没有明确的研究证明。

单侧测试可以评估身体右侧和左侧之间的不平衡。双边不对称可以按照以下比例计算：

双侧侧差=右侧力量÷左侧力量

例如，一名运动员单侧腿部压力的结果：右腿=1973N；左腿=1730N。

双侧侧差=1973N÷1730N=1.14

以下公式可用于计算不平衡的百分比：

双侧侧差=［（右腿-左腿）÷较强腿］×100

使用前面的例子，

双侧侧差=［（1973－1730）÷1973］×100=12.3%

双侧侧差评估也可以计算双侧赤字的程度（137）。双侧赤字可以计算如下：

双侧赤字=［（右侧力量+左侧力量）÷双侧力量］×100

例如，一名运动员单侧腿部压力的结果：右腿=1973 N；左腿=1730 N；双侧=3598N。

双侧赤字=［（1973＋1730）÷3598 N］×100=102.9%

（二）康复监控的力值测量

各种力量评估已被用作潜在损伤的预测因子，如腹股沟（内收肌）挤压测试用于监控运动员内收肌的状态（44，150，179）。腹股沟挤压测试在仰卧位进行，在两腿之间放置45°的压力计（58），运动员多次最大力量挤压装置，记录所达到的最大压力（58），可以通过内收肌挤压测试发现运动员腹股沟疼痛和下肢力量之间的关系（150），Roe及其同事（179）发现青少年橄榄球联合运动员在比赛结束后内收力下降。作为监控工具，该测试可靠并且对疲劳很敏感。

最近，已经有研究者使用了腘绳肌腱力量的评估（22，132，163）。McCall及其同事（132）研究了优秀足球运动员等距下肢肌腱测试的可靠性和敏感性。运动员在仰卧位上进行测试，腿部抬起至力板上，通过测量比赛后的等距力量和肌肉酸痛来确定测试的灵敏度（132）。

（三）动态强度指数

综合各种监控的措施可以反馈有关运动员神经肌肉状况的信息，例如，动态强度指数受到关注（197，216，217），测试人员比较了运动员等距和动态力量水平，以确定在训练计划中需要优先考虑哪些方面。动态强度指数为从静态跳跃到等距峰值力（186）的爆发峰值力（ballistic peak force）比，如下：

动态强度指数=爆发峰值力（N）÷等距峰值力（N）

一名运动员，静止跳跃和等距大腿中部拉力试验的结果分别为2042N和2811N：

动态强度指数=2042 N÷2811N=0.73

动态强度指数已被证明是运动员力量素质的可靠测定方法，可作为训练重点的指南（197）。比值小于0.6可能表明测试人员应该增加爆发训练量；比率大于0.8可能意味着需要增加最大力量训练量；比率是有用的，但测试人员也需要考虑结果的大小（186）。通过跟踪一个赛季的强度值，测试人员可以观察运动员的成绩趋势，并将其与最小有意义变化进行比较（图5.3）。

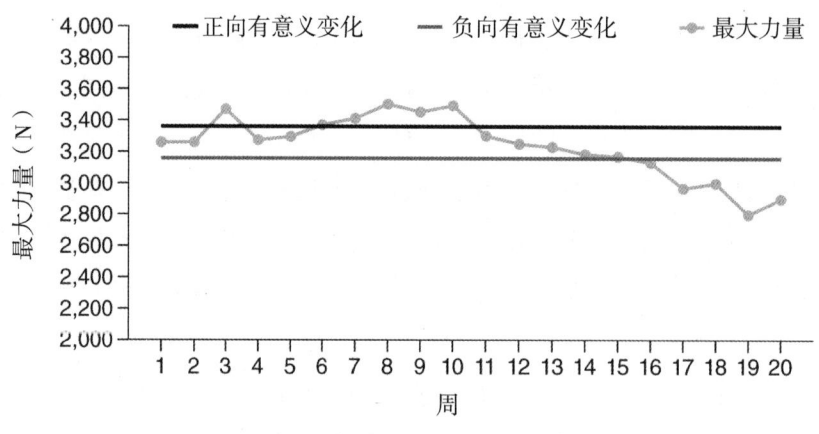

图5.3　一个赛季运动员的最大力量测定

五、神经肌肉疲劳监控的注意事项

用于跟踪运动员疲劳的测定表现为昼夜节律性（195，196），Teo及其同事（196）的一项研究表明，全天等距大腿中部拉力试验期间，峰值力和力变化速率的测定有明显变化，最大值出现在当天晚些时候。Taylor及其同事（195）表明，温度升高可以消除一些昼夜效应，但仍出现在垂直反向跳跃过程中，这些监控测试应在每天同一时间进行，以消除时间影响。如第三章所述，测试时尝试尽可能地控制这些因素，因为神经肌肉疲劳只是运动员的一种疲劳，因此测试人员不应该单独依靠这一测定来获得运动员的整体情况。

第二节　心率

心率等生理指标可用作疲劳的客观指标（见第四章）。次最大运动方案和心率测量值可为运动员监控提供重要的指导，这些方法越来越多地用于团队和个人运动中（20，23，119），心率变异性和心率恢复能力均可用于监控身体素质和疲劳。

一、心率变异性

心率变异性（HRV）被广泛用于运动负荷相关的评定中，可考察运动员训练准备活动的合理性（169）。HRV是心跳间隔正常变化的度量，可以使用几个指标来确定。其中比较可靠的是相邻正常RR间期（Ln rMSSD）方差的平均和的平方根的自然对数（168）。简单地说，这是在一段时间（例如，60秒）内计算的量度，并且其数据用于数值上确定心跳间差异，更多地使用HRV进行监控是因为分析软件和心率监控硬件及智能手机应用程序的改进（见第六章）。

如第三章所述，自主神经系统通过交感神经和副交感神经系统之间的相互作用来控制生理功能，如心率。在训练期间，心率以非线性方式随着压力和休息时间改变，也就是说，在高强度工作（交感反应）期间心率加快，然后在较低强度的工作或恢复（副交感反应）期间速度减慢。低HRV是驱动心率反应的交感神经系统的指标，这表明运动员不承受训练负荷（20），由于对运动员的研究有些不一致，测试人员不应该依靠这个单一的运动员监控指标（169）。

如第三章所述，HRV作为超量负荷和过度训练标志的调查结果不清楚（20）。如Ln rMSSD等指标已被证明具有更好的可靠性，可用于短期评估（2，64），这需要10到60秒的测量，运动员处于仰卧位，并且使用电子表格计算（20）。除了在一致条件下收集信息（如运动员刚醒）外，为运动员建立典型值的基线很重要，测试人员应该意识到，运动员站立时与仰卧时评估HRV的结果不同（185）。

HRV的测定对于监控手球运动员和铁人三项运动员的疲劳并没有显著的作

用，因为测定的日常变化很大（21，169），例如，每月HRV测量值的变化对手球运动员的表现变化不敏感（21）。对于优秀铁人三项运动员，7天平均值比单次测量更敏感（167），在对澳大利亚足球运动员的研究中，训练负荷大幅度变化，HRV的测量值没有变化（23）。

为了使这些测定可以有效地监控运动员，需要许多评估点才能全面了解运动员适应训练负荷的能力。专家建议有效监控需要每周至少3天测定HRV、测定每周平均值或使用7天平均值（169），长期测定才能评定运动员对训练的反应能力。慢性HRV的增加与对训练的积极反应有关，HRV降低，运动员对训练会产生消极反应（169）。HRV的评价应该与运动员的训练经历和当前的训练阶段联系起来（20）。

图5.4显示了一个运动员12周的平均HRV结果。

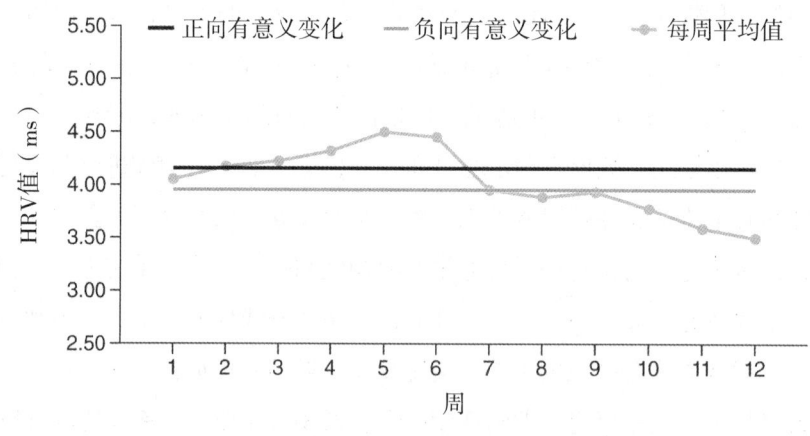

图5.4　运动员12周晨起HRV每周平均值

二、心率恢复能力

一次性运动后心率的恢复期可用于监控疲劳程度（118）。运动后即刻，副交感神经系统使心率迅速下降（20）；心率恢复减慢可以作为测定疲劳、停训或无法应付指定训练负荷的指标（14）。相反，心率恢复改善可看作身体素质提高的指标（13，56）。研究者还发现了一些证据表明心率恢复是超量负荷的标志（14）；然而，调查结果不一致。一些研究表明，更快的心率恢复与运动员运动表现的退步有关系（198），而汤姆森及其同事（198）发现这是训练有素的自行车手和铁人三项运动员的表现。另一项研究显示，在超级马拉松之后的几天里，心率恢复较快，则RPE等级较高（129），这再次强调了测试人员不能只依靠单一指标进行运动员监控，使用心率恢复能力作为监控工具的同时也应该使用其他措施，如RPE。

由于需要运动性能测试，心率恢复能力有个局限是每天使用它不切实际。这些类型测试中的技术误差的大小也被证明是相当高的（118，200）。此外，测试条件需要尽可能一致，以增加此测试的效用。

心率恢复能力可以在不同的时间段计算（20），例如，次最大强度运动5分钟，然后休息5分钟（200）。在85rpm的固定强度130瓦特循环5分钟、然后静坐5分钟，同时持续监控心率，计算运动最后30秒的平均心率。心率恢复能力可以表示为绝对心率恢复能力（在给定时间内恢复的搏动次数）以及运动最后30秒的平均心率与运动完成后60秒心率之间的相对差异（120）。该方案也可用于确定HRV，其优点是可以在训练期间当作热身运动的一部分，从而有助于定期监控运动员。

研究者还使用了心率间隔监控系统（118）。方案包括4个跑步阶段（8.4、9.6、10.8和12km/hr，或5.22、5.97、6.71和7.46mph），跑步2分钟，休息1分钟循环（118），这些可以通过录制听觉信号来预设。该测试可用于热身，因为其亚极大性质和持续时间短（13分钟），心率在跑步结束1分钟后记录。

心率恢复能力（%）=（1分钟心率恢复÷第四阶段心率）×100

或者

心率恢复能力（%）=［（运动后60s的心率−运动中平均心率）÷运动后60s的心率］×100

若一个运动员的平均运动心率为173次/分，恢复后1分钟心率为136次/分，则：

心率恢复能力（%）=［（173−136）÷173］×100=21.4%

三、心率监控的注意事项

心率监控方便有效。监控心率如心率恢复能力和HRV等可以了解运动员疲劳和训练适应（20），然而，测试人员应该意识到这些方法的局限性，例如，无法提供训练过程各个方面的信息，因此，测试人员应将其与其他监控工具（如RPE）结合使用（11，14，20，169）。

第三节　激素和生化指标

运动员监控中使用各种激素和生化测定作为训练应激反应的标志（203，208），这些指标提示运动员如何适应训练负荷（85），测试人员需要了解这些指标的功能、运动反应及其局限。激素和生物化学测量需要频繁（至少每周一次）进行才能发挥其最大的作用，许多测定涉及复杂而昂贵的仪器、专门的分析信息知识，并且结果获取较慢，这些将限制其在大多数运动环境中的有用性，因此，它们不经常用于高性能运动（1，194）。Taylor及其同事（194）的调查表明，不到8%的测试人员使用各种形式的生化或激素监控；Akenhead和Nassis（1）在对足球测试人员的调查中发现使用量略高：24%使用血液分析，24%使用唾液分析。

实验室获得的研究结果对精英运动的适用性有限，但是，他们确实提供了一个了解激素对运动反应的重要平台。许多研究人员试图通过调查体育运动中的激素和生化反应（39，40，47，71，99，130，148，154，158）来克服基于实验室研究有关的限制。即使进行了许多研究，激素和生化测定对各种运动和运动的反应差别依旧很大，这些指标的反应直接受调控因素的影响，例如，训练计划设计、环境因素（如温度、年龄、性别）、营养状况和心理学（如唤醒水平）（117）。

一、测定方法

诸如血液、唾液和尿液等介质可用于分析激素和其他生化指标，因为血液和唾液通常是强烈相关的，因此测试人员喜欢测定唾液，因为它们更容易获得。例如，睾丸激素和皮质醇的唾液和血清测量一直被证明高度相似（122，153，

159，204），这已经在研究报告中证实，唾液和血清皮质醇在休息（r=.93）和运动期间（r=.90）有很强的相关关系（159）；Lane和Hackney（122）研究了进行不同运动强度的有氧耐力运动员睾酮的血清和唾液之间的关系，结果显示存在高度的相关性，特别是中度和高运动强度（r>.89）。与采血相比，收集唾液监控运动员的主要优点是非侵入性，许多运动员觉得采血压力很大，并会导致应激激素水平升高。唾液样品也可以分析生物活性的游离激素水平（50）。

尿液分析是测定某些激素和生化指标的另一种相对无创的方法，可以通过分析尿皮质醇和可的松水平来研究下丘脑-垂体-肾上腺轴的适应性（82）。然而，重要的是尿液分析仅提供激素水平的总体水平，并且测定比较耗时。

无论使用哪种分析方法，测试人员都需要考虑如何存储样品，激素受温度的影响，应尽快储存在低温环境中。某些类型的血液分析需要分离血浆和血清，避免样品反复冻融也很重要。

二、激素监控

虽然血液和唾液测定激素有一定限制，但是可以提供运动员健康状况的信息（178）。皮质醇、睾酮和儿茶酚胺等激素可以帮助人们对下丘脑-垂体-肾上腺轴的功能进行了解，这对早期发现超量负荷和过度训练有帮助（见第三章）。检查激素对运动的反应可以了解运动员适应状态，而不仅仅是看静息（基础）激素水平（208），然而，通过静息唾液激素水平可能会了解个体运动员的运动表现，有些研究表明这些水平可能对训练产生适应（48）。训练过程中，内分泌系统的急性反应与运动刺激强度、持续时间以及运动员的身体状况有关（187），激素也似乎在调节优秀运动员的适应方面发挥了关键作用（88，89）。但是需要更多的研究来确定这些关系，并确定激素监控在预测和跟踪训练计划方面的作用。

测试人员需要注意测定中可能出现的问题。在相同测定（测定内变异性）和样品之间测定（测定间变异性）时样品可能发生变化，例如，皮质醇和睾酮表现出昼夜节律：激素水平通常在醒来后约1小时达到峰值，然后全天逐渐降低（196）（图5.5）。

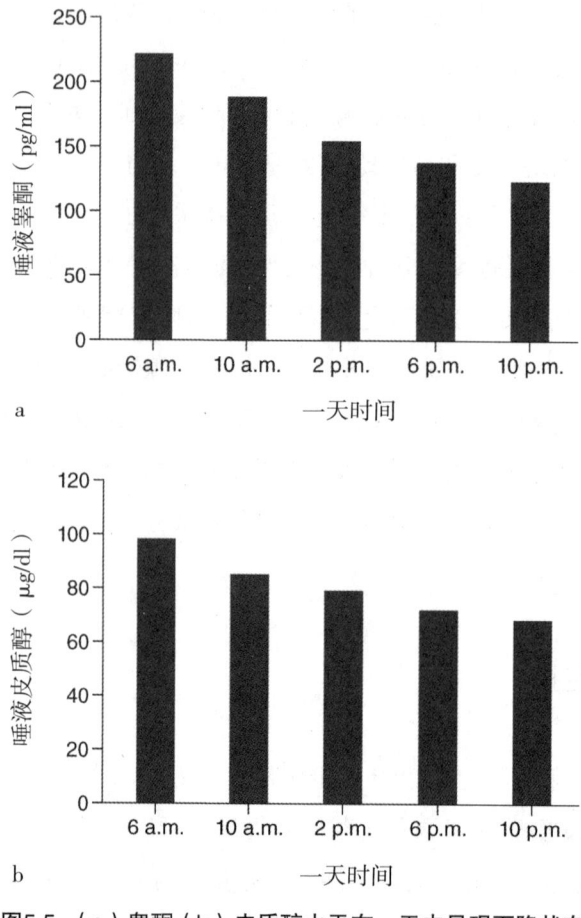

图5.5 （a）睾酮（b）皮质醇水平在一天内呈现下降状态

（一）睾酮

睾酮是一种合成代谢激素，与体内许多功能有关，包括生长、发育和蛋白质合成（208）。睾酮的合成和分泌在儿茶酚胺的作用下增加，在中等、高强度运动后，睾酮水平升高（116，117）。静息睾酮水平个体存在差异性，在运动员比赛期间可能有很大差异（40）。因此，在将睾酮作为运动员监控的指标时，测试人员需要考虑个体差异并建立基线。

新的证据表明，睾酮反应可用于评估训练和比赛准备活动。虽然传统上认为合成代谢标志物如睾酮的急剧增加对于肌肉肥大和运动成绩提高增长是重要的，但在文献中尚未得到持续证实（213，214）。睾酮的一部分作用是提高运动表现，Crewther和他的同事（54）发现，橄榄球联赛球员在一周中间睾酮对训练的反应可能有助于预测周末的比赛结果。Beaven及其同事（8）的一项研究显示，唾液中睾酮水平与橄榄球联合运动员力量增长存在关系。在女性运动员中，自我选择的训练负荷与睾酮水平之间存在着一种关系，这表明睾酮水平在女性中很重要（36）。静息唾液中睾酮浓度已经证实与举重运动员的力量和表现有关（49），因为唾液反映了生物活性激素，这一发现可归因于目标组织对激素反应、训练结果、遗传因素（如肌纤维分布）、靶组织结合激素能力的个体差异和激素受体的数量。

总之，研究结果表明，监控运动员的睾酮水平可以帮助指导训练方案的制定，例如，判断运动员对特定类型的锻炼是否可以产生最佳成绩（9）。Beaven和同事（9）确定了橄榄球联盟球员对4种不同锻炼的激素反应，运动员在训练中睾酮能产生最大反应时，训练效果最佳。

睾酮水平与比赛结果之间的关系也已被发现（54，76，77）。睾酮似乎在心理学方面也发挥重要作用，如动机，这突出了睾酮在运动表现中的作用（52）。推测在比赛当天进行预训练可以通过增加循环激素的水平来提高表现，虽然这些类型的方法已经被证实可以提高成绩，但比赛结果的影响尚未得到证实。通过监控运动员的这些激素水平，可以帮助确定优化运动适应性的训练方法。

运动员的睾酮水平受到许多因素的影响。在优秀女运动员中，口服避孕药已被证明会影响静息睾酮水平（51），这项研究还证实优秀曲棍球运动员采取口服避孕药时，睾酮和皮质醇对运动和比赛的反应变迟缓（51）。这些发现表明运动员对爆发性运动（28）和训练负荷（36）有不同反应。月经周期对运动员激素反应的影响不太明确，但在运动员监控中考虑到这一点很重要（123），循环的某些阶段可以对训练产生较积极的影响，Nakamura及其同事（152）的研究显示，在月经周期的不同阶段，阻力训练会产生不同的急性反应；Sung及其同事（193）研究了月经周期不同阶段力量训练的效果，结果显示月经周期中的差异反应取决于负荷大小，也发现卵泡期训练更容易导致肌肉力量增加和肥大（193）。值得注意的是，大多数这些研究的参加者都是未经训练或自主训练的运动员，而不是优秀运动员。监控运动员的月经周期以及她们正在服用的药物可以显示生理对训练的反应。

（二）皮质醇

皮质醇是由肾上腺皮质分泌的糖皮质激素，在代谢和免疫功能中具有重要作用（117），也被认为是分解代谢状态的标记。急性运动和比赛后，皮质醇水平较高（60，117）。皮质醇的释放受到促肾上腺皮质激素（ACTH）的刺激，其由下丘脑–垂体轴在应激中分泌，在促肾上腺皮质激素释放后约15至30分钟皮质醇增加（12）。皮质醇具有许多重要功能，包括刺激糖异生（代谢过程，使非碳水化合物合成葡萄糖），使血糖和蛋白质储存在体内，在代谢过程中，皮质醇增加骨骼肌和结缔组织中的蛋白质分解、氨基酸转运到肝脏、肝脏中的糖原合成和脂解（脂质分解）（12）。皮质醇反应与强度、持续时间和运动模式有关（117）。一项研究表明24周有氧耐力训练后皮质醇的静息水平下降（83）。有趣的是，静息皮质醇的减少程度与参与者的身体功能改善有关。

通过对运动员的皮质醇水平进行若干研究发现，与睾酮一样，皮质醇与运动表现也有关联（37）。鉴于其作为应激激素的重要性，它也是运动员监控中最常用的标记之一。Cook和他的同事（37）的研究显示，优秀女运动员与非优秀女运动员皮质醇和睾酮水平存在差异，较高的水平可以表明优秀运动员处理高训练负荷的能力较强。

（三）睾酮/皮质醇比值

睾酮是合成代谢激素，皮质醇是分解代谢激素，它们的比值作为体育运动的监控手段更直观。然而，研究结果不确定，因为这些激素在运动员中存在高度变异性（183），并且激素之间的相互作用较复杂（59）。大多数生化指标个体间和个体内（单个个体从样本到样本）变异的高水平会限制其对运动员监控的有用性。

有人认为比例高表明运动员合成代谢多，而减少超过30%则表明处于分解代谢状态（203），低比率也被认为是适应训练减少的表现。Edwards和Casto（60）的一项研究表明，女大学生运动员皮质醇的静息水平似乎调节了比赛中睾酮水平的变化。在训练和比赛之前监控皮质醇和睾酮可以评价运动员是否准备充分。

（四）肾上腺素和去甲肾上腺素

儿茶酚胺中的肾上腺素和去甲肾上腺素（有时称为肾上腺素和降肾上腺素）是由于应激而释放，反映了运动过程当中的急性需求（12）。儿茶酚胺水平可以作为监控工具，因为它们在产生力量、能量利用和肌肉收缩中具有重要作用（117），它们对于增强激素如睾酮的作用也很重要（117）。运动期间儿茶酚胺水平的增加似乎与强度有关（25），但是，对运动的慢性反应知之甚少。肾上腺素和去甲肾上腺素在阻力运动之前和期间可以调节体内激素平衡，以满足肌肉力量产生的需求（69）。研究发现，在整个运动方案中持续用力的运动员儿茶酚胺浓度高于表现成绩下降的运动员（69）。

（五）生长激素

生长激素——胰岛素样生长因子I轴的反应可用于运动员监控（117）。生长激素具有重要的生理功能，包括通过促进氨基酸转运和刺激脂肪分解来促使肌肉肥大（12）。剧烈运动刺激生长激素分泌；阻力训练可以急剧增加生长激素水平（117）。监控生长激素水平的一个重要问题是使用的测定方法（115），常见的是测定循环生长激素浓度。生长激素（和大多数激素）作为不同分子量和结构的相关蛋白质家族存在，大多数传统的测定法只测量一种形式，因此忽略了许多其他形式。目前存在超过100种循环生长激素的分子同工型，但是文献中传统的测量方法主要测定22kDa同工型（115）。血清中生长激素浓度、生长激素信号通路在运动表现和身体成分中长期变化的关系不甚明确。随着这些关系变得清晰，运动诱导的生长激素释放的作用被确认，并且其在运动的生化监控中也逐渐被使用。

（六）胰岛素样生长因子

胰岛素样生长因子1（IGF-1）和胰岛素样生长因子结合蛋白3（IGFBP-3）等激素被用作应激的标志物，且随着急性运动而增加（63）。生长因子对于调节与骨骼和骨骼肌合成代谢有关的许多过程非常重要（12）。IGF-1是由肝脏产生的多肽，在介导代谢和合成代谢反应中具有重要作用（117），IGFBP作为IGF循环的载体，有助于调节其生物学作用。有研究者已经提出，静息IGFBP-3的减少可以用作测定超量负荷和过度训练的标志物（63），总IGF-1及其结合蛋白水平的改变可能是有意义的，因为它们可能影响运动员的表现并反映身体是否超负荷（63，117）。

IGF-1对长期训练的反应在现有研究中尚不清楚（208）。有关短期抗阻性训练研究显示，IGF-1的静息浓度无变化（133），而其他研究显示静息IGF-1显著升高（114）。训练量和强度增加所导致超量负荷为IGF-1浓度减少，但在下一个周期恢复正常训练（174）时其返回到基线。

（七）谷氨酰胺和谷氨酸

血浆中谷氨酰胺和谷氨酸是高强度训练负荷的指标（46）。这些氨基酸具有几个功能，包括蛋白质合成和酸碱平衡调节，类似于睾酮和皮质醇，这两种指标的比例可以评价训练适应性。一些研究证据表明，其水平随着训练负荷水平的变化而变化，可以提示免疫状态（46，93），在高负荷训练期间，研究显示谷氨酰胺降低，但是对于该指标评价过度训练的能力却不一致（109，145），证据表明，谷氨酰胺/谷氨酸的比值具有较高敏感性，可以确定非功能性超量负荷（46）。

（八）瘦素

瘦素是蛋白激素，将信号传递到下丘脑以调节食欲和能量平衡，且在代谢中起作用（208）。Simsch及其同事（187）报道了高强度抗阻训练后，划船运动员瘦素的静息水平降低。Nindl及其同事（157）的一项研究表明，大量抗阻运动后，瘦素浓度没有下降，但延迟下降可能反映了由训练引起的代谢稳态的大幅度破坏。Jurimae及其同事（107）已经证明了训练强度与血浆瘦素之间的关系。

与所有激素测定一样，重要的是控制营养摄入和昼夜变化节律；这些因素可能解释了研究中的差异。瘦素已被证明在训练量很高的情况（类似于过度训练的条件）下会减少（107，187），有氧耐力运动员的静息瘦素水平也下降，在训练压力水平较高时，运动后瘦素即刻减少（108），这表明测量瘦素水平有助于监控训练。

（九）脂联素和胃饥饿素

脂联素和胃饥饿素在调节能量稳态中都是重要的激素，但没有其在监控中有用的有力证据。Jurimae及其同事（108）认为高强度训练期间，训练后脂联素水平下降可能表明训练强度大。

（十）激素监控的注意事项

激素监控有几个优点：测定使用唾液和尿液，具有无创性；定期监控激素可能有助于测试人员实施适当的干预措施，例如，减少训练负荷或增加休息期，以恢复激素状态。然而，测试人员需要注意激素监控的几个局限。影响激素浓度的因素包括取样条件和样品储存；营养摄入量可以显著改变某些激素的静息浓度或其对运动反应的浓度变化（117）。在女性运动员中，激素反应取决于月经周期所处的时期。静息和运动后的激素浓度不同，测试人员还应了解激素水平的日变化，并在大约同一时间获取样品，此外，一些激素分析的重现性可能很差。最后，激素分析耗时且价格高，这对于定期监控提出了挑战。

三、生化监控

一些研究者已经研究了涉及代谢过程的许多物质（称为代谢物），目的是确定它们对监控的作用（208），以下部分将讨论一些生化代谢物，主要是使用血液测定方法。与激素监控一样，在将其视为监控工具时，测试人员需要对代谢物的作用及其意义有基本的了解。

（一）肌酸激酶

运动引起的肌肉损伤是大强度训练的正常反应，因此，测试人员通常对测量肌肉损伤的程度感兴趣，肌肉酸痛的主观评分是一个方法（见第四章）。针对不习惯的大量运动，各种酶和血液标志物增加，包括肌酸激酶，肌酸激酶的测定是文献中最常见的（182）。酶位于肌细胞内，大量运动后，被释放到血液中（没有解释为什么会释放）。因此，肌酸激酶水平可以反映肌肉损伤的程度。然而，虽然这些水平是肌肉损伤和对不习惯运动反应的良好的衡量标准，但在训练过度的运动员中没有一致的结果。Coutts及其同事（46）发现，经过6周的强化训练，橄榄球联赛球员的肌酸激酶显著增加，1周的渐变期导致水平回升至基准线，而其他生化指标则不是这样，这可能是由于训练负荷减少而肌肉损伤降低所致。

肌酸激酶可用于评估运动员的肌肉损伤，但通常具有较大的变异性（85）。由于肌酸激酶和运动表现之间的关系并不明确，因此在解释结果时应该谨慎。一般来说，肌酸激酶的水平随着急性训练负荷的增加而增加（208）。一些研究者建议使用肌酸激酶水平来评估训练或比赛后短期内肌肉损伤的恢复情况（45），在季前赛和训练营期间，当训练负荷特别高时，该指标的测定可能会更有价值。然而，肌酸激酶对长期训练的反应并不一致，很可能是因为运动员已经习惯了慢性训练应激（17）。这一测定根据大量样品建立清晰的基线值是很重要的，理想情况下，这应该在几天内完成，以确定运动员的变异程度。

（二）肌肉损伤的其他测定

研究者已经研究了其他肌肉损伤的测定，并且有可能用于运动员监控。肌肉损伤程度的测定包括肌红蛋白、氨、尿酸、尿素和肌钙蛋白（16），还包括C-反应蛋白和肌酐等（208）。氧化还原体内平衡和适应训练可能是应激适应反应的重要组成部分；有些人认为存在最佳运动量和活性氧、氮物质的产生（27）。

（三）α-淀粉酶

α-淀粉酶是另一种潜在的应激标志物，是在与儿茶酚胺和某些神经内分泌分泌蛋白（嗜铬粒蛋白A）一起在急性生理应激反应中释放的（85），这些被认为是自主神经系统活动的有用标记。在优秀田径运动员的研究中，嗜铬粒蛋白A的水平在赛季前期降低，但没有观察到α-淀粉酶的变化（85）。

（四）次黄嘌呤

研究表明，次黄嘌呤可能是一些训练阶段监控训练状态的有用指标（219）。次黄嘌呤是无氧代谢的标志物，反应了运动诱导的肌肉中蛋白质降解和再合成。长期训练导致了血浆次黄嘌呤浓度下降；变化的程度与高强度无氧运动量有关（219）。由于次黄嘌呤的水平在无氧条件下表现为骨骼肌代谢，因此该代谢物水平可以评价训练适应能力（208，219）。

（五）红细胞功能

由标准血液计数器测定的红细胞功能标志物可以用于监控机体水平，包括白细胞、血细胞比容、血红蛋白和血细胞计数。有报道说超量负荷和过度训练的运动员其血液会发生变化（92，93，177），但是一些研究发现并没有变化（47）。Hooper及其同事（101）发现，在赛季初期，嗜中性粒细胞数量可以显示优秀游泳运动员训练后的反应。研究结果表明血液参数如血细胞计数、C-反应蛋白、尿素、肌酐、肝酶、葡萄糖、铁蛋白、钠和钾均不能表明运动员超量负荷或过度训练（177）。这些指标大都不能准确地表明训练前后的生理变化（145）。尽管有所局限，但这些指标确实提供了运动员健康状况的信息（145）。

（六）生化监控的注意事项

生化监控的注意事项和激素监控中提到的许多注意事项相似。许多代谢物可以在各种介质如血液和唾液中进行测量，或如第六章所述，在汗水和眼泪中测量。与激素一样，每个运动员对训练反应不同，这可能使监控变得困难，测试人员还需要考虑这些措施的后勤保障，特别是成本和分析结果所需的时间。表5.1是运动员监控的主要激素和生化指标的总结。

表5.1 主要激素和生化指标的功能、优点和缺点

指标	功能	优点	缺点
睾酮和皮质醇	表明合成代谢和分解代谢的平衡	可以在唾液和血液中测量；这是最简单的一种测定	分析成本高；变异性大
肾上腺素和去甲肾上腺素	在力量的产生、能量供应和肌肉收缩方面发挥重要作用	表明对应激的反应，反映运动的急性需求	需要血液样本；分析复杂且价格高
生长激素	在合成代谢和许多代谢功能中起作用	可以表示对不同运动形式的不同反应	需要血液样本；分析复杂且价格高
IGF-1和IGFBP-3	参与骨骼和骨骼肌的合成代谢	可以在唾液和血液中测量；IGFBP-3可反映训练负荷	分析复杂且价格高
谷氨酰胺和谷氨酸	谷氨酰胺与谷氨酸的比值表示过量应激训练	是超量负荷训练的生化指标	需要血液样本；分析价格高且耗时
肌酸激酶	体现骨骼肌的损伤	已经得到广泛的研究；在大负荷训练期间起到监控作用	需要血液样本；分析价格高且耗时；变异性大
血液学指标	是红细胞计数、血红蛋白和白细胞计数的标准临床试验	有助于确定健康状况	需要血液测试；在超量和过度训练的评估上不太适用

测试人员进行激素和生化监控需要注意以下事情：

- 将运动后的测定与同一人的运动前基线数值进行比较。
- 考虑昼夜变化，在每天的同一时间收集样品。
- 将结果与以前得到的结果比较时要注意，因为测定可以产生不同的数据，生长激素是一个很好的例子。
- 结合其他生理和心理措施（如RPE、健康调查问卷和运动表现测试）分析激素和生化指标。
- 血液和唾液中的激素和其他标志物的循环水平，特别是在休息时，并不总是分子和细胞反应的良好指标。
- 考虑营养、训练状态、压力、月经周期和药物等其他因素的影响。激素或生化指标的单一指标不一定能提供关于运动员训练状态的准确信息。

● 使用激素和生化监控要选择合适的指标对运动员进行有针对性的监控。

尽管以前有有关运动员生化和内分泌反应的研究，但对优秀运动员的每周变化了解甚少。体育赛季运动员生化和激素状况会发生变化（33，40），抑制或升高的各种指标可以独立或并行发生。这些变量可能与工作量或运动表现有关，而在激素测定的情况下，可能会反映对全身合成代谢和分解代谢平衡的调整。

第四节 免疫学指标

免疫系统可以用作对训练负荷的生理应激指标的评价依据。如第二章所述，过量负荷训练可能导致免疫系统的抑制，使运动员有生病的可能（80）。几个指标可以体现运动员的免疫状态，最常用和最常研究的是免疫球蛋白A和细胞因子。

一、免疫球蛋白A

抗微生物蛋白如免疫球蛋白A（IgA）由于其在上呼吸道感染（URTIs）中的潜在作用，被广泛研究作为运动员免疫状态的标志物（202）。IgA是粘膜液中最丰富的免疫球蛋白，是防御引起URTIs的微生物的第一道防线（79）。几项研究表明，唾液IgA水平与这些感染的发病率有关（55，79，146，154）。在对美国杯水手进行为期50周的研究中，研究人员分析了每周唾液样本的IgA水平（154），结果发现IgA的水平与URTI的发病风险有关，3周内IgA水平下降预示疾病的发生。有趣的是，研究中使用的疲劳评分量表也与相对IgA水平相关，这突出了当IgA分析不可用时主观问卷的价值。唾液中的IgA水平与训练负荷之间也存在剂量反应关系（33，34，164）。经过大量训练，在比赛结束后36小时，IgA水平被抑制（33），但是研究结果并不一致，并且个体反应也存在变异性（80，148）。

每周测定唾液IgA可以评估运动员的免疫状态，通常使用的测定是IgA浓度、唾液流速（通过定时收集唾液分析确定）和IgA分泌速率。能够预测疾病的发生对于训练时间最大化和避免错过比赛非常有用。Putlur及其同事（173）研究了9个星期以来女大学生足球运动员IgA水平的变化。他们报告说，与对照组相比，运动员的疾病发生率较高，随着训练负荷减少，发病率在几周内达到最低（173）。在运动员中，82%的疾病发生在IgA水平降低之后，55%发生在训练负荷的高峰之前。这些发现与Foster（66）的研究相似，他指出，84%的运动员疾病可以解释为训练负荷的增加。这提供了证据表明，训练负荷的增加可能导致疾病增加，而监控运动员的免疫状态对于避免训练和比赛时间的损失是很有用的。图5.6显示了运动员在训练营过程中唾液IgA和疾病发生率的跟踪结果。

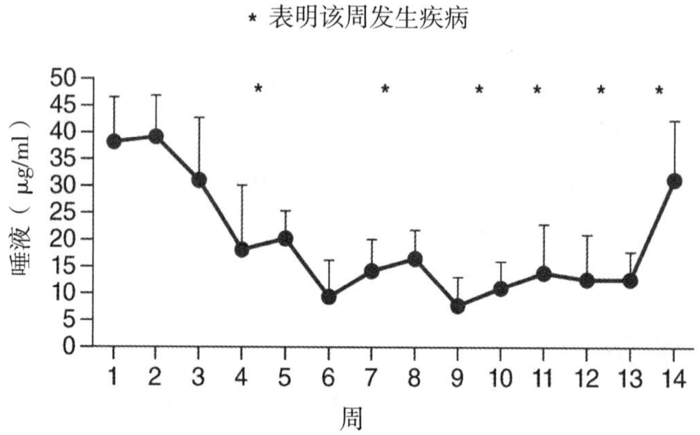

图5.6　一个赛季中运动员唾液IgA和疾病发生率跟踪结果

二、细胞因子

促炎细胞因子如白细胞介素–6、白细胞介素–8、白细胞介素–10、白细胞介素1β和肿瘤坏死因子α在运动员的急性和慢性运动反应中是重要的指标（188）。细胞因子的主要作用是细胞间的联系，在骨骼肌中具有重要作用。过量训练伴随休息和康复不足会引起骨骼肌的炎症反应，导致慢性炎症（190）。细胞因子在这个过程中发挥重要作用，在急性运动后这些指标大幅增加（79，188），因此这些细胞因子可以暗示体内炎症和应激反应（188，189）。

在各种类型的细胞因子中，白介素–6得到的关注最多，因其在运动期间和运动后从骨骼肌释放。由于白介素–6诱导脂肪分解和氧化，并且参与运动期间体内葡萄糖的平衡，所以白介素–6可以用作大训练负荷的指标。

运动后肿瘤坏死因子α水平也能表明训练负荷增加和恢复不足（188，189）。然而，这尚未在优秀运动员中确定。

运动员监控中使用细胞因子测量的缺点是这些细胞因子对运动都有反应并且彼此相关。像许多其他指标一样，费用高和分析耗时多成为测试的局限，由于新的细胞因子一直被发现，进一步的调查将决定它们对运动员监控的效用，表5.2总结了在运动员监控中具有效用的主要免疫学指标。

表5.2 主要免疫学指标的功能、优点和缺点

指标	功能	优点	缺点
lgA	lgA和其他抗微生物蛋白质是预防URTI重要的第一道防线	可以在唾液中测定；在有URTI发生风险的情况前2至3周，运动员唾液lgA相对下降	变异性高；分析耗时且成本高
细胞因子	在运动员急性和慢性炎性运动反应中起作用	从单一血液样本中可以进行多种分析；可在血液中测定	分析成本高且复杂

三、免疫系统监控的注意事项

目前关于免疫系统和训练的信息表明，加强训练会导致免疫细胞功能下降（80）。然而，这些变化似乎并没有区分适应高训练负荷的运动员和发展成为过度训练综合征的运动员。其他指标如抗菌肽溶菌酶可以在唾液中测定（55）。对橄榄球联赛运动员的研究显示，尽管存在变异性，唾液IgA和溶菌酶仍可以作为监控指标（55）。测试人员喜欢用监控免疫状态的方法，这样可以减少训练时间的损失，并提高运动员的水平，但是，这些测定需要较高的财务成本，并且分析较复杂。

第五节 运动表现测试

体育运动归根结底是为了有好的运动表现，直接衡量运动表现的测试可用于监控运动员的运动竞技水平。使用最大或次最大测试的方法来进行测试对于衡量运动

员的水平是十分重要的，由于会产生疲劳，最大强度运动表现测试很难实现定期测定。通常，运动表现测试与其他生理、感知或生化测定结合进行。在理想情况下，休息和运动心率、RPE、乳酸盐和激素水平等指标的基准值可用于比较（使用第二章的统计工具）。如第三章所述，运动表现测试可以监控超量负荷和过度训练，测试人员可以进行现场的运动表现测试确定其运动员超量负荷和过度训练。

研究人员使用各种运动表现测试（91）。对运动表现测试人员的调查显示，61%的人每月（30%）、每周（33%）或更频繁地（36%）使用一些运动表现测试（194），测试包括次最大循环和跑步测试、最大强度和跳跃测试、冲刺和运动特定测试，测试人员面临的挑战是找到可以定期使用的测试（例如每天或每周）。

一、次最大强度测试

测试人员经常使用最大强度测试来评估过度训练，但他们也使用可靠和有效的次大强度运动测试来监控训练。这些测试的优点是，可以比最大强度测试更频繁地进行。例如，Lamberts和Lambert次最大循环测试要求运动员以固定的预定心率骑自行车，同时收集功率输出、RPE和心率恢复数据（121）。训练引起的急性和慢性疲劳在次最大强度测试中有不同的反应，这对监控有重要的实际应用。对优秀自行车越野赛运动员的研究表明，该测试可以监控运动员训练状态的变化，并且可以指示可能导致运动表现下降的急性疲劳的发生（119）。根据次最大强度跑步测试后的心率反应，运动表现下降的运动员还表现出激素变化和情绪状态反应，这是经历非功能性超量负荷训练的运动员典型表现。

次最大强度跑步测试可用于运动员监控（206，207）。Vesterinen及其同事（206）的次最大强度跑步测试由Lamberts和Lambert次最大强度骑自行车测试（121），测试包括在70%（6分钟）、80%（6分钟）和90%（3分钟）最大心率的三个跑步阶段，在最后阶段使用CR-10的RPE测定，在前两个阶段的最后5分钟和第三阶段的最后2分钟内测定跑步速度和心率，在测试结束时也可以使用60秒的恢复率来计算心率恢复。研究表明，最后两个阶段的运行速度变化可以反映训练负荷的变化，并用于监控有氧耐力训练的适应情况（205，206）。其他场地运动表现测试包括足球运动员的间歇穿梭跑步测试和田径运动员的Zoladz测试（220）。

二、短跑测试

短跑测试也可用于监控运动员（74，96）。由于短跑是运动表现的重要决定因素，特别是在团队运动中，测试人员会定期监控（149）。通过计算时间测定短跑成绩是最常见的方法（218）。

短跑测试可以在30米的设定距离内进行，仅计算时间就可以提供有用的监控信息，因为初步数据显示，在团队运动中，疲劳训练之后速度会变慢（151）。复杂的计时装置没有必要，经验丰富的测试人员手持设备就可进行测试（128）。此外，短跑测试在运动员中是高度可靠的（74）。研究人员比较了20米短跑测试和跳跃测试，发现跳跃测试对于监控运动员的疲劳更为敏感（74）。其他测定跑步速度的技术将在第六章中讨论。

自行车测力计冲刺测试（Cycle-based ergometer sprint tests）可用于运动员监控（142，210，211），这些测试对从事非体重支持运动（如骑自行车和划船）的运动员以及跑步受限的运动员（如康复期间）有优势。Wingate无氧试验是最常用的自行车测力计测试之一，但容易产生疲劳。可调阻力的测力计测定踏板转速测试，典型的方案包括准备活动后立即进行设定时间诸如30秒的测试。运动量由阻力值和踏板转速决定，功率通常按每个5秒的时间间隔计算，可以计算峰值功率、平均功率和疲劳等参数。

其他方案更适用于监控运动员，例如优秀澳大利亚足球运动员的方案，包括两个6秒最大速度冲刺，中间有1分钟恢复（210，211），测试对优秀团队运动员的神经肌肉疲劳很敏感且结果可靠（210，211），这个测试的优点是需要时间少，产生的疲劳比标准Wingate方案少。

三、速度测试

速度测试（106）已经研究了很多年（15，201），可以提示速度阻力训练质量的客观信息（175）。研究表明，运动速度可用于估计运动员的1RM（35，81），因此，杠铃或跳跃速度可以作为有用的监控方法。Sanchez-Medina和Gonzalez-Badillo（181）研究了速度的损失，并确定它可以提示阻力训练期间的神经肌肉疲劳。他们的结果表明，通过监控训练期间的重复速度，可以估计代谢应激程度（乳酸和氨水平）和神经肌肉疲劳。Baker和Newton也表明，优秀橄榄球联赛球员经过一定次数的重复后，力量和速度都有所下降（4）。测试人员可以使用这些信息来设定速度阈值，以确保最佳的训练刺激，这将避免运动员在训练中进行不必要的重复，从而提高训练效率。

四、动作筛查和灵活性测试

动作筛查和灵活性测试可用于评估运动员的灵活性、运动能力、身体姿势和一般运动能力以及监控受伤的风险（70，97）。但是不确定哪种筛选最好，筛检结果和运动员的损伤风险之间没有明确的联系（111，134，136，165），这也质疑了它们的有用性。

简单的运动例如过顶深蹲可以评估臀部、膝盖、脚踝、肩膀和胸椎的双侧移动性（26），评分系统可用于定性评估运动。例如，可以使用数字评分量表来评估下蹲、单腿下蹲、爬行或俯卧撑运动，但是关于这些方法的验证研究较少（70，97）。大多数这些测定已经对好或坏的运动模式设定了标准，并且测试人员可以进行调整（134，141，165），类似于健康调查表，测试人员更喜欢为其特定的运动设备选择测定指标。优秀的测试人员通过在预热和训练期间观察运动员的表现来定期进行表现和姿势筛选，并使用此信息调整训练负荷。

灵活性测定的仪器包括测量关节角度的测角仪，以及测量下背部和臀部组合柔韧性的坐进箱（sit-and-reach boxes）。在柔韧性测试期间，运动员应缓慢进行完全拉伸并保持位置，同时测量结果以厘米或英寸为单位。膝关节靠墙测试（knee-to-wall test）包括左右侧比较，以及计算在负重牵引时运动中背屈运动范围的差异（113）。

五、平衡和稳定性测试

平衡是维持静态和动态平衡，或维持身体的重心在其支撑底部的能力（147）。稳定性是在被干扰后能够返回到期望位置的量度（147）。常用的平衡和稳定性测试是计时静态站立测试（一条或两条腿闭眼站立）（18）。平衡测试使用不稳定表面进行（135），测试使用专门的平衡测试设备（176）。评估平衡和稳定性也有其他测试，如姿势晃动测试，Clarke及其同事（30）发现姿势晃动测试可以测定运动员神经肌肉疲劳。

两项可靠的测试是平衡误差评分系统（balance error scoring system）和星形偏移平衡测试（star excursion balance test）（18，84，199）。平衡误差评分系统测试在坚硬和软表面上的各种位置进行（图5.7），闭眼，双手放在腰上保持20秒，运动员尽可能保持稳定，如果失去平衡，应尽快恢复初始位置，平衡误差评分系统测试中的错误得分总计为单分。

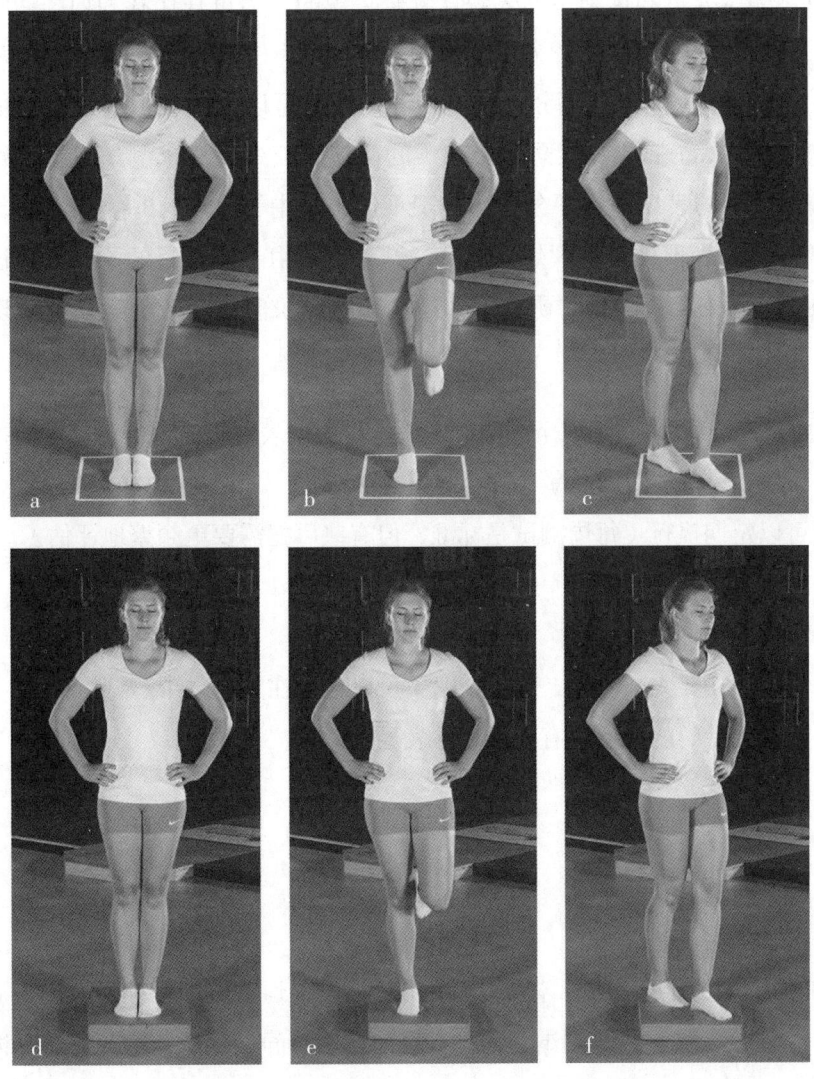

图5.7　平衡误差评分系统测试：（a–c）坚硬表面和（d–f）软表面

在星形偏移平衡测试中，运动员站在45°有120厘米（47英寸）延伸线的网格中心，共有8个。运动员在一个方向上保持单腿姿态，另一条腿尽可能触摸最远点，然后收回，在一次试验中，运动员仍然面向初始方向，站立腿保持不变，另一条腿在每个方向尽可能延伸到最远位置，记录从星形中心到接触位置的距离，有些人建议测试前、侧、后的位置就够了（98）。

六、运动表现评级

虽然测试人员和运动员的表现评分是主观的，但可在比赛和训练期间监控运动员（38）。一个常见的方法是使用健康问卷，并让运动员将他们的表现按1（极差）到10（优秀）评分（65）。测试人员可以使用相似的评级评估运动员的表现。在Cormack及其同事（38）的一项研究中，要求测试人员按照以下评级对运动员的表现进行评分：1=表现不佳，2=中等表现，3=表现良好，4=表现非常好，5=表现极好。理想情况下，结果应该由一定数目的测试人员进行评定。在Cormack及其同事的研究中，运动时神经肌肉越疲劳的运动员表现评级越差。

总而言之，如果满足以下标准，则可以将运动表现测试用于运动员监控：
- 可靠，有效，对变化敏感。
- 可以定期执行（每周测试是标准，但有些可能需要更频繁地评估）。
- 易于管理。
- 可以在各种场地执行。
- 测定不需要太长时间，理想情况下可以包含在热身之中。
- 不需要专门的设备（有卷尺和秒表足够）。

结论

许多方法可用于评估身体素质和疲劳。但是，运动员训练准备的评估不应该仅靠一个监控工具。跳跃测试，如垂直反向运动、静态跳跃和跳深测试对神经肌肉疲劳敏感，易于运动员管理；力的产生测试也可用于监控运动员疲劳；心率变异性和心率恢复能力等测定也可以评估运动员的训练准备；运动员在激素和生化反应中的变异性表明个体结果分析的重要性；免疫指标可以评定运动员的免疫功能。有些指标对训练负荷敏感，但反应变异性大，虽然证据支持使用某些激素和生化指标，但由于成本高昂和后勤保障，它们的实际应用有限。运动表现测试可用于跟踪身体素质和疲劳，但没有一项测定可以体现总体水平，然而足够的证据表明，多种测定组合可以评定训练状态、训练适应和疲劳水平。

第六章 现代监控手段与技术

通过前几章的介绍，我们了解到很多的教练员都在对运动员进行监控。因为监控技术是各种监控手段的基础，所以了解各种监控技术的优点与缺点是非常重要的。现阶段，由于科学技术的不断发展，很多新的设备可能成为运动员监控的潜在工具。教练员需要做的就是，明确在运动员监控过程中是否需要用到这样的工具，以及何时使用、如何使用它们。本章将为大家介绍一些现有的和新兴的可以应用于运动员监控的技术，并为大家提供各种监控技术翔实的理论知识和操作知识。

第一节 运动领域中的监控手段

在一些报道中，研究者已经描述了一些教练员在运动监控过程中所采用的方法（3，94，127，128，141）。Taylor和他的同事们（141）将训练和监控分为两部分，即对运动员在训练或比赛中的运动负荷进行量化，对其疲劳反应进行判定。研究者选取高水平运动队教练员55人为被调查者，其中91%的被调查者正在使用不同类型、方式的监控手段。其中，被调查者特别喜欢自我监控问卷的监控方式，而且55%的被调查者将其作为每天监控疲劳的方法。Saw和他的同事们（127）论证了这些主观测量方法的作用，并总结了这一领域的相关文献，指出了这一方法在实践中得到了广泛的应用（见第四章）。

在对高水平运动队的监控中受到广泛欢迎的是全球定位系统（GPS）和加速度计。在Taylor及其同事的调查中，43%的被调查者告知他们正在使用这些技术（141）。被调查者指导的既包括群体项目的运动，也包括赛艇和自行车等个人项目的运动。

可穿戴技术也越来越多地应用于竞技体育和大众健身的运动监控中（62），这一技术的发展一直是体育科学领域最重要的发展趋势之一（142）。可穿戴技术是一个巨大的产业，有大量的资金投入，促进了产品的开发与市场化（143）。同时，智能手机中关于人体体质和运动监控的App，这些App可以单独用于训练监控或者配合可穿戴安装设备进行训练监控（143）。

Akenhead and Nassis（3）以足球队中的训练监控从业者为调查对象，探究训练监控的手段与理念。调查对象遍布欧洲、澳大利亚和美国，分别就职于41个高水平足球俱乐部。调查发现，几乎所有的足球俱乐部在赛季训练过程中都在使用GPS和心率测试系统。调查中发现，在监控实践中使用一些非常规的监控手段初现端倪，从业者将大量的数据变量用于分析。另外，有28个俱乐部采用了主观体力感觉等级量表（RPE）（3）。所有的俱乐部都聘请了体能教练或者体育科研人员，作为运动训练的辅助工作人员。但是，只有17家俱乐部（占调查对象的21%）雇佣了专门从事监控数据分析的人员。一般认为，监控数据的分析属于体能教练或体育科研人员的工作范畴。在调查过程中，50%以上的从业者报告称，在日常的运动员监控中使用了健康问卷量表（3），智能手机和平板电脑也被广泛地用于监控数据的收集。

McCall和他的同事们（94）报道了在一些国际主流足球联赛中，足球俱乐部最为流行的监控方法是那些可以避免非接触性损伤的方法。最常用的筛选方法包括功能性动作筛查（FMS）、调查问卷、等速肌力测试、体格检查和灵活性评估（94）。有趣的是，在接下来的研究中，研究者又对这些流行的筛选方法的有效性进行了评估（93），总体而言，仅有有限的证据表明，功能性动作筛查（FMS）、大多数的调查问卷和等速肌力测试（专门用于评价在等速运动下的肌力）等方法在成功避免非接触性损伤中是有作用的（93）。因此，这一研究表明，这些监控手段的有效性是存在疑问的。

有很多不同的评价运动员运动能力和技术水平的方法被用于运动员监控（62，94）。这些方法涵盖了视频分析、简单的运动能力筛查等多个层面。McCall和他的同事们（94）发现，在监控运动员非接触性损伤风险的方法中，功能性动作筛查（FMS）是足球俱乐部中最受欢迎的方法，占被调查俱乐部的66%。另外有16%的俱乐部使用了一些改良的运动能力筛查方法。因此，很明显，运动能力的筛查正在被广泛应用于运动员监控中。只是这些监控方法在日常训练安排和损伤预防中的有效性仍不太清楚。操作人员也在使用一些改良的筛查工具，但这些筛查工具并不能为监控方法的有效性提供证明。

对于监控而言，通过采血检测的方法并没有广泛使用（3，141）。采血检测被认为是临床采用的手段，用于调查的运动员会出现一些可疑的诉求与抱怨（100）。正如第五章所提到的，对于从业者而言，需要考虑到运动员个体血液中的标志性指标在多次重复监控中可能出现的变异性。一些高水平运动队从业者也提出可以使用唾液指标进行测试、分析（3）。尽管很多研究中都提到了对运动员进行一些激素指标的监控（32，138，151，154），但这种做法并没有广泛应用于高水平的运动队。

很多简单的、可以用于评价运动员承受外部和内部负荷的方法被运动队广泛使用（见第四章）。如在棒球项目中，常用的方法是记录在一个赛季的训练课中投球的次数（26，131）。在板球项目中，通过对投球次数的记录，可以使监控者明确哪个队员可能需要采取预措施以避免伤病的发生（113，114）。记录投球次数等外部负荷的测试方法，是投掷项目中常规的监控手段，而且这类方法的优点在于不需要复杂的测试工具。监控者常规使用的监控运动员外部负荷的测试方法还包括跳跃的次数、冲刺的次数、负荷量、组数、重复次数等（62）。

有更多的有关顶级运动员训练计划的数据不断被报道（104，146，147）。这些研究不仅能够使我们更好地认知运动员的训练过程、实践经历，而且可以了解实际训练中的监控方法。调查问卷和训练日志是大多数运动员和运动队所采用的记录训练过程的方法（62，127，145）。具有很多优点的数据捕捉技术也被越来越多地使用（127），监控者可以更进一步地分析电子化的训练数据，去观察训练的参数和趋势，从多个角度去组织训练，进而使监控报告具有更高的效率。

尽管实践中监控者能够用于训练监控的技术、手段、工具越来越多，但是对于如何分析监控过程中获得的数据仍然有所缺乏（141）。监控者也报道了一些数据分析的方法，但好像并不存在一种通用的方法。一些监控者报道测试指标会使用测试数据的百分比变化、显著性的变化，以及Z值等，但这些数据分析方法并没有得到广泛应用（3，141）。在每天或者每周的日常监控过程中，更多的是依赖于可视化趋势判定（141）。例如，一些常规的方法是使用一些信号旗或与交通信号灯相似的彩色灯光，但在实际使用过程中对于不同颜色（红色、绿色、黄色）的意义并没有达成一致（141）。尽管越来越多的操作者认为可以将统计方法应用于监控数据的分析，但这些统计方法的适用范围还不清楚（3）。表6.1显示了监控者常用的监控指标、使用的水平和应用价值，其中使用水平主要根据发表学术文献的级别来衡量。

表6.1　运动队常规监控活动

监控指标	应用水平	发表文献级别	应用价值
GPS和加速度计	高	中等	中等到高
主观感觉量表（RPE）	高	高	高
健康问卷	高	高	低
生化和激素指标	低	中等	低
心率监控	高	中等到高	中等到高
机能测试	中等	中等	中等
功能筛查	高	低	中等
神经肌肉评价（如跳跃）	中等	中等	中等

以上结果基于Akenhead and Nassis（3）、McCall等（94）、Saw等（127）、Taylor等（141）公开发表的文献。

一、创新与运动员监控

创新这个词在运动领域被过度使用，但其具体含义的界定往往很模糊。许多人认为科学技术是创新和研究的关键，然而，任何一个可以促进训练进程向好的方面转变的方法都可以认为是具有创新性。科学技术的发展伴随着很多的问题，其中之一就是，早期的仪器使用者往往会抛弃一些旧的仪器以赶上新的科学技术发展的步伐。实践操作方法如果能够像数据记录一样简单，并且更加系统化或者可以应用于不同领域，将会对使用者有很大的帮助。

在实践中，监控者往往来不及等待仪器研发人员进行一系列的随机控制实验，进而验证某一运动监控设备的准确性和实践价值。因此，需要一些有研究深度的实验和应用来增加仪器的竞争优势。基于Kahnemann（77）的研究，Coutts（38）提出了一个策略性建议，将快速和慢速两种方法相结合，以在运动监控中获得新的突破。快速的方式包括快速采用（和适应）新的理念和技术手段，为训练决策提供指导。慢速的方式包括对待新的理念和技术持谨慎态度，以免购买一些不必要的仪器或技术。

对待新的理念和技术，进行案例研究是非常有效的手段（79）。使用快速处理方式的监控者需要客观评价新理念、新技术的作用。但对于新理念、新技术若针对性不强的测试很多变量或者施加过多干预是很难对运动员进行评价的，Coutts（38）认为，如果对新理念和新技术采用快速处理方式的话，那么应该与科研工作相配合，进而判定新的监控系统的可靠性和准确性。在实验室可以开展相应的科研工作，具体方法在第七章阐述。

在运动员监控实践过程中，研究者一直在对已经存在的技术进行新指标探索。心率（见第五章）和心率变异性等指标已经在运动员监控中被广泛采用（62）。应用心率变异性中不同的参数，可作为判定运动员机体疲劳的敏感性指标（130）。其他的指标，如在递增负荷运动中的最大心率被认为是判定运动员过度训练的潜在标志性指标（18）。在以后的研究中需要进一步确定一些指标在运动员监控中的作用与价值。

二、建模

建模在运动员监控中使用的频率越来越高（12，31），任何一项技术都是为了探索各项监控数据之间的内在联系和相互的作用关系。可以用于建模的指标涵盖范围从相对复杂的如训练冲量等到相对简单的主观感觉量表（RPE）等。虽然建模需要对数据进行进一步的统计分析，但是这是一个非常有用的手段，可以更好地获得数据内部所蕴含的意义。

一系列的建模方法可以使各类模型更好地服务于运动员监控。它们对于训练是有益的，体现在：①可以对训练进行一定程度的预判。如已经被使用的建模，通过心率预测摄氧量和能量消耗（103）；通过建模预测比赛中顶级有氧耐力运动员的步速和疲劳情况（136）。②建模可以满足监控者使用不同的测量工具或者在不同的条件下进行测试的需求（66）。在监控过程中使用不同的仪器设备，有利于在监控完成时对结果进行相互修正（66），尽管这不是实际监控中最理想的方式（尽管得到的并不是最理想的结果）。监控者应尽量在相同的测试环境下进行测试，但在实际工作中，改变往往是必要的。在一些条件下，监控者必须判定测试结果是否是有效的。异速生长标度就是一种建模类型，其被用来控制在生长发育过程中身体形态和机能各方面的差异（39）。

研究人员经常使用建模方式对训练过程和运动员的表现进行定量分析，以及研究运动员对于训练的适应情况（2，12，30）。Agostinho及其同事对柔道运动员两年的训练反应进行了建模分析，使用的数据包括比赛成绩、主观感觉量表（RPE）、机能测试、柔道专项机能测试。他们确定了在运动监控中有效的方式，包括主观感觉量表（RPE）。监控者不一定要使用先进的统计方法对相关数据进行进一步的统计分析，便可获得运动员对训练的适应情况。一些简化的方法，包括计算一系列监控指标的分数，可以计算每一次测试的Z值（见第二章）和计算分数的总和（149）。

研究人员已经研究了多种可以用于监控数据、预测运动员损伤的建模方式（54，150）。监控者一直在寻找可以预测运动员损伤或疾病的"圣杯"，以避免他们不得不放弃训练或比赛。建模是考虑所有的测试变量，进而对训练效果进行估算与评价。但在实践中需要牢记，建模只是一个估算、评价，任何一个模型都会存在一定的误差。在运动条件下，不可能计算出相关的所有变量，但一个好的模型应涵盖一些重要的数据。对运动员日常表现进行监控和建模是一种有效的追踪运动员状态的方式，但这需要定期使用监控工具。

运动员监控变量的波动遵循非线性方式（107）。Le Meur和同事发现，三项全能运动员的竞技表现与训练量的增加并不是呈现线性关系（82）。对于团队项目，每个运动员对于运动训练的反应是不一样的，这并不奇怪。一个优秀的监控系统应该保证监控操作者可以监控团队项目中每一个队员的反应，这是监控操作者需要记住的一点，尽管每一个建模方式都会存在误差（见第二章）。

第二节 监控技术

在运动中使用监控技术并不是一个新生事物。在20世纪的早期，A.V. Hill就使用计时设备去测试运动员在田径场上的跑动速度（70）。当时在测试时，短跑运动员要穿一个带有电线和磁铁的线圈，现在这一技术被用来作为计时器识别的标志。可以认为这个围在运动员胸部的磁性线圈是可穿戴技术的一个早期实例。August Krogh在研究中设计了一个自行车测功仪，用来对运动强度进行测试与研究（80，81）。Franklin Henry研究了与运动员监控相关的多个领域，其中包括在超过50码的距离放置计时灯，这与Hill采用的方式类似（69）。亨利还在20世纪中期通过在起跑器上安装压力感受器研究短跑起跑时力量-速度的特点（68）。在20世纪最后的50年里，我们看到了很多应用监控技术的例子。通过对氧气量消耗的计算，测试运动员的最大摄氧量，进而监控运动员（121）。在运动场测试运动员最大摄氧量时，道格拉斯袋（Douglas bags）成为受欢迎的可携带设备（99）。仪器的体积成为监控设备应用的限制因素，但可携带的气体分析系统设备正在发展（99）。

现阶段，体育领域的监控技术已经更加便携、功能更加多样，很多的商业公司对相关仪器进行了市场化的开发与生产，尤其是针对竞技运动员的监控。然而，监控者还是可以通过学习监控技术发展的历史而获得有益的信息，进而能够更好地理解目前技术建立的基础。改进速度监控技术是一个很有趣的课题（65）。计时系统经历了一系列的发展过程，从手动记录到全自动记录。现在的监控者可采用多种技术对运动员速度能力进行测试（65）。学习监控技术与体育科学的发展，可以使监控者更好地理解各种监控方法的生理和机械背景。一些优秀的文献也记录了体育科学发展的历史（15，91，144）。

一、仪表化的运动设备

技术与运动设备的整合，可以为操作者提供一些很有趣的信息（4，59，105）。Morel和Hautier使用仪表化的（105）争球练习器去测试英式橄榄球运动员的神经肌肉疲劳情况。在赛艇和皮划艇项目中，研究者尝试将先进技术与船、桨等体育设备相结合（4，59）。对抗性项目的研究人员已经开发了可以与负荷单元（load cell）相连的电子器件，其可以将机械的负荷转化为电子信号，进而评价运动员出拳和踢腿的力量（61，137，155）（图6.1）。一项案例，监控了一名专业拳击运动员的对抗过程，研究使用了一个拳击的专业测试方法，包括击打一个定制的、固定在墙上的带有负荷单元的装置（61），对队员击打力量和速度进行记录，结果显示仪器的变异系数小于1%，说明这个仪器的可靠性是非常高的。监控工具和其他的运动能力测试相配合，可以很好地洞察使运动员达到巅峰的策略。一些监控系统可以在训练和比赛中反馈力量曲线。监控者可以根据力量-时间曲线计算如力量峰值、平均力量和力量峰值的时间等指标（35）。实时的反馈可以很好地揭示运动员的运动技术，因此教练员可以在训练周期中给运动员提供指导以提高他们的运动表现。

图6.1　拳击手击打装置

（照片由Andrius Ramonas提供）

在俯式冰橇项目中，研究人员使用了仪表雪橇（instrumented sleds）（55）。在这个研究中，监控者可以获得比赛开始时雪橇速度的反馈，这个反馈对运动成绩有着特别关键的作用（29）。An和他的同事将应变式传感器放在赛艇运动员赛艇的脚架处，测试脚架处所受力量的峰值、均值和峰值的负荷比例，进而对双腿力量的不对称性和变异性进行量化。在训练期里，力量不对称比例和运动能力等级的变化可以反映出运动员的力量是如何发展的。这个例子表明，监控者需要知道在训练期内整体的监控数据变化而不仅仅是关注类似最大爆发力测试这样的单次测试结果。尽管一些度量标准是有效的，但在训练期内或者训练期前一周，运动能力的变异程度（如标准差）可以为监控者提供更好的指征去判定运动员一些主要的状态（如体力活动节奏疲劳）（97）（见第二章）。

在残奥会项目中，技术在运动员的监控中扮演着重要的角色。研究人员已经通过研制的仪器设备来量化赛事对于运动员的要求（88）。在一些轮椅类的项目中（如英式橄榄球），运动感应器可以用于判定运动员的运动路线或运动概况（88）。在一项研究中，研究者将这些技术与实验室的追踪技术进行了对比（88）。这些仪器可以很准确地追踪到运动员的覆盖距离、平均速度等变量；然而它对于顶级的轮椅运动员最大运动速度的测量，精确性较差，这一点很大程度限制了这项技术的作用。由于不同的技术可以为同一个变量提供不同的结果数据，监控者将不同技术比较时要谨慎。

为了更好地进行运动员监控，负荷传感器技术已经应用于新的仪器设备设计中（112）。仪表化的力量评估设备，可以提供力量大小和不平衡等重要信息（27，112）。研究人员使用这样的仪器评估了运动员单侧（单腿）股后肌群的力量（27，112）。肌肉力量和潜在的力量不平衡数据可以为监控运动员的疲劳和预防运动员损伤提供有用的信息。

案例

监控技术的进化

现在预测监控技术将会怎样发展或被使用在一定程度上是徒劳的，因为它的变化率是呈指数的。但是有一件事情是明确的：如果以现在的趋势一直持续发展的话，监控会越来越成为体育运动的一部分。目前存在的问题是，监控技术如何有效地整合到运动训练的过程之中，基于实验室的技术转化到运动场上是有可能的，且实验室研究的价值体现在其具有很好的可控性，尽管它并不直接适用于运动实践的设定。智能手表、智能眼镜、智能织物将会继续向前发展并将更大程度地应用于运动员的监控。能够测量生化标志指标的可穿戴传感器也将会被继续开发与验证。

除了继续关注最新的科技产品，监控操作者应记住运动中最重要的人——运动员。尽管可穿戴技术和"自我量化"式的运动监控已经建立

> **案例**
>
> 了一个可识别的监控数据体系，但关注的重点仅仅集中在数据的生成与收集上，对于应该如何使用这些数据去提高运动员的竞技能力却很少受到关注。
>
> 　　监控者如果想做得更好，需要问问自己以下这些问题：
>
> 　　（1）我们现在正在使用哪些科学技术，我们将来将会使用什么样的技术？
>
> 　　（2）通过技术手段获得的信息，哪些值得向运动员进行报告？
>
> 　　（3）由监控技术获得新的信息怎样用于提高运动员的竞技表现？
>
> 　　最后，我们需要的是可以帮助运动员提高竞技能力和竞技表现的技术。如果某一技术不能做到这一点，它是不值得投资的。

二、可穿戴传感器

可穿戴的传感器技术在运动中正在变得越来越流行（143）。传感器指的是任何一个可以将信息转化为可分析的、有用信号的设备（10）。这一领域的研究涵盖了个人项目和团体性项目（33，41）。可以收集生理和力学信号是可穿戴设备的优点之一，如心率、血压、体温、步数、跑动距离、速度以及像睡眠情况的一些健康信息。当这些数据被一些专门的软件处理后，会汇总给操作者和运动员。

近来可穿戴传感器引起了科研人员的极大兴趣（10，33，42，122）。例如，传感器已经被用于运动员肌电的测试及评价肌肉的发力程度中（108，109，140），这也促进了智能服装领域的发展。传感器可用于冲击力的测定（155）（图6.2），还可以放在皮肤上，如补丁一样，在运动监控中有着显著的应用价值（9，10，56）。测试一些如乳酸、激素等基础指标是可穿戴设备应用的另一个方面（23，56）。这些设备可以实时反馈如激素、代谢物以及其他一些可以反映训练期的运动员生理变化的标志指标，这一特点在运动训练中的作用是非常大的（141）。研究结果显示，除了皮肤温度和水合状态外，这项技术还可以对乳酸、血糖和电解质进行有效的测量（10，56）。

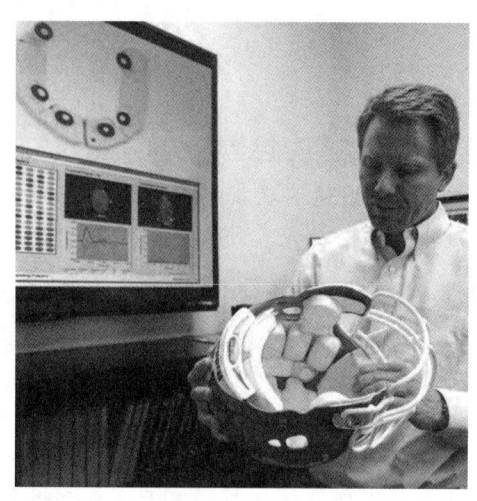

图6.2 可穿戴传感器

（美联社照片/格里布鲁姆）

各种可穿戴设备已经发展到可以分析诸如体温、汗液成分等生理要素（89）。汗液是非常好的可以通过传感器进行分析的"候选者"，因为汗液内含有多种代谢物。为了使功能更加完善，汗液传感器要求其与皮肤要能很好地接触。测试汗液的成分可以提供与体温、水合状态有关的信息，这些信息对于运动能力有很大的影响（19）。

可穿戴传感器也可以对滑雪等冬季项目进行量化（85，86）。在一项研究中，滑雪者佩戴加速度计，调查了运动员不同技术的特点差异，并通过视频分析的方法进行了验证（86）。结果显示通过加速度计获得的运动学测试结果与高速摄像获得的结果相近。传感器提供了技术选择的信息以及一些运动学指标的变化率和长度（86）。

三、传感器的类型

分析汗液的传感器包括两个主要类型：织物、塑料设备传感器和皮质基础的传感器（10）。这类技术的局限性体现在仪器缺少弹性和稳定性及测试的代谢指标有限。

Gao和他的同事（56）使用塑料基础的传感器与人的皮肤接触。他们完成了对自行车和赛艇运动员运动过程的实时监控，同时开发了配合仪器使用的App

（56）。研究人员开发了贴片，可以直接测试皮肤上的化学成分（10），进而监控葡萄糖（9）和乳酸（72）等代谢物。Jia和他的同事在一人进行自行车运动时通过贴片传感器收集汗液样本。通过测试发现，在运动强度增加时，乳酸浓度也会增加（72）。Bandodkar和他的同事认为，这一技术可以测试葡萄糖水平，他们的研究结果显示在餐后血糖升高，虽然在以后的研究中还需要通过对比血液和骨骼肌血糖水平进而对这一测试技术进行进一步的验证，但似乎很有希望证实这项技术的有效性。需要有创获取血液样本及需要复杂的、昂贵的分析仪器的测试方法，是无法满足实时评定运动员生理机能状态的需要，目前，正是由于激素和生物化学的监控存在这些固有的局限性，因此只是最低限度地应用于高水平运动员的群体中（3）。然而，也不难想象，如果这类监控的性价比和准确性得到提高，那么其使用率也会提高。

唾液传感器成为了运动监控领域的热点，它提供了另外一种分析运动员机能标志物的途径（10）。Kim（78）和他的同事通过使用护牙托测试了唾液内乳酸的含量，这一方法还需要在以后的研究中进一步验证，目前测试的标识物受限于唾液的收集，同时需要在实验室进行复杂的测试才能进行进一步定量测定（10）。

泪液是又一种可以判定代谢物浓度的媒介（64，90）。隐形眼镜传感器是一种监控糖浓度的传感器（160）。这一技术可以成为智能眼镜技术的一部分，用以进行实时监控。葡萄糖监控的一个最直接应用对象就是糖尿病患者，如果要应用于运动员监控则需要这种方法可以实时测试其他的指标。研究人员已经使用相似的方法测试乳酸，其显示在运动员监控领域中具有更大的应用价值。

传感器伴随的问题包括顺应性（resiliency）、功率值（power sources）和电池寿命（10）。在长时间的训练期或比赛过程中，使用传感器进行实时监控这些问题尤为明显。随着技术的发展，这些限制性的因素可能不会成为主要的问题，尽管这些手段也可以用于测试，其无创伤性的特点也引起了操作者的注意，但可穿戴传感器还是需要进一步验证。

四、传感器的放置

传感器放置位置得到了研究者重点关注（14，133）。正如在第四章讨论的，研究者已经对比了GPS定位和加速度计定位的区别（14，133）。上背部和肩胛部是放置可穿戴背带的常用部位。研究者认为放置的位置会影响数据的收集，因此需要前后保持一致（144）。Simons和Bradshaw（133）对比了加速度计放置在上背部和下背部时，运动员进行起跳和落地时冲击负荷的可靠性。他们发现，在测试过程中，起跳和落地时冲击负荷的加速度峰值测量的结果具有较好的可靠性。当加速度计在下背部时，具有更高的可靠性（133）。加速度测量技术在体育领域有着很大的应用价值，如很多落地动作的项目，包括体操、花样滑冰和舞蹈。监控这些项目落地时的负荷，对于预防伤病有着一定的作用（133）。

研究者已经研究了在落地时惯性传感器所能提供的反馈信息（46），小范围研究认为，在经过一轮的反馈信息后，受试者改变了他们落地时的力学表现。有趣的是，信息的反馈仅仅使用了三个参数，因为研究者发现通过一个训练周期，运动员的表现最多只能改变三个力学参数。这就提示监控者要小心，不要把监控数据中过多的信息提供给运动员（见第七章）。

从受欢迎的程度考虑，运动员比较倾向于将电子器件放置在手腕部（143）。一些仪器要放在器械或衣服上（如放到自行车上、放在鞋里或鞋的表面或嵌在衣服上）。将技术与运动员经常使用的仪器设备整合到一起是符合逻辑的。耳机是一个很好的设备，使得个体在训练过程中听音乐成为一个惯例。理想的可穿戴技术是不会引起运动员的注意。

五、App和手表

鉴于智能手机能够包括有GPS和常规的加速度技术，现在多数操作者和教练员的口袋里都有一个现成的监控设备。运动员监控的很多App可以追踪测量运动员整个运动过程的情况并可以提供实时的反馈。很多这样的App已经被开发，并且在运动监控中得到了验证（7，8，52）。甚至一些更先进的指标现在都可以通过App监控，如心率变异性（51，52）。然而，很多App的有效性和可靠性并没得到确认。监控研究者在使用任何一个App之前应该对其准确性进行评定。随着研究的不断继续，App有效性和可靠性的证据将会更加完整，因此监控研究者对于它们的使用会做出更加明智的判定。

智能手表可能是整合监控数据的一个好的途径。监控研究者经常想监控运动员在训练和比赛中的情况，但是在其他时间进行监控也是有帮助的。很显然，让运动员在背部或身上24小时佩戴GPS设备是不可行的，但是智能手表是获得常规监控数据的一个方法。抛开持续对运动员监控在道德层面的约束,在训练和比赛以外的时间对运动员进行监控似乎越来越多(127)。

六、测力平台

正如第五章讨论的,在诸如跳跃测试的一些竞技能力测试中,研究者经常使用测力平台、位置传感器、加速度计、光学感应器、跳起摸高设备(jump and reach devices)和跳跃垫(jump mats)等仪器评价神经肌肉疲劳情况(17,98)。使用测力平台测试落地的力量已发展成为很普遍的监控技术,而且比较廉价。测力台测试的是三轴的力,并通过力量传感器将机械信息转化为电信号。例如,在测力台上跳跃会引起测力台内的压力元器件产生形变,同时引起电压的改变,而电压可以作为一个信号被测量。单轴测力平台是测试一个方向上力的大小,三轴测力平台可以测试三个平面的运动。单轴测力平台相对于三轴测力平台在价钱上更便宜,但其只能测试垂直方向上的力,这是它的一个局限(17)。尽管如此,单轴测力平台还是可以提供一些有价值的信息。

图6.3为两个测力平台对双侧肢体和单侧肢体的评定(75),这样可以使得训练监控者监控运动员力的不对称性,进而帮助他们设定训练计划(6,95)。双测试平台虽然比较昂贵,但它已经在性价比和便携性上有了很大的提升。监控者可以使用跳跃摸高设备(jump and reach devices)进行双侧和单侧测试,尽管其只是测试跳跃的高度,但跳跃的高度可以揭示运动能力的多个方面,并且通过追踪可以获得运动能力潜在的信息(111)。

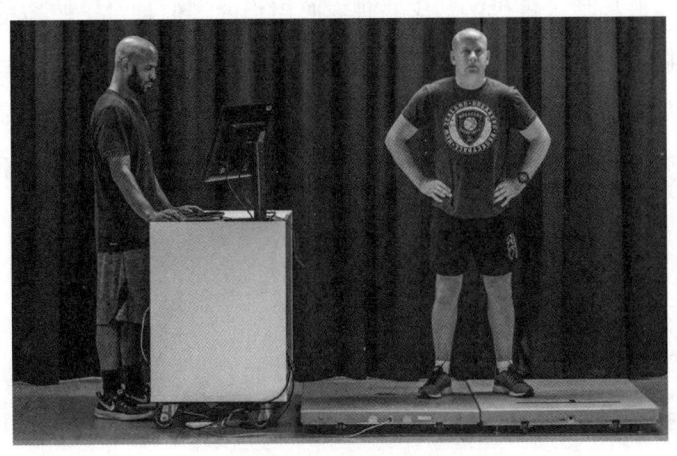

图6.3 用于运动员监控的双测力平台

(照片由Andrius Ramonas提供)

校准对于通过电压输出测试地面的反作用力是非常重要的，需要在一系列的负荷条件下进行（17），如从无负荷条件下到运动员使用的最大负荷。这样可以确保训练监控者能够完全捕获到运动员所能产生的最大的力。因为个体体重的差异，大学体操运动员与美式橄榄球运动员在校准的范围上会存在一定程度的差异。确保适当的校准，可以减少测量过程中的误差。

七、计时系统

红外计时系统和接触垫（contact mats）可以用于测试腾空时间。测试腾空时间的App也已经被研发，尽管还需要更多的研究去判定它的有效性。当精确的运动时间测试能够实现时，跳跃高度可以通过以下的公式进行计算（25）：

跳跃高度=（$9.81m/s^2$×腾空时间^2）/8

如果测得的腾空时间是0.565秒，跳跃高度的计算如下：

跳跃高度=（$9.81m/s^2$×0.565^2）/8=0.39米。

通过测试腾空时间和计算跳跃高度可以评价运动员的爆发力（48，129）。监控者在使用这些公式评定运动员爆发力输出时一定要谨慎，并且一定要知道这个只是对爆发力的估测。

第三节　监控技术提供的数据

仅仅关注监控技术提供的数字是很有吸引力的，但是对于监控技术的认识以及对它如何提供信息的理解，可以帮助操作者做出正确的决定。一些系统采用的获得数据采集和加工的方法是不明确的，在解释监控结果时，需要将这一情况考虑进去。例如，在购买仪器时，监控者知道设备计算数据的方法和原理是很有必要的。

一、感知、加工和可视化

感知数据、加工数据和可视化数据是对某一技术能否使用的很重要的评判标准。感知是指一些物理的元件如GPS设备、运动员穿戴的背心。加工发生在数据被捕捉到的时候，对于这一阶段的理解可以帮助监控者判定数据是否有效。这一环节中重要的是，对于所期待出现的一系列数据有一个基本的理解。可视化指的是数据如何呈现给最后的使用者。例如是产生一串数字还是将数据以图表形式出现？对于监控者来说，如果运动员垂直方向跳跃的功率峰值达到了2000瓦特，需要引起注意的是，正常的结果都在1000瓦特以下。那些计算训练量和强度的方法存在一定的局限性，体现在无法判定这一测量方法是如何计算的及这些结果缺少典型的范围。可视化是非常重要的，因为它决定了数据如何呈现给监控操作者（见第二章）。

二、采样的频率

使用技术监控任何一个变量都需要定期收集样本，这被称为采样频率。采样频率表示的是每一秒记录信号的数量。如果采样频率是50Hz，表示信号一秒钟被测量或采集50次。人类运动大多数方式的频率为3~30Hz（63）。在体育科学领域，一些研究已经着手检测一系列的技术动作在不同采样频率下的分析效果（71，74，98），不同的采样频率会影响监控的结果（71）。

通过监控技术获得的数据有多种加工方法，收集的数据一般都要经过过滤、平滑、分化、整合计算和预测变量等处理。特定的软件可以用来对数据进行加工，降低与数据信号伴随的干扰、噪声。一般采用较大范围的采样频率进行监控数据的采集和记录（120）。奈奎斯特-香农采样定理（Nyquist-Shannon sampling Theorem）表明，临界的采样频率至少应该是被采集信号最高频率的两倍，进而确保获得原始信号的准确信息（63）。从根本上而言，这个定理的意思是随着运动速度的加快，采样的频率也要增加。这就是为什么在高速的运动、加速、减速时GPS和加速度计准确性和可靠性会降低（153）。

在对运动员监控过程中，可以对一些测试推荐采样频率的范围（98）。例如，纵跳时推荐的采样频率是350~700Hz（98）。当运动速度是1.0~3.0m/s时，为了捕捉5mm（3/16英寸）的位置变化，要求监控仪器采样的频率为20~60Hz（98）。在使用测力台测试时，只会记录采样频率时间点的地面反作用力，在采样频率为500Hz时，地面反作用力应每0.002秒被记录一次。当仪器采样的速度低于临界频率时就会出现问题，因为这会使得原始信号扭曲，导致数据的关键部分丢失。力在快速变化时，如果两个连续取样的时间间隔过长，那么在给定的采样频率下信号可能会丢失。因此，推荐的采样频率至少应该是运动员运动信号频率的5倍，用以保证一些峰值数据（如起跳、落地的最大力量）不丢失（43）。当测试一些速度依赖性的变量如力量形成的速度时，采样的频率甚至要更高（98）。

三、数据加工的方法

内嵌的软件系统可以将模拟信号转化为数字信号，然后对数字信号进行平滑、滤过处理，这样可以减少信号的扭曲和噪声。平滑技术包括多项式（如勃特沃斯滤波器）、样条（splines）（如三次样条函数）、傅里叶变换、移动平均数（moving averages）和数位过滤器。滤过后和平滑后的数据依赖于计算变量的测量系统去分化或整合。操作者需要记住，随着计算的数量增加，错误也会随之增加。尽管大多数的监控者不需要对这些方法有深入的认识，但对一些关键原理有一个基本的理解是有益的。关于这些数据分析方法中更多的细节信息可以参考其他的文献（43，63，120，159）。

四、存储数据

监控者需要考虑以后如何存储运动员监控的数据和记录，尤其是那些由很多仪器形成的大量的多种形式的信息。在体育领域，运动员监控信息的跟踪和存储系统是否被有效建立还不清楚。数据储存不足会导致损伤监控系统缺乏（50）。

各种各样的数据库解决方案和产品被用来储存监控数据与记录（44）。有很多商业化的存储系统，而一些组织则形成了他们自己内部的存储系统。保存充足的数据有利于历史数据库的建立，可以用于更复杂的回顾与分析。

由于潜在的员工高更替率，高水平的运动组织应该建立一个系统以确保数据不会因为人员的流动而丢失。这个系统应该包括记录文件的维护、仓库管理条例和数据的备份（如保存在多个地方），并长期坚持。当系统或技术改变时，可能会出现问题，因此在变换另一个系统之前，监控者一直使用一个存储系统是比较明智的。

一些监控系统，在决定如何使用之前，需要收集大量的信息。长期收集信息有利于数据的挖掘和复杂的分析，当然这需要权衡项目短期的需求。但拥有长期的战略部署可以使运动员监控程序效益最大化。

第四节 监控技术的应用

在实施一项监控系统时，一些操作者往往从仪器和技术的采购开始。但操作者也需要考虑他们如何使用仪器技术收集的信息，从而判定运动员的疲劳和训练量。本节总结了一些用于运动员监控的技术。

一、分析骨骼肌的技术

骨骼肌在运动中发挥着关键的作用，因而骨骼肌的特征引起了训练监控者和研究者的巨大兴趣。在传统的运动科学领域，采用肌肉活检的方式测试诸如骨骼肌肌纤维类型、酶含量的指标（36，53，148）。骨骼肌由一系列的肌纤维组成，主要包括Ⅰ型、Ⅱa型和Ⅱx型。酶中有乳酸脱氢酶，是一种重要的加速身体化学反应的酶。通过测试肌球蛋白重链（148）和粗肌丝肌联蛋白（92）的含量，可以很好地洞悉肌肉的结构与功能。肌球蛋白重链构成了骨骼肌粗肌丝，通过测试肌球蛋白重链的表达可以显示机体对于训练的反应（116）。粗肌丝肌联蛋白是一种在骨骼肌中发现的结构蛋白，其被认为在维持骨骼肌弹性方面发挥着重要的作用。很显然，常规的肌肉活检应用于运动监控是不可行的，因此研究者试图找到一些无创性的评价运动员骨骼肌的方法（5，67）。

超声是一种通过使用高频声波对机体内部器官进行可视化的检测，可以用于骨骼肌连接性的组织如肌腱、韧带的监控（22）。磁共振成像（MRI）通过使用磁场和脉冲波可以提供身体内部结构更加细致的图片。超声和磁共振成像可以测试肌肉和肌腱的架构，如羽状角、肌纤维长度、肌肉厚度以及肌腱的特性（110）。在某些训练期及成长期的训练中，这些测试结果会发生剧烈变化。超声和磁共振成像是无创的方法，可以为评定运动员对训练的适应情况提供有价值的信息。然而，这些测试方法是比较昂贵的，而且需要专门的人员操作这些仪器。分段采用磁共振波普分析的方法可以判定肌肉的肌肽含量，进而判定肌纤维的类型（5）。贝克斯（Bex）和他的同事使用这些无创的方法，测试了不同运动项目运动员肌肽含量的差异。对运动员运动能力的测试也被用于评定肌纤维类型和特点，训练监控者和研究者对骨骼肌的这些特性有着很大的兴趣（24）。也有研究认为，自行车测试和最佳的蹬骑节奏也可以用来间接判定肌纤维的类型（67）。一般而言，能经常使用并且没有创伤的方法是用于运动员监控最好的方法。

二、健身房的技术

随着一些技术越来越多地使用，形成了一些可以用于监控力量和一些训练要素（如杠铃速度）的仪器。将这些信息与视频分析集成监控技术，一般研究者在这方面已经做了很多的尝试（126）。训练监控者需要注意运动员监控过程中输出的信息（如测试的力量和速度），也要关注其在运动中如何来实现。能够整合这些信息并提供实时的反馈将是极具价值的。对于监控者来说，一些像力量、组数和重复次数等变量的测量是相对比较简单的，然而监控者比较需要的是可以测试速度、冲量和爆发力的技术。作为过渡，一些更加实用和小巧的仪器已用于这些指标的测试（98，125）。但监控者若想保证测试的准确性，需要在每一次使用前进行校准。相较于依赖单一的研究来确定设备的准确性，监控者更需要一个具有可重复性的研究和构建大量信息的过程。

力量和训练的监控者一直对如速度这样的运动特征感兴趣（34，123）。运动员可以佩戴或放置在杠铃杆上微型传感器，从而来测试这些变量（8，76）（图6.4）。如加速度计可以用于测试举重运动员的表现（125）。然而，监控者在将任何新技术引入到监控系统之前，必须考虑其可靠性和有效性。

图 6.4　运动员使用可穿戴设备收集卧推速度数据

（照片由PUSH提供）

三、监控跑动的技术

速度已经成为操作者最感兴趣的一个方面，因为这是体育运动的基础。秒表是一种简单且利用率很高的工具。但更加精细的计时工具，如计时门可以更加精确地测试速度和加速度（65）（图6.5）。

图 6.5　定时灯监控运动员

（照片由Andrius Ramonas提供）

另一个需要研究的是跑动过程中潜在的力量-时间特点。在运动员监控中，已经使用了非自动化转矩跑步机达到上述目的（13，84，134，135）。对跑动中力量的测试可以使用专门的冲刺跑台测功仪，这些测力计可以通过运动员驱动跑台带，同时将绳子绑在他们的身体下方，固定在一个地方。当组装了压力传感器后，这项技术还可以用于测试力量等变量。力量测试还可以通过缆索安装应变仪或者在跑台下面安装测力台实现。

　　鉴于在冲刺过程中水平方向与垂直方向力的重要性，冲刺跑台测功仪可以为运动员监控提供重要的信息（106）。Mangine和他的同事（84）让运动员在非自动化跑台上进行30秒冲刺运动，发现其与30米的冲刺时间有着密切关系。这些测试系统的弊端为价钱比较昂贵，会增加运动员受伤的风险（因为其作为监控工具采用的是最大冲刺速度），同时在跑台供应不充足的时候很难完成对大批运动员的监控。另外，有学者对这个系统提出了疑义，因为在不同型号的跑台上进行运动，运动员的步态动力学是变化的（96）。当决定实施这项技术时，所有的这些因素都应该被考虑到。

　　近期，在验证跑动能力的方法中，有一个精确的可重复的数据用于反映速度变量（106，122）。这些方法通过运动员运动过程中重心移动获得简单的速度-时间数据，进而测定水平力和相关的力量-速度关系（122）。在这些方法中，可以使用运动场测试设备，如雷达设备，在采样频率比较充足的冲刺过程中用来计算力量-速度轨迹。雷达设备可以发射无线电波和探测电波被运动员反弹后的变化频率。

　　另一种被用来评估跑动能力的是激光技术，其工作原理是发射一束可以被运动员可以反射的红外激光。研究已经使用这些方法量化力量-速度的关系、描述受伤与未受伤运动员的力学变量（101，102），以及在一些相似运动中运动员位置判定（如英式橄榄球联合会和英式橄榄球联盟）（40）。像这些非常实用的方法，都可以在运动场上进行测试，而且不需要大量的仪器设备。

　　在团队项目跑动过程中，研究人员使用GPS设备和加速器来评估运动员的步变量和垂直刚度（28）。正如第四章讨论的，商业化的GPS设备包括了加速度计、陀螺仪、磁力仪等。加速度计和陀螺仪可以探测运动过程中的加速度和角速度；磁力仪可以感知最强的磁场。Buchheit和他的同事们对比了嵌载三维加速度计的GPS仪和测力平台获得的垂直方向地面反作用力。三维指的是旋转的三个轴：垂直方向（x轴）、前后方向（y轴）、外侧方向（z轴）。从加速度计获得数据，计算方法取决于所选取的与运动员步态有关的一些特殊相位（如脚落地）。这些结果可以被精确地测量，反映运动过程中触地时间、腾空时间、垂直刚度等变量（28）。获得这些测量指标是通过使用便携式的GPS仪器，它可以满足监控者在运动场上进行测试的需要，而不依赖专门的、昂贵的设备仪器。

跑动可以通过加速度计进行分析，一些研究已经对一些仪器的可靠性进行了调查（83，156）。一项研究对比了加速度计和光学动态捕捉设备（83）。这项研究显示，加速度计可以有效、可靠地测试跑动的加速度。另一项研究验证了运动员在跑台上进行跑动时躯干佩戴加速度计的效果（156）。加速度计准确地测试了触地时间，因此认为加速度计是在运动员监控中一个潜在的可以用于场地测试的工具。

研究人员已经调查了使用惯性仪器测试跑步运动员疲劳的情况（139）。在一项研究中，跑步者在跑台和室内跑道进行跑动，研究者对比了两个不同跑步条件下的区别（139）。有趣的是，在上述两种情况下，运动员疲劳时技术的改变是不同的。这就提示了监控过程中特殊环境的重要性，要区别对待（139）。

在腿上使用加速度计是另一种可以用于场地测试的方法，同时也依赖于实验室的验证。Giandolini和他的同事们调查了世界级的径赛运动员的步态特点，研究者是将加速度计放到运动员的鞋上或腿上。在45公里（28英里）的比赛过程中，加速度计跟踪到了一些有关步态和胫骨加速度的有趣信息。对于监控者和运动员而言，这些仪器是潜在的比赛改变者，因为它们可以评定在训练和比赛过程中的机械负荷和冲击力（58），这些已经被证实在预防运动员损伤中有着重要的作用（152）。对跑步运动员进行简单的监控是有意义的，但是将类似地形等环境因素考虑进去之后，运动员的外界负荷情况就要复杂得多。如果这项技术可以整合到运动员的跑鞋内，那么以前一些只有在实验室控制条件下才能完成的步态细节测试，也可以在场地上实现（58）。

鞋垫可以用来测试跑动和跳跃过程中足底的压力分布特点（87，108）。Martinez-Marti和他的同事们使用鞋垫设备测试了不同纵跳方式下腾空的时间，结果显示其具有用于运动员监控的潜力。然而，仍需要大量的研究验证这些技术，以证明它们在运动员监控中的有效性。

四、监控自行车项目的技术

正如第四章讨论的，自行车项目处于监控技术应用的前列。测试的仪器可以对运动员爆发力输出持续监控。在自行车项目中，最大功率和蹬骑节奏是常用的监控变量，也是在训练和比赛过程中最有价值的指标（73）。例如，一个周期的功率评估可以复制一个比赛方案。一旦确定了最佳的蹬骑条件，则可以用于比赛，它对比赛的成绩有着直接的影响。有针对性地调整诸如曲柄长度和齿轮传动比等因素，设定这些因素可以为蹬骑自行车时最佳调换功率和产生的位置功率创建最佳的条件，进而提高自行车运动员的冲刺能力（73）。

对于监控者而言，能够在运动场上直接测试出功率的工具是很有价值的，而且可以很广泛的应用，如应用于自行车项目中（136）。发力的时间以及持续时间可以通过力和功率的分析报告进行特别呈现。公路自行车运动员比赛时的最佳节奏可以通过训练过程中的输出功率、心率和蹬骑节奏获得（119）。近期开发的功率分布监控测试可以预测比赛成绩（117，118）。与其他类型的技术相似，监控者在进行不同仪器结果的对比时要谨慎（1）。Abbiss和他的同事们（1）在对比自行车测功仪和功率计时发现，两者的功率结果存在差异，差异幅度受到测试类型的影响。

研究人员和监控者使用自行车测功仪进行监控（45，47，157），这一技术可以满足研究者和监控者通过使用仪表化踏板和曲柄，对运动员两侧肢体的不对称情况进行探究（21）。研究人员也已经研发了用于监控多传感器自行车测功仪。这一系统可以将多个感受器进行整合（如仪表化曲柄），并进行实时监控。同时我们也需要注意，运动员的监控技术应具有普遍的应用性，并容易安装、设置与使用。

五、技术的临床应用

一些在其他领域采用的技术经过开发和修改后，可以应用到运动员的监控（11，60）。经颅电刺激技术的应用就是一个例子，这一技术通过使用一个微弱的电流刺激，用于治疗中风病人（16）。这一技术有助于进一步研究中枢神经系统对于运动训练刺激的适应情况（60）。

可穿戴技术已经逐步形成与完善，可以在运动过程中直接提供反馈信息（132）。触觉（触摸）、声音、视觉等已经被用来研究，为步态的控制提供反馈信息（132）。这些信息可以用于帮助步态改变，因此对于运动员的监控和训练来说，是十分有用的工具。在一项研究中，运动员使用了可穿戴的感受器，为行走过程中膝关节负荷改变情况的研究提供了反馈（158）。这种能够进行实时反馈的技术在康复领域也有重要的应用。

在运动监控领域使用的可穿戴设备也可以应用于临床，它可以使一些复杂诊断简单化。一个例子就是智能电话的App，其记录的心电图可以被心血管医生远程查看（115）。这些技术可以促进训练人员与医务人员的交流与沟通，这样可以帮助训练人员在训练中监控运动员，并辨别运动员身体状态是否处于危险之中。

活动监控仪器已经被用来监控运动员的睡眠（124）。Sargent和他的同事们（124）对比了手腕活动监控仪与多功能睡眠记录仪，多导睡眠图被认为是进行睡眠监控的金标准，并用于睡眠的研究。多导睡眠图通过一系列的测试，包括脑电活动、血氧水平、心率和呼吸频率等指标，对睡眠的质量进行判定。虽然正确的睡眠阈值是考量睡眠和觉醒时间的一个重要的标准，但活动监控仪的结果表明，其可以作为测试运动员睡眠情况有效的、可以替代的方法（124）。这凸显了在对比不同监控技术时谨慎的重要性。监控者需要判定是否这项技术比仅仅询问运动员"睡得怎么样？"可以提供更多的信息。如果主观的工具可以提供本质上相同的信息，那么监控者需要对额外监控技术的价值提出质疑（127）。

案例

选择监控技术时需要考虑的因素

当有多种技术可以用于监控时，操作者需要考虑以下几个因素：
（1）技术的可靠性、准确性、敏感性。
（2）应用这些技术所取得的研究成果。

> **案例**
>
> （3）价钱。
>
> （4）是否容易操作。
>
> （5）可以测试的指标范围（功能性）。
>
> （6）这一技术是否存在可替代的非技术手段。
>
> （7）损伤程度。
>
> （8）对训练和比赛的干扰程度。
>
> （9）对操作者提供反馈信息的类型（理论的、实际的）。
>
> （10）训练负荷和疲劳的定性与定量信息（可以帮助操作者对训练阶段和过程进行判定）。
>
> （11）测试的结果与运动表现的相关性。
>
> （12）能够测试多少运动员（接收）。
>
> （13）使用年限。
>
> （14）用于数据分析和处理的相关软件情况。
>
> （15）数据收集的方法（如智能电话、平板电脑）。
>
> （16）电池的寿命。
>
> 在对某一项技术的价值做出最后决定之前，进行一下性价比的分析是有益的。一个比较好的策略是与使用过该技术的操作者进行探讨，去获得该技术的优点与缺点。通过权衡这些因素后，操作者可以对这项技术以及它在运动员监控中的作用做一个明智的判定。

结 论

科研教练使用一系列的方法和技术用于运动员监控，但如何使用这些数据应该有一个基本的考量。新的技术一直在不断完善与发展，因此实施某一项技术时，会存在一定的挑战。可穿戴传感器正在被越来越多的运动员使用。理论上，它们应该是比较小巧、轻便、廉价的，能够通过智能电话和平板电脑收集信息，可以提高这些系统在运动监控中的利用率。监控者面临的主要挑战之一，是需要一定的时间学习如何使用每一项新技术，以及如何跟进升级、维护这一技术领域的最新进展。所有的这些时间应该是在监控者工作范畴之外需要花费的。尽管运动员监控被广泛应用于体育领域，但是并没有大量的工作人员直接参与到这一领域中（3）。很多情况下，额外的工作会加入到监控者的工作内容中。因此给科研工作者的一个建议是将工作内容尽量地简单化（37）。

第七章 监控与执教的整合

运动员监控的一个主要目的是获得客观和主观的信息来帮助教练制订训练计划。许多监控手段都着重于设备的科技先进程度，但监控中的其他重要问题也可以提供有效的信息。想象一下坐在飞机的驾驶舱内，只将注意力全部集中在仪表盘上的数字和闪烁的指示灯上固然很容易，但有时只需要看一看窗外（即专注于最有价值的监控工具和数据）就可以获得所有需要的信息。

监控中的其他重要问题包括：与运动员交流监控数据、在训练期间进行监控及开展内部研究项目。所有这些问题都会在本章中讨论，着重于将监控整合到执教过程中。此外，本章也概述了监控系统的关键方面。

第一节 监控的艺术与科学

训练从业者们经常提到执教的艺术，尽管这一表述并不是很清楚，但通常意味着使用经验和直觉来为决策提供信息。理想情况下，这种个人专长应该与科学实证相结合。然而，训练从业者有时会有多种选择，且没有任何明确的科学证据来区分它们。这些情况就需要应用监控的艺术与科学，即认识到并不一定只有一个正确解决方案。有效的执教需要训练从业者结合艺术与科学来指导运动员的训练。

执教的艺术在最佳实践证据有限时可能会很有用。然而，当这些证据和信息充足时，训练从业者应该谨慎使用客观的监控数据来确认基于潜意识或凭直觉做出的判断。当使用新信息确认先前存在的想法或理论时，会产生确认偏误（51）。

训练从业者还应该防止择优挑选，即接受与他们想看到的结果一致的证据，并忽略那些不一致的证据。当从业人员使用数据挖掘（也称为数据捕捞）时，尤其是有大量数据可用时，可能会发生这种情况。数据挖掘包括在监控信息中持续寻找关系和模式，直到它们符合执教者心目中的理想画面。拥有大量数据的危险之一便是创建出错误的模式，并可能产生虚假（错误）的相关性。如果在建立相关性时，没有适当背景的结果解释可能会导致执教者出现类似的问题。

遗憾的是，运动员监控的许多方面还没有得到广泛研究，因此并不存在大量证据支持某些监控方式，但并不一定意味着这方面不重要或不实用。训练从业者可以使用探索法或经验法来帮助他们整合监控的艺术和科学（例如，在训练期间只向运动员提供三条监控反馈）。

目前的研究空白是关于涉及使用监控数据为决策提供信息，训练从业者将大量的焦点集中在数据收集上，而对数据的分析则较少。许多研究项目对运动员进行了一个赛季甚至是多年的追踪监测（12，26，52，56），这些纵向数据为监控指标及其在训练周期过程中如何波动提供了有用的见解。但是，这些类型的研究只是观察性研究，而干预性研究可能更加难以实施（特别是在高水平竞技体育领域），大部分信息仍未公布并且这些信息处于公共领域之外。为了解决这个问题，第八章和第九章介绍了如何收集监控数据并用于不同运动的案例研究。

运动员监控的一个重要组成部分是准确的数据，这就是为什么监控工具必须可靠、有效且对各项指标的变化灵敏。使用现有证据非常重要，不能仅依赖直觉。另外，考虑到人为因素仍然是体育的一个基本方面，仅仅依靠数据可能会有危险。"教练之眼"是用来描述主观监控方法的术语。训练从业者需要认识到，他们可能无法准确测量所有重要因素，数据有时只是提供见解，但不能提供答案。

体育运动的成功不仅取决于身体和心理因素，还取决于学习、策略、人际关系、领导力和团队凝聚力等变量。训练从业者需要分别考虑这些元素及它们如何相互作用。尽管团队运动中的凝聚力等变量难以量化，但这些方法已被用于高水平竞技体育领域（25，68）。例如，运动表现分析人员可以使用追踪系统来研究进攻模式和比赛战术（25）。研究人员已经使用综合的方法来解释运动表现的这些方面及其关系（22，27），通过适当的分析有助于以量化的方式呈现出这些难以量化的因素。训练从业者应该牢记：需要监控的不仅仅是运动表现的身体层面，运动心理学、动作学习和技能发展对运动员监控也有很大贡献。

一、训练感知与实际训练对比

研究表明，训练从业者和运动员对训练的评价并不一致（21，65），运动员自我报告的训练持续时间与实际持续时间之间也存在差异（8），而训练监控有助于纠正这种不匹配。图7.1显示了几种类型训练的运动员自感疲劳评价和教练员评价的区别，训练从业者可以从这些结果中得出"技术训练的强度过高，而高强度跑动训练的强度过低"这个结论。当然，这需要在与运动员交流和与其他监控数据的对比的背景下加以考量。

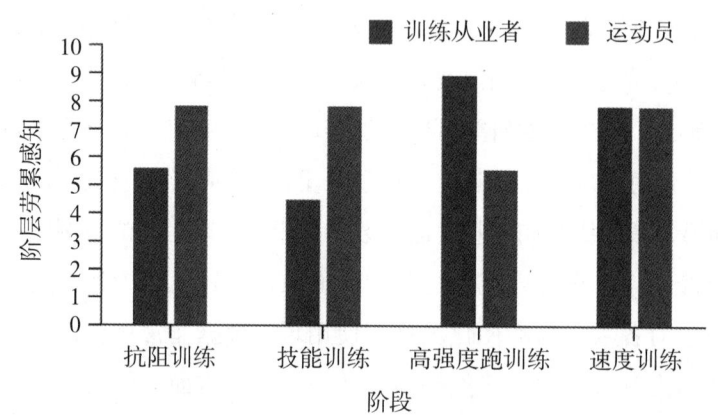

图7.1 运动员与训练从业者对各阶段训练劳累感知评价的不一致

二、监控运动员

监控系统可能产生大量数据，并且随着更多的监控手段和监控技术的应用，这种数据量增加的趋势还会继续（76）。有些人担心，运动员监控程度日益增加可能会产生一些负面影响（82）。一些训练从业者使用排行榜来向所有运动员展示监控和体能测试结果，尽管这增加了相互竞争的元素，但也会营造出一种让某些运动员消极看待的监管氛围（82）。这种方法似乎符合体育的竞争本质，但必须谨记运动员之间的差异。排名系统可能会激励最优秀的运动员，但也会影响运动能力较弱的运动员。有人质疑，这种方法是否会降低一部分运动员的热情，且这种方法可能并未考虑运动中人文的因素（82）。关于训练从业者监控实践的研究很少，但这个领域的研究工作正在进行中（11）。

随着对运动员的监控日益增加，隐私成为运动员监控的另一个问题。"在训练环境以外的地方监控运动员是否合适"是一个有趣的道德问题。例如，大多数普通公民不会希望他们的雇主监控他们的睡眠习惯。在职业体育领域，许多集体谈判协议正围绕持续监控的适当性提出了问题。对于在运动员身上进行大量投资的体育项目来说，投资者需要尽可能多的信息来确保他们的投资有效。然而，这需要与运动员的隐私权达到一个平衡。

三、信息来源

训练从业者通过不同的途径获得关于体育科学和执教方法的知识。Stoszkowski与Collins（73）调查了320名训练从业者，主要研究其获得与应用新执教知识的首选和实际方法。大多数训练从业者表示，他们从非正式和自我指导的渠道获得执教知识，特别是与其他教练和同事的交流（38.7%）。更令人担忧的发现在于，73.1%的训练从业者报告称，他们会立即使用最新获得的知识，并且很少进行批判性分析，这支持了"训练从业者们经常在建立证据基础之前就使用新的监控工具和技术"这一看法。另一个发现是，许多训练从业者认为新的知识会使他们的训练更有效率（73），但他们不清楚如何实现这一目标。因此，要使运动监控发挥良好的作用，监控者需要清楚地了解这些监控手段如何能提高运动员的成绩。

四、交流

交流是运动员监控的基础。监控是一种工具，可以让训练从业者与运动员或者其他从业者进行良好的沟通（71）并提出不错的问题，而无效的沟通可能会对运动员产生负面影响（42）。此外，技能发展和动作学习领域的研究表明，良好的沟通具有重要的价值并且这些方法非常有效（6）。

Saw和同事（71）研究了健康问卷在运动员准备阶段的作用，他们提出的模型是：从业者对数据进行记录、评审和情境化后再采取行动。文献中也报道了一些其他模型（13），但他们通常会提出一种综合方法，即从业人员、运动员和后勤人员定期进行良好的交流和沟通。诸如此类的模型广泛用于高水平竞技体育（4，13，72），但它们并不总是以坚实的证据为基础。

第二节　训练时的数据监控

在训练过程中可以收集到大量的数据。实时收集这些数据，可以帮助训练从业者在训练时做出调整。但是，在训练时收集过多信息可能会造成解释困难并导致过度分析，选择几项关键指标（例如，训练准备度、疲劳和损伤预防程度）进行监控至关重要。客观数据可以帮助运动员设定训练目标并提供动机，为运动员设定具体的目标也可以提高运动表现。有多种方法可以在训练期间监控运动员，本节主要讨论自主调节和灵活的方法。

一、自主调节

自主调节过程越来越受到运动从业者和研究人员的关注（10，27，47，83，84），这包括根据训练时获得的反馈调整训练，并且在每天不同的基础上进行调整。追加反馈（Augmented Feedback）（也称之为客观反馈）是运动员监控中常用的方法，通过追加反馈，增强了运动从业者和运动员对训练或比赛时运动员表现的认识。

训练的自主调节可以应用于一系列训练模式和康复过程（例如对特定运动练习的力量或速度测量）。假设一名运动员完成了四组训练，前两组为热身组，分别使用50%和75%的训练预期最大重复次数的重量（RM）（如6RM），而在第三组时，运动员举起100%的预期最大重复次数（RM）的重量直至力竭。第四组的负荷根据第三组完成的重复次数进行调整，Mann和同事（47）建议：对于0~2次重复，把负荷降低5%~10%；对于3~4次重复，保持相同负荷或把负荷降低5%；对于5~7次重复，无负荷变化；对于8~12次重复，把负荷增加5%~10%；对于13次以上重复，把负荷增加10%~15%。然后，运动员在第四组时按照调整过的负荷进行重复直至力竭，完成的重复次数和举起的负荷将用于确定下一次训练时的负荷。

Mann及其同事采用这种方法研究了一级联盟大学水平的美式橄榄球运动员。研究发现，训练超过6周时，自主调节抗阻训练比传统线性周期训练能更有效地提高力量。在更早的研究中，Knight（39）也对膝关节术后处于恢复期的患者使用了每天自主调节的渐进性抗阻训练。

Zourdos及其同事（83）研究了训练有素的力量举运动员在肌肥大训练时的自主调节，但是他们并未根据重复次数调整负荷，而是应用了重复次数储备（repetitions in reserve）的概念。重复次数储备是指运动员在完成一组训练后认为自己还能再完成的次数。理论上，重复次数储备可以用来调节日常训练负荷，作为日常波动的周期计划的一部分，训练负荷的自主调节基于运动员的表现。

在训练监控的基础上调节训练的程度受各种因素影响。训练计划的一个重要组成部分是运动员的特定训练历史和需求。在有氧耐力项目中，一些研究人员已经以监控数据为基础对训练进行了调整（9，37，38，79）。Kiviniemi及其同事使用日常测量的心率变异性（HRV）来调整训练计划（37，38）。Vesterinen及其同事（79）比较了HRV引导的训练和按照预先计划训练对业余有氧耐力运动员的影响。完成HRV指导训练的运动员在每天清晨测量RR间期数据（使用Ln rMSSD度量，详情见第五章），进而基于7天平均rMSSD有意义的最小变化这一概念调整训练计划。当7天平均rMSSD在有意义的最小变化范围内时，运动员应该完成中高强度训练。当其落在有意义的最小变化范围外时，则运动员进行低强度训练或休息。采用HRV指导训练计划的运动员3公里计时跑的表现有显著提高，而按照预先计划训练的运动员组则没有提高。有趣的是，尽管HRV引导组完成的中、高强度训练少于预先计划训练组，但还是取得了显著的运动表现提升。

Botek及其同事（9）基于HRV对国家队运动员的训练进行了调整。通过一种算法推荐保持或降低现有训练负荷。其中7名运动员运动表现有所提升，3名运动员的运动表现没有改变或出现下降。尽管这只是针对少量运动员的为期17周的研究，但这种方法确实很有前景。个性化的运动员训练计划似乎是优化有氧耐力训练适应性一个合适的方法。

科普

确定训练准备情况

监控运动员的数据在任何时候都很重要，尤其是在季前赛期间，因为运动员要承受大量的训练负荷。监控可以帮助训练从业人员管理运动员疲劳、减轻受伤风险并确定训练准备情况。

训练从业者可以按照下列步骤来确定一名运动员的训练准备情况：

1. 在训练开始前，查看之前24至48小时的监控数据，并与运动员就之前训练后的反应情况进行沟通。
2. 让运动员在训练开始时填写一份健康检查清单。
3. 在训练开始前进行简单的运动表现测试，以评估运动员的训练准备水平。
4. 根据第1步至第3步收集到的数据，对当前的训练进行必要的调整。
5. 针对在训练时需要监控的变量设置具体目标。

非常重要的一点是，执教与监控应该贯穿整个训练过程。训练从业者可以在整个训练期间采用检查表对运动员训练情况进行调查，作为对训练开始时收集到的训练准备情况数据的补充。整个训练期间收集到的实时反馈数据可以帮助训练从业者根据训练的需要调整训练计划。

不过，目前关于确定训练准备情况的有效性及对训练作出调整的最适当方法，已发表的证据十分有限。

二、训练监控的灵活方法

Kraemer和Fleck（41）提出了一个被称为非线性周期训练（flexible nonlinear periodization）的方法，训练从业者根据运动员前24小时的需求及其对运动准备情况的自我感觉调整训练。有趣的是，许多按照每日训练环境情况调整训练计划的训练从业者正是采用这种方法。例如，如果发现运动员在前一天进行了高强度的体能训练，并且出现严重神经疲劳时，从业者可能会对今日的速度训练计划进行调整。一项有效的监控计划可以提供客观数据以帮助从业者做出这些类型的决定。不过值得注意的是，关于在运动员中使用这种灵活的非线性周期训练的研究十分有限。

一些抗阻训练的文献显示，在一组训练过程中，使用适当的速度阈值可以最大程度地减少速度损失，从而增加肌肉力量（29，53，55，69）。Padulo及其同事（53）比较了20名抗阻训练参与者在为期3周的卧推训练期间，使用固定速度与自选速度的效果，结果显示，使用固定速度的受试者最大力量的提升更明显。Izquierdo及其同事（29）的研究也表明，在抗阻训练时确定最小速度阈值以保证使用适当的负荷训练增强训练效果是可行的。Pare-ja-Blanco及其同事（54）发现，对于力量增长来说，动作速度显然比压力下时间更加重要，这进一步证明了速度监控的重要性。训练干预研究已经表明，基于速度的抗阻训练是一种有效的训练模式（23，55）。提供运动表现的阈值和目标可以优化运动员对体能训练计划的适应，并使得从业者可以客观地确定运动员是否达到目标速度，而非仅仅依靠视觉观察。

案例

训练期间监控：基于速度的训练

训练期间监控的一个例子是基于速度的训练。这涉及监控杠铃推举的速度以指导训练时分配负荷的决策，线性位置传感器和加速度计技术可以在训练期间提供关于杠铃推举速度，或提供运动员的运动实时反馈（31）。确定特定练习的基线速度很重要，训练从业者可以为不同的练习制定速度范围表格，但是基于个性化原则制定基线速度是最佳的。为每项练习建立明确的基线也可以优化训练适应，但是因为这个过程对从业者来说是十分耗时的，所以可能需要更简单的方法，这可以通过监控一组练习时杠铃或运动员的速度实现，随着重复次数的增加，这两个速度会逐步下降。从业者可以确定一个基准速度，一旦运动员下降到该点

> **案例**
>
> 以下，该组训练就结束了，运动员可以休息。例如，在垂直纵跳时，从业者可以使用2.8米/秒的最低速度阈值，如果运动员的速度降至该阈值以下，这一组训练随即结束。
>
> 另一种方法是测试热身时的动作速度（如卧推和深蹲）以衡量运动员的准备情况。使用前述的速度与负荷之间的关系，通过力速曲线可以估算出运动员当天的最大力量（30）。
>
> 建立运动员的个体阈值需要时间，特别是在他们进行多项训练时。一个解决方案是每天只专注于一项练习的动作速度。例如，在一组包括6项练习的训练中，从业者在高位窄距下拉练习中设置一个监控点，当运动员在不同练习间轮转时，他们只会获得关于高位窄距下拉练习的速度反馈。这消除了对多件科技设备的需求，并且可以减少运动员可能遭遇的任何技术疲劳。

第三节　向运动员提供监控反馈

反馈是一个强有力的工具。例如，研究表明，抗阻训练期间的定量反馈可以提高运动表现（20，24，34）。Kellis和Baltzopoulos（34）发现在等速测试期间提供视觉反馈可使运动表现提高6%~9%。Figoni和Morris（20）的报道称，等速训练期间提供视觉反馈有助于进一步增加肌肉力量。这些结果也得到了其他研究的支持，有研究表明力量练习期间的速度反馈可以提高运动表现（64）。Keller及其同事（33）发现在为期4周的超等长训练期间，提供增强反馈比完全没有反馈更有利于提高运动表现。

但是，如前所述，现在可用的监控数据量巨大，可能会使监控的整个过程变得不堪重负。信息的价值通常取决于它的呈现方式，值得注意的是，训练从业者需要以简单明了的方式呈现运动员可以理解的信息（6）。第二章中讨论了一些将监控结果可视化的方法。

反馈的提供必须及时。在理想情况下，反馈应该实时发生，这样运动员就可以在训练期间做出一些调整。然而，反馈也必须得到准确的解释，如果数据不准确，那么反馈的时间及方法都不重要。换句话来说，如果训练从业者可以拥有世界上最先进的监控系统，就能产生高度准确的监控信息，但如果不能传达给运动员并用于特定目的的话，其价值将大打折扣。

反馈对运动员来说必须是有意义的。通过算法产生指标的技术（例如反映训练准备情况的数字或通用单位）可能难以理解，如果训练从业者不知道用于推导指标的计算公式，或者不知道指标是如何生成的话，那就可能会造成指标的精确度或效度不确定。如果没有理解这些指标的来龙去脉，训练从业者可能难以向运动员解释信息。

一、注意力焦点

指导和反馈在实施监控测试时非常重要。在任何类型的测试中，使用指令和提示都会制造注意力焦点，即专注于手头任务的能力（6）。训练从业者需要谨记，指令的性质可能会影响结果。例如，力量的募集率会因运动员在测试前听到的指令类型而改变（45）。Bemben及其同事（5）的研究表明，力量募集率的差异取决于受试者是否被要求尽可能快地发出最大力量，提供"尽可能快地发出最大力量的指令"可以产生最大的力量募集率（45）。随后的一些研究也证实了这些观点（17，67）。Maffiuletti及其同事（45）认为，提供视觉反馈及其解释可以提高运动员在运动测试中的力量募集率表现。视觉显示也被证明是一种有效的反馈形式（63，64，81），Wheeler和同事的研究（81）表明，视觉反馈是改变健康人步态模式的有效方法。Randell和他的同事（64）发现，在跳蹲时，使用视觉速度反馈对于改善运动表现可能比没有反馈的效果更好。

跳落测试的结果也很类似，根据所测变量的不同，指令是很重要的（44）。为了得到最好的反映力量的指标，尽可能跳得高并在地面上花费最少时间的指令似乎是最佳的（44）。"尽可能跳得高"这种简单的指令可能导致受试者使用与垂直纵跳相似的策略，从而导致更长的触地时间。

Porter及其同事的研究表明，有外部焦点可以使跳远产生最大的距离（57，59）。比起身体部位这种内部线索，让运动员专注于跳跃距离这种外部线索似乎更适合于这些类型的跳远测试。一些研究已经表明这些外部的线索可能导致跳跃动作的运动学改变（16）。在垂直纵跳中，设置外部焦点和增强反馈（腾空时间）有助于提高跳跃的运动表现（80）。除了考虑给出的指令类型外，训练从业者在测试时应该尽可能保持指令的一致性。

反馈在监控冲刺速度时也同样重要（61）。研究发现，对于没有接受过正式短跑训练的人来说，外部提示（external cues）可以提高其20米冲刺的速度（61）。运动员的运动表现水平也决定了何种类型的反馈最有效（6），这为个性化反馈的产生提供了进一步的支撑。Porter和Sims的研究（60）表明，对于冲刺技术水平较高者（大学水平的美式橄榄球运动员）来说，没有特定的注意力焦点时，他们会得到最好的成绩。Ille和同事（28）则发现，高水平短跑运动员和普通短跑运动员在外部和内部注意力焦点上没有差异。

研究表明，外部关注焦点对完成灵敏性训练任务是有益的（58）。在Porter及其同事的研究中（58），他们对未受过训练的受试者进行指导，重点放在外部提示上，结果他们在灵敏性测试中取得了更好的成绩。不过，由于关于这方面的大部分研究使用的都是训练水平相对较低的受试者，因此针对高水平运动员进行进一步的研究将会是好处良多的。有趣的是，这是教练执教与科学研究之间出现不匹配的另一个领域。尽管有大量研究证据表明使用外部提示的优势，但是许多田径从业者使用的执教方法依然是将内部焦点作为执教提示和指导（62）。其他的研究资料也总结显示，通过采用这种执教方式和设置外部焦点的方式可以提高运动员的冲刺表现（6，46）。根据现有的证据，建议使用强调外部关注焦点的提示和指导，以便在测试过程中最大程度地提高运动表现。

二、其他反馈模式

研究人员还探索了在运动过程中提供反馈的其他创新方法（15，49，81）。有人对临床人群的触觉反馈进行了研究，之后可能会应用于运动员监控。触觉反馈通常以振动的形式提供基于触觉的信息，研究人员在业余运动员进行敏捷训练时使用鞋垫设备（49）。Dowling及其同事（14）使用一种可穿戴式的测试系统来提供跳跃高度、触地时间和各种跌落跳测试过程中关节角度的信息。Wheeler及其同事（81）在研究步态模式时，在视觉反馈外还使用了振动触觉反馈，触觉反馈显然不像视觉反馈一样有效,但它确实会引起步态模式的改变。

与无反馈情况相比,同时提供视觉和语言反馈可以提高运动表现和监控的可靠性(3,64)。在一项研究中发现,与预期的情况相比,在快速卧推过程中,使用意想不到的听觉信号伴随视觉刺激提高了运动员的力量募集速率(19)。

三、监控的个体差异考量

个性化的运动员监控可以帮助从业者调整训练(32)。反馈的性质取决于可用的监控工具与设备。此外,年轻运动员的反馈策略可能不同于那些有经验的运动员(43)。对于年轻运动员,训练从业者可能需要简化信息或聚焦于某一关键方面(43)。监控同样提供了学习机会,例如,一项监控腿部力量的跳远测试可能会引发人们对这种能力在这项运动中的重要性的热议。

运动员运动时受到的激励反馈也有所不同,这在一些监控系统中被忽视了。从业者不应该假设运动员会按照他们期望的方式对反馈做出反应。研究表明,人们对反馈的反应存在跨文化差异(48,50)。因此,从业者应该对与他们合作的运动员群体有一些了解。最好的方法是把每个运动员都当作一个个体,并在环境的限制下尽可能地进行个性化反馈。花时间去了解运动员是这个过程中的一个重要组成部分。

监控的一个重要问题是提供多少反馈。运动员的反馈需要可能有别于其他从业者。通过全球定位系统(例如,不同强度下的运动总距离、加速和减速的次数)让其他从业者了解团队运动的运动动员在训练期间跑步表现的多个方面是非常有意义的。然而,运动员知道在特定强度下奔跑的总距离就满足了。此外,每个人喜欢的反馈类型也有所不同,将大量反馈信息以一小块一小块的形式反馈给受试者是一种有用的策略(18)。

给运动员提供的信息量也是另一个重要的考虑因素。不能仅仅因为监控信息是通过训练监控得到的就可以将其全部提供给运动员。有人建议鼓励运动员进行一定程度的自我监控(18)。

训练从业者可以考虑在提供信息时采用分层方法(图7.2)。基础层是必须知道的信息,中间一层是需要知道的信息,包括针对其他从业者的信息,或者是针对更好奇的运动员的信息。最顶层就像蛋糕上的糖霜,有的话很棒,没有的话也无大碍。这里的信息对运动员来说是隐藏的，但从中长期来看是有益的。使用这种提供信息的方法避免了大量监控信息将运动员淹没。然而，从业者也应该意识到，也有运动员对任何监控数据都没有兴趣，在运动员监控中不存在万能的方法。

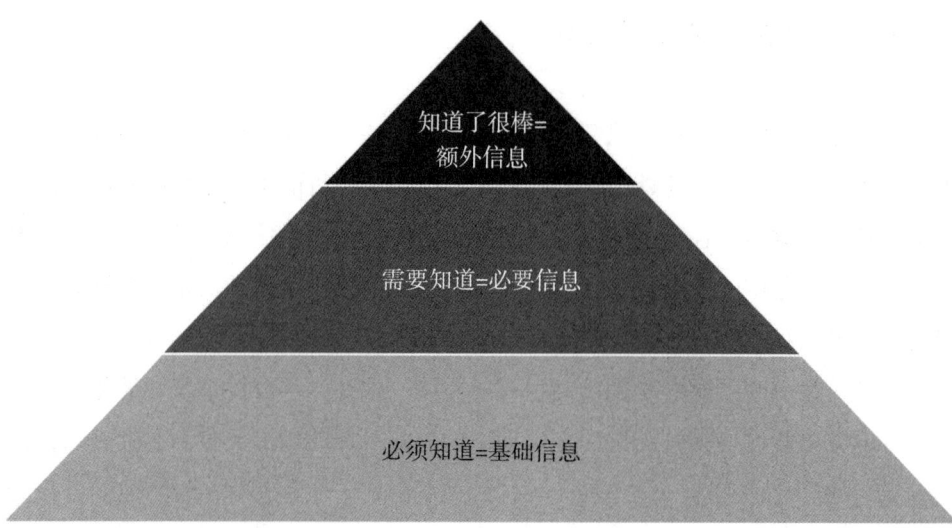

图7.2 报道监控数据的分层方法

案例

监控系统的关键特性

一个有益于体育项目的有效的监控系统包含以下特点：
- 使用信度效度俱佳且对变化敏感的工具。
- 易于使用。
- 展示的结果可以被运动员和其他从业者轻易理解，向运动员和关键人员提供快速反馈。
- 快速收集可以被从业者轻易解读的信息。
- 确定几个关键指标，而非报道大量指标。

> **科普**
>
> - 符合所在组织的预算需求。
> - 在团队数据基础上也可以提供运动员的个人信息。
> - 可以灵活调整且适用于不同的运动员和运动项目。
> - 无需使用大量人力资源。
> - 监控系统不依赖于万能的方法。
> - 可以远程使用且不依赖于网络。
> - 提供的信息可供从业者对训练计划进行调整。

第四节 实施有效运动监控的障碍

许多因素都可以影响运动员监控系统的实施。遵循监控系统的关键特性指南可以帮助训练从业者有效实施监控。与此同时，训练从业者也需要知道有效运动监控的障碍及如何消除或降低那些障碍的影响。

Saw及其同事（70）指出了实施有效运动员监控的障碍，尤其是自我测量指标方面，他们研究了与这些指标和社会环境有关的因素。在衡量这些相关指标方面，指标的类型、可用性、兼容性、界面、问题本质、时间负担、每日监控的时间及数据输出和分析被认为是重要因素。而与社会环境有关的因素包括运动员和从业者参与与否、队友的影响、监控过程中的提示、强制性和数据安全。因此，除去运动员所处的社会环境之外，训练从业者也应该考虑监控工具本身。

也有其他研究人员发现了实施运动员监控的障碍（1，74）。Akenhead和Nassis（1）发现，有限的人力资源是足球从业者有效实施监控的最大障碍。报道还指出，有些技术教练对监控的过程缺乏了解，并担心监控的可靠性，最后，监控工具应该从运动员身上收集有意义的高质量信息，且尽可能少地制造负担，监控还必须考虑到运动员的个体差异。

第五节　执行内部的监控项目

许多从业者承受不起等待发表的研究来证实某一特定监测方法的有效性。因此，能够设计并实施内部监控项目是一项有用的技能。内部研究项目指在运动项目中进行的任何形式的数据收集和分析，以回答从业者所感兴趣的特定问题。这可能和确定一个监控工具的信度一样简单，也可能很复杂，如研究一个监控工具是否可以确定训练准备度并提高训练质量。

在实施监测计划时，训练从业者经常在没有意识到这一点的情况下定期进行研究。当然，这项研究的实用性取决于所收集到的信息的质量。监控数据的回顾性分析可能特别有用，这是通过回顾一段时间内收集的数据来观察趋势和模式来完成的。有时，只有在实施一定时间的系统监控后，才能清楚地决定跟踪运动员的哪些变量。采用询证的方法，可以帮助训练从业者就系统中应该保留哪些变量及要删除哪些变量做出合理决策。

定量和定性研究方法都是有用的（见第二章），训练从业者可以使用兼有两者的混合监控方法。例如，监控可以包括一项运动表现测试（定量）、一个健康问卷（定量）和一个半结构化访谈（定性）。不同的方法相结合可以提供一个更加全面的监控系统，训练从业者可以参考已有的关于如何进行项目研究的资料（2，7，75）。

对于训练从业者来说，提出有针对性和有深刻见解的问题是一项关键技能，开展内部研究项目可能是提出这些问题的良好方法。另外，提出针对性的问题也是促进训练从业者与其他从业者交流的良好途径。不过，数据经验不足的从业者可能会有一定程度的数据恐惧症，因此，与其专注于数字本身，更有经验的从业者更多的是与同事共同讨论解决特定问题的方法。

完成内部研究的步骤：

（1）确定问题。

（2）搜索科学文献以确定相关领域是否已有相关研究。建议使用PubMed或Google学术。

（3）与相关领域的其他从业者和研究者交谈，确认其他人是否已针对此问题完成研究。从其他从业者手中获取信息来源是很普遍的行为（73），他们可能还会对你的研究提出建议或反馈。

（4）考虑使用社交媒体向专家寻求有关问题的更为深刻的见解。

（5）明确研究的问题。

（6）制定一个包括研究项目涉及内容的简单大纲。在从其他从业者处得到反馈后不断完善。

（7）确定项目后勤，包括设备、人员、运动员数量和花费。

（8）进行一些研究预实验。这有助于确定研究方法并解决数据收集过程中可能出现的意外情况。因为在场地中监控一组运动员可能与实验预计大相径庭。

（9）完成数据收集。

（10）使用第二章中概述的方法分析数据。记录数据收集的所有方法、数据分析方法的选用决策，以及如何进行分析是至关重要的。

（11）解释研究结果。结果有何意义？这需要结合已有文献，具备一定的理论基础，以及至少提供一个实践应用才能得出答案。

（12）撰写关于研究结果的总结。这应该包括一个研究结果如何帮助项目和运动员的确切描述，还应该考虑报告结果的另一种方法。短视频可以作为总结结果的一个有效方法。制作一个强调关键研究结果的信息图标是进行报告总结的方法吗？答案是否定的，因为从业者并不经常从已发表研究中获得信息（73），因此，应该考虑从其他途径传递研究结果。

（13）研究过程中总会提出新问题，所以请做好继续进行循环研究的准备。图7.3展示了运动员监控内部研究的一个简化模型。

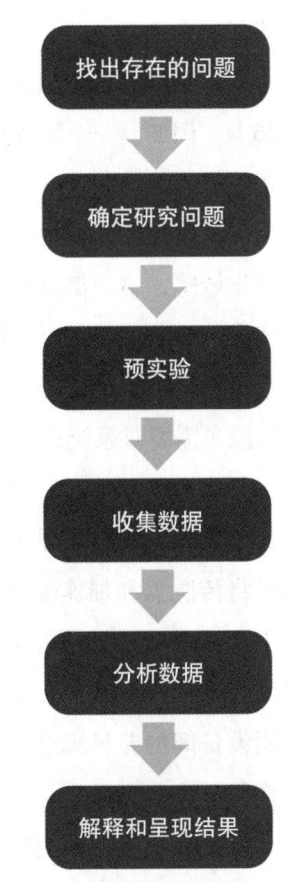

图7.3　运动员监控的研究过程

假设一个训练从业者想要评估一项简单测试对于确定一组运动员训练准备情况的有效性。例如，她怀疑为什么握力测试可以评估运动员抗阻训练的准备情况。首先，她决定在两周训练时间内确定测试的有效性，选择在每次训练前后测试握力，训练前到训练后的握力下降可能意味着训练对力量的影响。同时，健康问卷与训练自我疲劳感觉表是衡量运动员运动反应的主观测量手段，这些措施的可靠性是通过计算组内相关系数和变异系数来确定的（见第二章）。随后，在训练结束后的特定时间测试握力。例如，除了训练前和训练后即刻，训练从业者还可以在训练6小时、24小时和48小时后测试握力。然后，将这些不同时间进程测得的结果进行比较，看看握力是否对疲劳敏感。当然，还可以进行更加困难的研究，如调查训练课的改变是如何对运动员产生剧烈和长期的影响。不过，通过对运动员进行一个小周期的监控，或许可以发现特定的模式。

以个案研究为基础的内部研究方法对训练从业者来说可能是一个有效的策略（36）。例如，一个训练从业者可以以一年为单位，在四年奥运周期内通过不同监控工具收集一名自行车越野运动员的数据。在第一年中，训练从业者可以使用包括大量监控数据在内的实验方法，这有助于确定哪些监控工具是可信、有效且对变化敏感，第一年也适合于检验增强运动表现的干预方法，包括赛前热身和爆发式启动（35）。在第二年中，可以参考第一年的结果，通过移除特定手段对监控系统进行精简。第三年时，训练从业者将会对已有的监控系统充满信心，在这一阶段只需要对系统进行一些细微调整。

严格遵循研究过程以确定设备的可靠性对从业者来说也是非常有用的。例如，使用不同设备测试的杠铃速度可以对设备的可靠性进行比较，训练从业者可以将传感器和加速度计固定在杠铃任意一端进行检测。与此同时，运动员也在手腕或者前臂佩戴可穿戴设备，采用相似的设定，包括在一段时间内同时佩戴同一系列设备并比较结果（40，66）。通过这种方法，训练从业者可以测试不同设备间的差异程度。最终，与金标准测试进行比较是最理想的。但是，在体育科学中并不总是存在这种金标准。例如，测试运动员疲劳的理论金标准是最大强度专项运动表现测试（78），但它作为每天或每周的监控手段来说并不实际。

结 论

　　监控艺术和监控科学的整合可以极大地增加监控方案的有效性。一个不告知训练过程，并且对运动员没有影响的监控方案应该被质疑。训练从业者需要了解使用监控工具的原理和方法。训练准备度可以被评估，但关于"什么方法才是最佳评估方法？"的证据是有限的。基于速度的训练可以用于指导训练监控计划制定。训练从业者也可以设计内部研究项目以回答关于其运动监控系统的重要问题。

第八章　个人运动项目运动员监控指南

本章介绍了有关个人运动项目运动员在监控中的独特信息。因为有针对性的监控方法在运动员的监控中是至关重要的。本书中讨论的原理可以轻易地应用于这些类型的运动。使用单个案例研究个人运动项目运动员的监控，其价值是有限的，它的应用和结论往往仅于n = 1时适用并相关，即单个案例研究只适用于某个特定的运动员。但是，案例研究方法确实对从业者对运动员监控的见解产生重要的影响。因此，案例研究方法为与个人运动项目运动员共事的训练从业人员提供很多案例的研究和一些主要的指导方针。

第一节　个人运动项目运动员

基于本章的目的，所考虑的个人运动项目包括田径、高尔夫、体操、搏击运动（武术、拳击）、骑行、游泳、铁人三项、网球、赛车、冲浪和一些冬季运动（例如滑雪板、钢架雪车、滑雪）。有些运动，如划船和帆船，既有单项赛也有团体赛，所以将它们作为单项运动是不合理的。相比那些与团体体育运动员共事的从业者（9），与单项运动运动员共事的从业者在单项训练和案例研究方法上面有更好的定位（19）。然而，尽管有这些优势，与单项运动运动员共事的从业者仍然需要避免仅仅为了监控而监控运动员。

第二节　个人运动项目预监测

获取技术和专业设备并不是监控运动员的先决条件。如本书前面章节所述，许多监控工具可以为从业人员获取他们运动员的重要信息，但是也并不都是昂贵的设备。换言之，没有必要花费庞大的预算搭建运动员监控系统。简单的事情可以用有限的预算来完成（例如，用纸和笔追踪运动员训练和表现）。如下是为不能或不愿意在运动员监控上花费很多钱的从业者提供的监控工具：

（1）训练日记。运动员可以记录训练的各个方面，包括持续时间、训练强度和训练类型。

（2）强度评级。即使没有测量心率的技术，从业人员也可以创建评估训练强度的评级（例如，1=轻度或复原，2=低强度，3=中等强度，4=高强度，5=超上限）。

（3）个性化记录。能够影响训练和恢复的因素包括疾病和受伤、竞赛结果、恢复策略和生活事件（例如，学校考试）。

（4）RPE等级。运动员可以为每个等级记录RPE，作为内部负载的衡量标准。

（5）其他指标。例如，训练负载、单调性和应变等方面都可以由等级RPE和训练时间决定。

（6）健康问卷。从业者可以自行设计问卷。

（7）其他问卷。TDS，BRUMS，DALDA，TQR，POMS和RESTQ-Sport等已出版问卷。

（8）视觉模拟量表。这些可以用来衡量运动员感觉疲劳、恢复和疼痛的当下水平。

（9）垂直反向跳跃或平板跳跃测试。皮尺测量可以用于确定跳跃高度或距离。

（10）秒表。可以使用秒表测量表现时间（例如冲刺）。

（11）综合一些训练关键方面的评价标准，可以用来计算训练成绩。Agostinho及其同事（2）考虑了关键练习和投入的强度，为柔道运动员开发了一套全球训练标准。

（12）适当的分析方法。监控变量的最小意义变化是使用适当的基准数据为每个运动员进行计算，该过程只需要一个计算器。

虽然商业软件平台可用于运动员监控，训练从业人员还可以使用简单的工具开发自己的监控模型，如Microsoft表格或Google文档。Google文档允许从业人员开发自己的培训日记和问卷，使运动员可以在设备或智能手机上访问。此外，问题可以呈现在各种各样的格式和布局中，使用这样简单工具的优点是数据报告相对简单。需求更加高级的从业人员可以将数据转换为csv格式。虽然这些系统需要对从业人员进行一定的投资，但其可获得很高的收益。和任何监控方法一样，从一个简单的问题设置开始，然后按照需求建立并完善它。

总之，训练从业者可以利用简单的工具设置相对复杂的监控系统。监控数据的价值由它们如何分析、解释和实现来决定。最终，成功的系统是能够帮助从业人员做决策并改善运动员素质的。

第三节　通过训练日记监控

从训练日记中获得的数据对于训练从业者而言是有益的，并且过程简单（16）。通过分析奥运田径运动员的训练日志可以帮助我们深刻理解如何进行全年力量储备和力量训练（5）。分析显示，在季前赛中进行50%~60%的力量训练（大负荷）和动力训练足以维持整整3个月的强度与力量。在一个赛季中分配训练负荷是训练从业者需要着重考虑的。回顾性分析训练日记可以指导训练计划的设计。从根本上说，训练从业者的问题不仅仅是总的训练负荷，而是如何使运动员达到总的训练负荷及如何在整个赛季中调整运动员的负荷。从简单的训练日志获取的这些信息对提高成绩和预防伤害都有作用。

涉及训练日记的研究通常跨度小于1年（39），虽然对单个精英运动员更长时间的案例研究已经发表（26，38）。保持长达数年或者更久的记录训练日记的习惯，可以提供运动员进阶的丰富细节，并揭示他们在不同级别下的训练实践图片。例如青年运动员可以通过回顾精英运动员的经历，来了解他们在时间上积累的强度和负荷，用以使自身达到精英水准。此外，运动员可以通过不同的运动方式来对比训练。训练日记可以揭示有氧耐力训练和抗阻训练中容量和强度的差异。在确定的强度下，有氧训练量（例如持续一周的总里程）可以和阻力训练的容量和强度对比。这样的分析可以帮助训练从业人员为运动员规划训练模型。

运动员追踪他们训练的另一种方式是记录他们基于区段的训练（详见第四章）。理论上，这些区段基于例如心率的生理测试。Tjelta（38）概述了精英长跑运动员训练的五个区段。这些区段如下：1=简单并连续跑步（最高心率为62%~82%），2=极限训练（最高心率为82%~92%），3=强度无氧间隔训练（最高心率为92%~97%），4=无氧训练（最高心率大于等于97%），5=极限冲刺。通过这种途径，训练从业人员可以通过简单地查看训练日记中运动员的区段号码，获得其运动类型及强度的清晰图画。一旦从业人员或者运动员记录一些行为的强度（例如，RPE），内部负荷的测试将是可利用的。另一个需要考虑的因素是运动员的经验水平和他/她的个人特点。

Tran和同事们（43）分析了澳大利亚精英桨手准备2012年奥运会时的训练。他们通过测力计测试水上划桨训练的频率、时长和总里程，并记录了外部负荷。训练的其他形式，包括阻力和循环训练也被记录。内部负荷的测试是通过改编训练脉冲方法实现的（详见第四章）（41，42）。出版的综述可以在训练精英水准的运动员方面为从业人员提供见解（3，39，40，43）。重要的是，研究也为外部负荷（训练量）和内部负荷（训练响应）的测量提供了非常有用的数据。

第四节　个人运动项目的应用监控

尽管运动员监控的一般原则是可被应用于一系列的体育运动，但根据运动的不同，具体的细微差别可能是很重要的。以下将讲述运动员监控是如何应用于某些单项运动的。

一、举重

由于没有一种方法能完全有效地监控运动员，因此训练从业人员应当采用复合方法。他们也需要在测试的数量和他们监控工具的实际价值之间寻求平衡。奥运会举重运动员可能会使用训练日记来记录练习、次数、重复和负荷的必要信息。每次RPE等级测试后10~30分钟内可获得这次测试的RPE值，用于计算训练负荷、单调性和改变。神经肌肉疲劳可以通过垂直反向运动跳跃测试在日记中每天追踪（35）。此外，运动员的健康调查问卷（例如，睡眠、肌肉酸痛、疲劳和压力）可以每周完成三次。

对于等级监控，训练从业人员可以在每个等级使用线性位置传感器测量各等级中关键位置的杠铃速度（图8.1）。用于监控的练习和负荷必须连续。训练从业人员可以使用抓举（星期一）、高翻（星期三）及挺举（星期五），在4周的微循环内完成80%1RM的全部训练。

图8.1　通过线性位置传感器训练的举重运动员
（照片由Andrius Ramonas提供）

最重要的是训练从业人员在可能的情况下获得对运动成绩的直接测量。这在举重中相对简单，因为1RM的抓举、高翻和挺举可以定期直接测量（如3RM），也可以用训练中的预测方程进行估计。另外，可以考虑唾液睾酮、皮质醇和血液肌酸激酶的测试，但其成本和不实用性可能是其局限因素。表8.1列出了监控举重运动的频率、目的、分析方法和实际意义。

表8.1 举重运动员的监控系统

变量	评价频率	目的	分析方法	备注
1RM抓举、高翻和挺举	按周或根据训练评估	性能测试	与可靠性能和最小意义变化相关的完全变化（由性能变化系数决定）	最小意义变化［如1.5kg（3.3lb）抓举与2kg（4.4lb）高翻和挺举］
容量负荷	每个周期	外部负荷测试	● 周周变化 ● 循环3周平均 ● 急性至慢性比例（详见第九章）	● 避免每周容量负荷增量>10% ● 急性至慢性比例<1.5（详见第九章）
周期RPE	每个周期	感知用力周期测试	相关基线测试的Z-评价	Z-评价≤-1.5
训练负荷	每周	内部负荷测试	相关基线测试的Z-评价	Z-评价≤-1.5
单调性	每周	训练差异相似性测试	相关基线测试的Z-评价	Z-评价≤-1.5
张力	每周	训练负荷与单调性整体产出	相关基线测试的Z-评价	Z-评价≤-1.5
健康（问卷）	每周3次	整体健康与睡眠质量、肌肉疼痛、疲劳和压力的测试	相关基线测试的Z-评价	Z-评价≤-1.5
垂直反向弹跳（弹跳高度）	每天	神经肌肉疲劳测试	● 相关基线测试的Z-评价 ● 与可靠性相关的最小意义变化	Z-评价≤-1.5
训练困难	每周	训练相关困难和性能准备测试	● 相关基线测试的Z-评价 ● 周周慢性变化	Z-评价≤-1.5
杠铃速度	每个周期（一个练习）	基于速度的训练测试从而确保整个重复训练质量	● 与可靠性相关的最小意义变化 ● 周周变化 ● 设置减少量的百分比	● 最小意义变化（如0.2m/s） ● 若速度流失大于20%的临界设置

二、投掷运动

在投掷次数较多的运动（如铅球、标枪）中，监控训练负荷对降低受伤风险和保证能够持续训练至关重要（31）。测量总的训练负荷是可能的，但是对于基于投掷的运动，训练从业人员可能对更具体的方面感兴趣（如总的投掷数量），从而计算运动员训练计划中这一部分的训练负荷、单调性和因变量（11）（详见第二章）。

表8.2记录了铅球运动员投掷任何类型的铅球、健身球或其他任何抛射用球的总次数。通过计算该单调性，训练从业人员可以确定一周内的负荷变化情况。

表8.2 射击运动员的投掷监控

时间	训练负荷（投掷数量）
星期一	35
星期二	0
星期三	40
星期四	0
星期五	45
星期六	55
星期日	0
一周的负荷	175.0
每日平均负荷	24.1
每日标准差	25.0
单调性	1.04

在该示例中，1.04的较低单调性表明一周中存在很大程度的变化。一个好的经验法则（启发式）是保持单调性低于2.0，尽管这在不同的运动项目和个人运动员中可能有所不同。训练从业人员还应该关注几周的单调情况，从而全面了解如何跟踪运动员训练负荷情况的完整信息。研究表明了在训练负荷（每周>10%）的前提下避免严重透支的重要性，而且也要避免太多的非负荷时期，这段时间的训练负荷大大减少（12）。

三、单项有氧耐力运动

考虑到实际和理想场景之间的差异对从业人员来说很重要,在选择要实施监控系统的哪些方面时,必须考虑运动员的实际情况。例如,研究表明,心率变化(HRV)应该单独被监控,用以了解每个运动员对训练的反应情况(27)。与单项运动员合作使得这项工作更容易,尽管一些训练从业人员正在与多名单项运动员打交道。

数据收集方法也需要考虑。根据一些研究人员的建议,在仰卧和站立两种姿势下测量静息时HRV可能是不现实的,因为该过程至少需要15分钟(8)。数据收集速度更快更简单的方法可能更可取,只要它们是有效和可靠的。

对任何监控来说建立一个基线是很重要的。在测量诸如HRV的一种方法是将训练周的开始(如星期一早上)作为基线。另一种选择是建立一个基线时间段(如季前赛中的几个周期)。拥有一个定义好的基线对制定有效的对比并检测性能变化是至关重要的。

四、搏击运动

与参加重量级别比赛的单项体育运动员合作,如在搏击运动中,经常要求解决体重问题。身体成分在许多运动中是很重要的,但是这一要求带来的问题复杂性可能会让训练从业人员面临挑战。因此,必须密切监控身体成分的各个方面。体重应定期(每日)测量,直至比赛日称重。例如,皮褶测量这一类的其他指标应该被使用,同时测试人员必须接受该技术的培训,并且测试协议必须是可靠和有效的。监控营养和水分也很重要,但重点应该放在表现上,并与运动员的身体健康和心理健康保持平衡(36)。与重量级运动员合作的建议和使体重安全的策略可供训练从业人员参考(20,36)。

对身体特征的定期监控可以确定运动员对搏击运动训练方案的具体反应。Ratamess和同事们(30)跟踪了大学摔跤运动员在一年训练中的表现和生理变化。发现最大握力、Wingate峰力和垂直反向跳跃力量随赛季的推移而下降(30),睾酮总量、身体脂肪和身体质量也会随着赛季进行而下降。有趣的是,设计周期化的训练方案是为了增加季前赛期间的强度和力量，伴随着循环训练方案的变化，旨在赛季中提高肌肉耐力。监控方案将使得从业人员能够更加规律地评估训练方案的效果。在这种情况下，改变赛季中的方案，把重点放在保持强度和力量上将会更加适宜。

Halperin和同事们（15）记录了一个澳大利亚专业拳击手为一个冠军争夺赛准备的案例研究。对该拳击手的监控从赛前9周延续至赛后8天。使用测力传感器技术完成拳击专用测试，如冲击力及其他各种性能测试。此外，还定期测量身体成分（体重、皮褶总数和双X-射线吸收法）。性能测试可用于跟踪特定运动的变化及身体成分的变化。在这个例子中，运动员在76.2千克（168磅）级别的比赛中，开始了80.8千克（178磅）的监控期。研究者们能够监控身体成分的变化，并将它们与表现变化相联系，可以看到冲击力、最大强度和垂直反冲弹跳高度均有所下降。同样有趣的是，比赛结束8天后，这位拳击手的有氧能力和冲击力有所提高，这可能是由于过度补偿和克服比赛前积累的疲劳所致。这种类型的监控信息将使从业者能够通过考虑个体差异来微调高级别赛事的策略。

五、持拍类运动

锦标赛可以为与单项运动员共事的训练从业人员提供有趣的场景。例如，网球运动中，由于许多运动员退出锦标赛、比赛的持续时间和计时等未知因素，比赛的走向是很难预测的。监控可以让从业人员了解运动员的疲劳和恢复情况，但它给运动员带来的负担必须是最小的，特别是在比赛期间。简单的调查问卷，如8项Short Recovery和Stress Scale可以测量压力和恢复的程度（44）。另一种选择是使用视觉模拟量表来测量延迟性肌肉酸痛（DOMS）的程度。或者，训练从业人员可以使用他们自己的定制健康调查问卷（示例见表4.1）。

比赛期间使用的监控工具应取决于信息的使用方式。例如一个在多日竞赛中用垂直反向弹跳测试网球选手的训练从业人员，基线评价由竞赛的初始决定（39cm或15.4in），并且预先计算的最小意义变化为1.5cm（0.6in）。运动员在超过6天的锦标赛中具有如下评价：

第1天=39cm（基线）

第2天=39cm（固定）

第3天=38cm（−1cm）

第4天=37cm（−2cm）

第5天=37cm（−2cm）

第6天=36cm（−3cm）

结果显示，最小的有意义的变化在第4天。然而，训练从业人员应该在第3天使用一些干预措施用以降低1cm，如更多地关注恢复策略或在第4天的早晨减少训练课。归根结底，性能测试必须服务于某种目的，而不仅仅是为监控。如果这些监控工具不能提高运动员在锦标赛中成功的机会，为什么要用它们呢？在这种情况下，简单设置一个问题和进行一项性能测试也不会很麻烦。

六、赛车

监控赛车运动员对训练从业人员来说将是独特的挑战（28，29）。确定赛车手在比赛期间的体温调节和生理压力是研究者特别感兴趣的（6，33）。在赛车运动中，人们大量的关注点在赛车手使用的技术上，但是对赛车手本身的关注则较少。测量内部负荷的方法包括心率和体温，对从事这项运动的从业人人员是有用的（6，33）。此外，通过简单的健康调查问卷可以获得关于运动员疲劳和身体不适的信息。

七、极限运动

随着极限运动（如滑板、冲浪）和诸如极限运动会中项目的日益普及，这些运动员的训练需求日益受到重视（7，14，22，34）。越来越多的研究者开始关注监控单板滑雪（14）和冲浪（10，22）运动员。因为这类运动训练和比赛对身体的要求很高，疲劳监控在这些运动中有一定的价值（14）。尽管在常规基础上对表现进行直接测试可能具有挑战性，但利用垂直反向弹跳来监控疲劳则有希望在这类人群中实施（14）。

正如第三章中所讲，疲劳是一个复杂的话题，为它设计适宜的监控测试来评估它可能充满挑战（9）。一些专家认为，为提升运动表现技术而设计的训练课程应在非疲劳状态下进行，因为当运动员疲劳时，受伤的风险可能更大（21）。然而，在极限运动中，运动员在比赛中被要求在疲劳状态下进行技术训练。因为训练的目标是让运动员充分准备以在比赛中获得最好的成绩，有些时候在疲劳状态下训练是必要的。监控可以帮助训练从业人员评估运动员比赛疲劳情况下的状态。

期望有一种监控工具来评估所有情况下的疲劳是不现实的，但是如何让运动员感受疲劳这样一个简单的问题却是一个很好的出发点。例如，垂直反向弹跳测试的弹跳高度和峰值强度可能对运动员的疲劳并不敏感（14），尤其是不使用力板进行测试。简单的健康测试已经能够为运动员疲劳提供良好的指标（32）。

当运动员进行比正常训练负荷更高的训练时（在许多单项运动员数天的背对背比赛中），Moni监控可能会有很大的帮助。从业人员需要引入训练周期，以模拟这些时期的需求。对于不适应这种类型负荷的运动员，背对背比赛可能会提高受伤的风险，在这段时间里细致的监控将会降低这种风险。

案例

健康调查问卷的实际应用

正如第四章所讨论的，训练从业人员经常为运动员监控制定他们自己的健康问卷。理论上说，健康调查问卷要每天进行；然而，这样做可能给运动员造成负担。因此，训练从业人员可以考虑减少单项体育运动员的监控频率，比如每周三次。该进度对于获取有效信息的频率足够并且不会因为过于频繁而导致运动员对问卷产生疲劳。

训练从业人员决定对单项体育运动员采用健康调查问卷（表4.1），问卷用1~5个等级来衡量睡眠质量、肌肉疼痛、压力水平及疲劳程度。初始，训练从业人员让运动员在训练之前在平板电脑或纸上直接完成问卷，从而保证他能够理解调查问卷的目的所在；运动员也有机会询问问

案例

题。一旦运动员很熟悉调查问卷,训练从业人员将会在星期一、星期四和星期六发送一条短信给他(每天的同一时间),要求他回复。训练从业人员随后计算Z-积分,以确定他的评级的日常变化程度。运动员对睡眠、肌肉疼痛、压力及疲劳问题的评分分别为1、2、3和2(相对地),给出总和为8。基线平均值和标准差(由多次季前赛得分的总和决定)分别是14和2.9。因此Z-评价为:

(目前等级-基线等级)÷标准差=(8-14)÷2.9=-2.1

根据建议考虑≤1.5小红旗(详见第四章),训练从业人员可能考虑干预(如改日训练负荷降低或一些其他复原策略)。

星期四与星期六获得的测试分别为14(Z-评价=0.0)与16(Z-评价=0.69),表明运动员可以全力训练。

图8.2展示了3周时间内每天训练负荷和健康测试的Z-评价。它提供了负荷波动的直观描述及它与运动员感知健康关系的视觉表现。

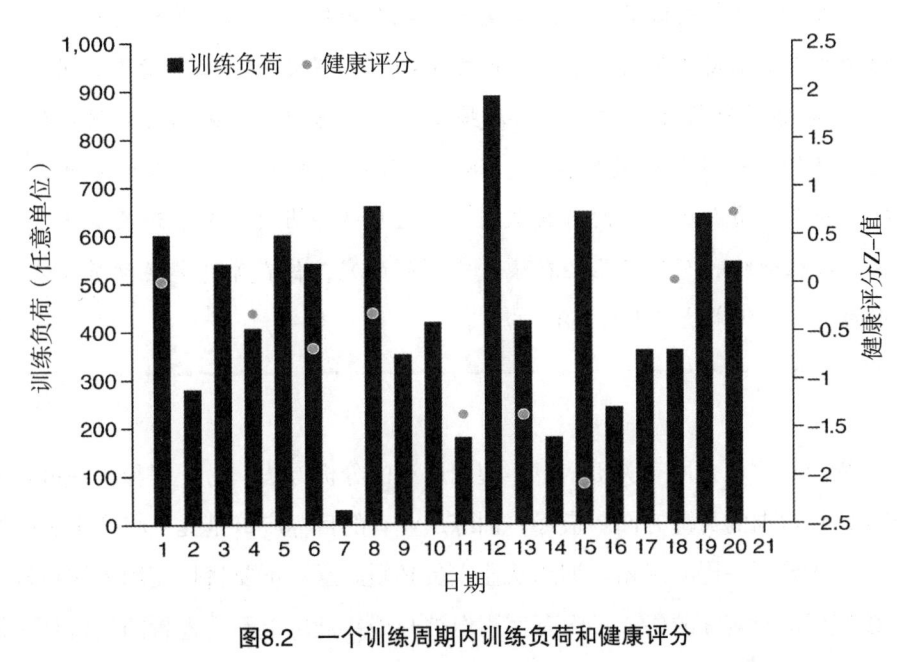

图8.2 一个训练周期内训练负荷和健康评分

第五节　报告运动员一周的监控信息

图8.3显示了提供给运动员及其他从业人员的报告。尽管电子和纸质的形式很受欢迎，但从业人员不应该害怕尝试用别的形式去传递他们的信息。将短视频或音频剪辑传送到运动员的移动设备可能是传递信息和突出显示数据关键方面的好方法。注意运动员对如何接收信息的喜好很重要。一个好的开始是基于与运动员的讨论！

案例

监控和远程训练

与个人项目运动员一起工作的从业者有时可能会进行远程工作（例如，与运动员一起参加比赛和训练营是不可行的）。监控系统可以使从业者对运动员的进展情况进行更新，也可以促进沟通。虽然远程监控的功效尚未确定，但有一些有趣的案例研究已经发表。亚当斯及其同事（1）介绍了冠状动脉旁路移植后接受虚拟教练的举重运动员的案例研究，在经过一段时间的监控后，运动员成功地重返比赛。在此期间，他接受了手腕血压袖带的自我监控，并定期就适当的运动和进展提出建议。远程训练的有效性已经在康复中得到研究，但在体育和运动员群体中的有效性研究较少（4，18，37）。

每周总结应包含所有关键信息，使用适当的分析方法，易于解释，并可直观地捕获监控数据的关键方面。最终，训练从业者的目标应该是提供将产生影响的信息，并指导下一周的规划。训练从业人员必须注意，不要盲目使用表格报告，而应该使用适合实际的格式。没有使用但被归档并且再也不会查看的报告是毫无意义的。报告应该包括简明易懂的措施，并作解释说明。

第八章 个人运动项目运动员监控指南

监控报告应为下周提供有用信息。然而，报告只是监控难题的一部分。这个过程应该在整个星期内持续进行，给予训练从业者和运动员持续的反馈，以便他们进行训练调整和注意到训练以外需要注意的领域。

一周的成绩可以用奖牌表示，该系统表示成绩是否超出预期（金牌）、是否符合要求的标准（银牌）或是否需要注意（铜牌）。图8.3显示了某女性举重运动员的这一监控计分系统。基于训练数据，她的表现由1RMs表示；她的整体训练表现得分是估计的比赛总分。

运动员：Kathryn strong

运动阶段：力量　　运动：举重

	结果	奖牌
蹲*	135 kg（298 lb）	银
卧压*	70 kg（154 lb）	银
提举*	145 kg（320 lb）	金
训练表现**	350 kg（772 lb）	银
整体健康分数	6/10	银
疲劳度	7/10	银
压力	7/10	金
疼痛	6/10	银
睡眠	4/10	铜
训练强度	3,270AU	银
循环	1.3	金
应变	4,325AU	银

*基于训练数据估计1RM

**总共估计1RMs

AU=任意单位

金=超出预期；

银=符合要求的标准；

铜=需要注意

注意：整体健康得分被转换为1~10分的分数，以使运动员更容易理解。

建议：

● 本周睡眠需要注意。

● 本周的重点是主要练习的三倍，并进行所有技术完美练习。

图8.3　力量举重的每周监控报告

根据健康问卷给出关键领域的分数，并给出综合得分。另外，训练负荷、单调和应变（strain）被计算为每周平均值，但也相对于4周滚动平均值进行计算。训练从业人员还可以提供一个图标，显示报告的主要方面及至今为止该年度的训练或训练周期的培训情况。评级（奖牌、旗帜或继续和停留标志）的基准将由训练从业者决定。运动中（像力量举重）的表现标准可以简单地以比赛中的性能标准做标杆。训练从业人员还需要考虑演示方法（见第二章）。因为许多运动员可能更喜欢电子报告，训练从业人员需要考虑格式设置，以确保其报告在移动设备上正确显示。

第六节　基于监控调整训练

运动员个人运动监控的基本用途之一是提醒训练从业者调整训练方法（23）。定期监控运动员的能力有助于根据力量–速度（力量–速度或力量）特征来优化其适应性（24）。

从业者决定在每周开始时使用双力板进行垂直反向运动和静态跳跃，以监控两名七项全能运动员。如果从业者无法用力量板，可以使用更具成本效益的技术（如测量跳跃高度或距离）。监控结果显示，运动员1的偏心利用率（垂直反向移动跳跃到蹲跳比）为1.07，运动员2的偏心利用率为0.93。这表明运动员2的训练应该包括更多拉伸–收缩循环练习（如增强循环），以提高运动员利用拉伸收缩循环的能力。训练可以加入强调使用弹道运动（如跳蹲）提高力量增长速率的练习。根据训练状态和周期的不同，训练的重点应该是那些需要改进的素质。这就是定期监控数据的价值。例如，如果运动员2最大力量较低，离心利用率较低，主要的训练重点是最大力量。根据监控数据，可以认为运动员1具有最佳的偏心利用率。然而，如果这些绝对数字低于该运动所需的基准，那么训练的重点应该是改善这些数字，即使这一比例似乎是最佳的。

训练从业人员应该避免一味地通过训练去追求数字。相反，他们应该始终在优化运动员表现的整体背景下考虑运动员的监控数据，以及被监控4周的运动员。训练从业人员记录了以下结果：

第一周

- 反动力跳跃=55瓦特/公斤
- 静态跳跃=55瓦特/公斤
- 偏心利用率=反移动跳÷静态跳转=55÷55=1.00

训练从业者决定在本周进行更多的收缩周期训练。这一周，由于相对结果低于该运动员的基准（60瓦特/千克），因此整体能力仍需要提高。

第二周

- 反移动跳转=56瓦特/公斤
- 静态跳跃=55瓦特/公斤

偏心利用率=1.02

第三周

- 反移动跳转=57.5瓦特/公斤
- 静态跳跃=56瓦特/公斤

偏心利用率=1.03

第四周

- 反移动跳转=58.5瓦特/公斤
- 静态跳跃=56.5瓦特/公斤

偏心利用率=1.04

每周对该周的训练进行调整，以确保持续适应。结果显示，容量和偏心利用率都有逐渐提高的趋势。然而，训练从业人员不应过分关注某个特定的指标，如偏心利用率。他们还需要考虑实际的数字，以及如何适应运动发展的其他领域。

关于单边监控和双边监控，双力板可以反映任何不平衡现象（见第五章），可以应用于各种各样的单项运动。最终，训练从业者必须决定要测量的变量，如位移（跳跃高度）、脉冲、功率或速度。如果没有力板，参与者可以使用卷尺或测量棒来分析单腿垂直跳跃。跳远或水平的跳跃测试也是有用的，不需要技术。

例如，训练从业者进行监控测试以测量运动员的单腿跳远，并将右腿左腿比记录如下：

第一周：1.06

第二周：1.06

第三周：1.08

第四周：1.09

一个完美的（1.0）右腿与左腿比例并不是必须的，但一般的指导原则是，大于15%的差值是一个危险的信号（17）。由于示例中的比率在从一周到下一周的10%截止值内，训练从业者决定不对训练进行任何调整。如果这个比例变化超过15%，那么从业者可能会对更弱的腿进行更多的单腿训练。决定哪些比例是最佳比是一个挑战，因为许多因素导致不平衡，包括运动需求、肢体优势和伤病史。

然而，单边和双边的表现也应该进行比较（23）。这可能表明需要更加强调单腿训练的必要。将右腿和左腿的总和（例如，将跳远运动员每条腿的脉冲分数）与双侧垂直反动作跳跃的得分相加可以确定双边的差异（见第五章）。如果一个运动员产生多于20%的冲力（以单边跳跃总和表示），另一名运动员只多产生5%，这意味着什么？根据不同的运动项目，这可能表明第一个运动员在下个星期应该更多地关注双边训练，而第二个运动员可以进行更多的单边练习。与处理团队运动中大量运动员的从业者相比，与单项运动员一起工作的从业者通常可以使用更复杂的强度和力量监控测试。例如，通过跳高（25）测量负荷剖面或测量某一高度范围内的反应强度能力，这种测量对于单项运动员来说测量一大批团队运动员更具挑战性。使用这些包括一系列跳跃高度的监控测试，并将结果与垂直反动作跳跃结果进行比较，可以为运动员的拉伸负荷的耐受性提供有用的见解。例如，除了垂直移动跳跃测试之外，从业者可以决定让运动员使用30厘米（11.8英寸）、45厘米（17.7英寸）和60厘米（23.6英寸）完成下掉落测试。执行这些测试将显示运动员是否能够容忍相对于垂直对抗运动跳跃性能的降落跳跃高度。如果运动员随着降落高度的增加而产生较小的跳跃高度，这表明其对拉伸负荷的忍耐力较低。这种监控数据需要被再次放在其他监控结果中，以帮助从业者了解造成这种情况的原因。这可能是缺乏偏心力量，可以通过更多的最大力量训练来提升。缺乏反应强度也可以通过在下一个训练环节加入更多的反应强度练习来解决。

第七节　对单项运动员监控的几点思考

训练从业者会与来自不同运动项目的运动员打交道。例如，大学中有各种各样的运动，从游泳到摔跤，从体操到高尔夫。很明显，这些运动对身体的要求是不同的。从业者应该花时间与其他从业人员及运动员交谈，并观察运动员的训练和比赛，从而了解他们所从事的体育运动的需求和文化。

在个人运动中对运动员监控的最佳建议是保持简单，至少在一开始的时候是这样。至少应该有一名运动员坚持记训练日记，提供训练负荷的指示。通过会话持续时间和RPE的简单测量，可以计算出其他指标。

使用较少数量的工具开始监控的优点是可以保证运动员有能力买入，并避免从业者和运动员过度依赖监控信息。对于从业者决定是否用某个监控工具的好方法是"如果有疑问，把它丢掉"。

完成监控后，主要考虑的事项之一是：是否需要对训练计划进行调整（如果是的话）。以下是要回答的一些基本问题：

这些信息如何指导这节课的训练？指导这周的训练？指导整个训练？

关注辨别运动员的弱点或者继续增强运动员的优点哪个更重要？

培训计划应该包含各个方面吗？

基本的准则就是个性定制运动员的个人运动训练计划。训练从业者要考虑到运动员的训练年限、比赛水平、赛季状况、训练方面的个人能力（如肌肉力量）、对其他身体能力的影响，以及运动员基于表现优先的需求等。监控（如果做得好）为从业者定期提供有关训练计划效果的反馈，以及对具体干预措施的更进一步的解读。

结 论

　　监控可以为运动员在个人运动训练和比赛中的疲劳、健身和训练准备提供重要的指导性意见。监控最关键的作用是它为有关训练计划的决策提供信息。最终，监控的理想状态是将其纳入训练课程和比赛而不给运动员和从业者带来额外工作。监控工具应该是可靠和有效的，并考虑到运动员的要求，以及能够准确地辨别出有意义的成绩的变化。需要以明确、有意义和及时的方式报告监控测试结果，以便对运动员的训练产生最大的影响。从业者可以使用这种循证与辅导艺术结合的信息，以最大限度地提高运动员的训练效果。

第九章　团体运动项目运动员监控指南

本章重点介绍团队运动中运动员监控的指导原则、方法、挑战和解决方案。尽管情况通常很不相同，但第八章讨论的关于个人项目运动员的一般原则也可以应用于团队项目运动环境中。

第一节　团体项目运动员

本章中将足球、棒球、美式橄榄球、橄榄球联合会、橄榄球联盟、篮球、排球、网球、手球、澳大利亚规则足球、冰球、曲棍球、垒球和板球都归为团体运动项目。通常，团队项目中需要监测的运动员人数多是训练从业者面临的一个挑战。在个人运动中，从业者可能只与几名运动员打交道，但团队运动项目可能涉及超过30名运动员。在美式橄榄球中，超过50名球员可能同时训练。因为监控系统在这种情况下可能很难实施，从业者通常默认采用简单的但仍然有效的方法。

团队运动中至关重要的监控方法不是依靠一种通用的监控模式。最理想的办法是，单独监控每一位团队运动员并制定个人训练计划。与精英橄榄球联合会运动员一起工作的从业者发现缺失个性化训练计划（33）。与从事个人运动的从业人员一样，与团队项目运动员合作的人员需要详细了解该运动项目的需求，并欣赏其文化。

第二节 团体运动监控的预算

团体运动中监控运动员不需要大量预算，只需要一些简单的资源，训练从业人员就可以实施提供有用信息的监控系统。例如，获取健康测量和主观的内部训练负荷所需的成本只是从业者的时间。通过研究主观测量的价值，从业者可以确信他们提供了关于团队运动员对训练负荷反应的有价值的信息（3，47，50）。从业人员还可以使用在线工具开发自己的运动员监控数据库（参阅第八章）。尽管处理数据并不是每个人的特长，但这样做可以知道有关信息是如何生成的，以及意义为何，从而使得实践者不必简单地接受数字。

从业者可以逐步开发监控系统，根据需要增加一些有价值的测试。每个阶段的长度由从业者和该组运动员的特点决定。理想情况下，每个阶段将持续足够长的时间（通常几个星期）才能使用运动员适应监控工具。例如，与高中橄榄球联盟球队一起工作的从业者可能会采取以下做法：

阶段1：在每个阶段为运动员分配简单的训练分类等级（例如，A=全面训练，B=修正训练，C=康复训练，D=缺席）。记录每个阶段的持续时间。

阶段2：训练日记，其中包含记录每个阶段持续时间的地点，以及主观感知运动强度（RPE）的评分。

阶段3：训练日志扩展为包含更详细的每个环节的内容，如训练模式、练习内容、组数和重复次数。健康问卷在每周开始时分发和收集。

阶段4：运动员继续填写他们的训练日记，但现在健康问卷每周完成三次。对于一次训练课程，智能手机应用程序用于监控单个上肢运动中的速度（例如速度卧推）和单个下肢运动（例如垂直运动及反跳运动）。

阶段5：在阶段4的基础上继续增加4分钟的次极限强度跑步测试（51），测量运动后心率和RPE。该测试可以每隔一周进行，安排在训练的热身部分。纵跳测试也用于监控疲劳，并作为一次爆发力训练的监控工具。

未来阶段：运动员可以每二或三周完成一次更广泛的健康问卷（例如运动员恢复压力问卷）。

预算充足的训练从业人员可以从更广泛的监控工具开始，从中可以确定那些特别有效的监控工具。然而，在大多数情况下，分阶段的方法更明智。

第三节　团体运动监控的应用

运动员监控的一般原则可以应用于各项团队运动。以下将讲述运动员监控如何应用于一些常见的团队运动。

一、跳跃项目

从业者通常对测量篮球、排球和网球等运动中跳跃和着陆的量以监控训练负荷感兴趣。惯性传感器技术可在训练和比赛中计算跳跃次数。另一种方法是跟踪训练期间进行的跳跃，但这对于大量运动员来说可能过于操作密集，从而影响训练。更实际的方法是在团队训练课之外记录跳跃，如在调整训练或特定跳跃训练时。但是，此时又与正规训练和比赛中的标准跳跃次数不尽相同。通过视频或直接观察，然后进行跳跃次数的时间运动分析可能会提供更切实际的信息。另一种策略是以一般方式对训练课的强度进行分类（即大强度、中等强度，或者小强度）。但是，最准确的方法是获取比赛中的跳跃次数和计算指标，如负荷、单调性（均值/标准差）和紧张性。

表9.1显示了排球运动员一周的跳跃监控。训练从业者可以从这个分析中得出结论：本周的数量和单调性太高。根据可比运动员的数据和发表的研究（如果有的话），可以在下周设定目标。例如，从业人员可以选择以下目标：总次数≤3600跳；单调性≤1.50。

需要注意的是，对于大多数措施，没有具体的指导方针。从业者可以从类似的运动项目中制定自己的一般指导方针，并随着时间的推移收集更多信息来调整。

表9.1 排球运动员跳跃监控

日期	训练负荷（跳跃次数）
周一	800
周二	935
周三	805
周四	225
周五	875
周六	400
周日	0
周总负荷	3840.0
平均每天负荷	548.6
每天跳跃次数的标准差	354.0
单调性	1.55

二、异地参赛

竞技体育的另一个需要考虑的问题是异地参赛，这是对运动员第一个附加的要求。如果安排不得当，异地参赛会对运动员的成绩有负面影响（17-20），特别是长途航班带来的疲惫。运动员监控，尤其是睡眠的质与量（43）可以揭示异地参赛对团体项目运动员的影响（46）。在旅行中进行监控的优势之一是它可以让运动员更好地注意到自我监督。例如，要求运动员在长时间飞行过程中记录睡眠、水合作用和活动（行走和伸展）情况等，可能有助于调整竞技状态。从业者与一队团体项目运动员一起参加比赛或训练营时，需要考虑的因素包括跨过的时区数、训练设施的可用情况、监控设备的便携性、运动员的数量和运动员的反应。

至少有一点可以肯定，监控运动员的健康可以揭示运动员如何应对旅行中可能遇到的问题。基于监控的信息来制定一个竞技状态调整计划是很好的实践经验。比如提前到参赛地以更好地适应新的时区。

三、损伤预防

对运动员监控能有效预防损伤。在团体运动中，最好的运动员需要在本赛季的大部分时间都能上场（25，53）。若训练从业者做出有关运动员恢复表现、调控运动员的负荷水平和避免训练错误的正确决策的监控计划，这对于实现团队整体健康和运动员参赛可用性有很大的帮助。威廉姆斯及其同事（53）在7年的时间里证明了橄榄球职业联赛中运动损伤发生率和团体竞技取胜之间的关系：每1000个比赛小时减少42天的伤病负担（因伤停赛），进而保证球队在比赛的重要时刻不发生意外。这种关系在11年的欧洲职业足球队中也得到证明（25）。在国内联赛和欧洲国际赛事中伤病负担最轻的球队表现更好（25）。温特及其同事（54）研究表明，在季前赛中完成更多场次的精英橄榄球联盟的球员在常规赛期间的伤病率有所下降。这项研究表明，不间断地完成季前赛会增加队员本赛季关键阶段的可用性。

急性训练负荷与慢性训练负荷的比率可能是一个用于损伤预防的重要预测指标（6，31）。避免运动负荷大幅度增加对损伤预防尤为重要（30，45）。德鲁和芬奇认为，训练负荷的增加不应超过前一周训练负荷的10%（15）。单独考虑训练负荷的（如每日或每周）一个问题，从业者则无法确定运动员如何承受整体训练负荷。解决这个问题的一种方法是检查监控数据的纵向变化，比如每周训练负荷与数周的平均训练负荷（31）。胡林及其同事的研究表明，只要急性与慢性训练负荷比在0.85~1.35，团体项目运动员（橄榄球联盟）就可以承受高的慢性负荷。但是，这一观点没有被所有体育项目广泛接受。计算慢性负荷的时间段取决于运动项目自身特点，但3周似乎是大多数项目的时间段要求（21）。可以用内部和外部训练负荷同时度量的方法进行分析。

表9.2是对一名团体项目运动员进行6周运动压力的监控。已经计算了每周的压力（训练负荷×单调），将3周平均值（也称为时间序列分析；请参阅第二章）视作运动员的慢性压力的量度。第5周急性与慢性训练负荷比大于1.5，这对从业者来说是一个警示信号。

表9.2　团体项目运动员急性和慢性负荷的监控

	周					
	1	2	3	4	5	6
周负荷	4132	6669	3512	6737	11066	9273
慢性负荷（3周平均值）	4132	5401	4771	5639	7105	9025
急性与慢性训练负荷比率	1.00	1.23	0.74	1.19	1.56	1.03

用于计算的监控指标不同,得出的图片可能完全不同,这突出了在运动员监控过程中不能仅使用单一的测量方法的重要性。比率和指标的使用可能很有吸引力,但不应该孤立地使用它们。监控时,运动员自身能力和绝对价值同样需要着重考虑。

四、首发队员与非首发队员训练负荷的管理

对首发与非首发队员运动负荷的问题很有必要做一些了解。对足球运动员的研究发现首发与非首发队员的训练和参赛负荷均不同,在美国职业篮球联赛(NBA)的赛季过程中,首发与非首发队员有不同的体能表现(包括下半身的爆发力、重复跳跃能力和反应时间)有所差异,比赛期间的板凳球员更需要赛场外附加的训练,从而弥补这种以赛带练负荷的不足。

一些从业者安排非首发队员在比赛结束后进行体能训练或者在第二天安排额外的训练课。这需要准确衡量比赛中首发球员的负荷,一个简单监控方法是测量队员比赛了多长时间,以及测量其内部负荷(如RPE)。非首发球员额外体能训练课的安排可以根据测量到的首发队员场上比赛负荷(比赛时长和RPE)来确定。完全没有参加比赛的队员可能会比那些没有首发,但在重要时刻参与比赛的队员需要不同的额外训练负荷。

假设让一个从业者来决定一队橄榄球联赛球员的上场时间,可能无法完全复制比赛的要求(小游戏和模拟比赛虽然可行),但是从开球开始计算比赛持续的分钟,从业者设计了一个考虑运动员比赛时间差异的比赛。3名队员的比赛时间如下(比赛总时间为80min):

运动员1=80min
运动员2=47min
运动员3=15min

考察队员上场时间是必要的但也不是绝对的。结合诸如RPE的内部负荷测量将有助于更准确地计算相匹配的负荷。还可以考虑对手的运动表现质量和竞赛强度等其他因素(但不包括在本例中)(34)。

运动员1、2、3的RPE分别是9、10、7。相匹配的运动负荷计算如下：

运动员1=80min*9=720（负荷单位）
运动员2=47*10=470（负荷单位）
运动员3=15*7=105（负荷单位）

计算结果表明，运动员2和运动员3的额外补充训练课应该不同；运动员3则需要比运动员2多约4.5倍的训练负荷。

五、训练营

运动员经常被要求进行大运动量的训练，将其划分成几个小的训练课是一种较好的方法。监控可以帮助从业者深入了解一天中几个训练课的效果（32），尤其是在训练营等情况下。事实上，在训练营等场合比赛期间运动员要承受更高的训练负荷（12）。一些研究提出训练营期间监控团体项目运动员的方法（8，26，44）。研究指出，单一的测量方法难以全面反映运动员的训练反应。在这些场合中采取一刀切的训练处方并不被认为是最佳做法。相反，通过对运动员队伍的监控可以揭示运动员如何适应训练，并向从业者提供信息以安排训练和恢复过程。

六、比赛和常规赛时期

在比赛和常规赛期间从业者可能遇到一些特殊的问题，比如，团队训练计划中需要考虑不同比赛之间的时间周转情况（39）。尽管从业者常常习惯于在竞赛项目之间进行标准的1周时间的周转，但在许多团体运动项目中，现实情况完全不同。穆雷及其同事（39）采用全球定位系统和比赛活动资料中记载的损伤率，分析了专业橄榄球联赛之间不同周转时间的影响，发现某些位置的运动员伤病率较高，周转时间较长，而其他位子的运动员伤病比例更高，周转时间更短。

因此，从业者需要考虑这些位置差异，而运动员监控则可以为此提供参考。

在足球、篮球、冰球、垒球和板球中，球队每周可能会参加两场以上的比赛。研究表明，运动损伤率会随着赛程安排密集而增加。虽然体能表现和技术能力没有受到影响，但证据表明运动员受伤风险却更大。然而，在适当注意的情况下，可以调控这种增加的风险，比如球员轮换和赛后恢复策略（9）。另外，还要注意到整个赛季过程中密集赛程带来的累积效应，而加强疲劳的管理并防止受伤也很重要。

在常规赛结束时，球队可能会进入锦标赛期，之间间隔只有24小时。一些项目的国际锦标赛与常规赛的赛程有很大的不同，运动队在很短的时间内需要参加几个高强度比赛。这种情况给团体运动从业者带来了严峻的挑战，比赛负荷的突然增加可能会增加受伤风险并导致疲劳，降低团队成功的机会。运动员监控系统能让从业者更清楚地了解赛程安排变化的需求，以便他们对运动员的训练计划进行必要的调整。赛季期间团体运动员的另一个常见问题是体能可能会下降（37）。研究表明，在比赛期，团体项目运动员体能素质如上肢力量和全身体重会下降，表明与之匹配的负荷刺激不足以维持身体健康水平（28，35）。运动员监控可以提供有关如何追踪运动员的更多常规数据以更加有效地进行训练监控。只有掌握了运动员体能素质的最新信息，从业人员才能进行必要的逐周调控，以确保他们保持健康。一个常见的误解是有氧耐力和最大耐力等素质在赛季期间难以维持。研究人员已经证明，通过对训练计划进行必要的调整，团体项目运动员可以在此期间保持甚至提高这些素质（2，4，16，24，28，29，40）。

七、保障工作人员的监控

虽然本书的焦点是体育，但监控的原则也适用于其他人群。越来越重视战术后勤人员（即保安、执法和紧急服务人员）的体能准备表明了更系统的监控方法（48）可以降低运动损伤率并优化了竞技表现（42）。一些研究者已经研究了战术人群的监控工具（41，52），混合方法似乎是最佳的，但是没有明确的指导方针来实施或应用该领域的方法。

监控方法也可以应用在工作场所，因为雇主越来越重视健康工作者的价值。因此，鼓励工人参加体育活动和改善生活方式（如获得更多的睡眠）正在获得更多的关注。当显示财务收益时，雇主便有动力在这些领域加大重视力度（14）。

第四节 团体项目的监控系统及周监控报告

表9.3对25名足球运动员的监控变量（频率、目的、分析方法和实际情况）进行了解释。

为了不影响训练，采用训练课的RPE和持续时间来测量训练负荷，并计算单调性和紧张性。由于球员人数众多，训练从业者决定每周只进行2次测量来获取健康数据。开始训练前每周进行3次垂直下落跳跃测试（a drop jump test）来衡量反应强度，每两周进行1次次极限跑测试，记录心率和RPE（51），这项测试是基于Yo-Yo间歇性恢复测试（测试有氧耐力），使用18.5米往返距离而不是20米，持续运动4分钟。

表9.4显示了团体运动员的每周监控报告；教练员和训练从业者总结报告在表9.5中。为了避免信息太多而使运动员不知所措，总结很简短，可以作为一个屏幕截图出现在运动员的设备上。除了整体平均值和标准差外，教练员和从业人员的报告通常包括有关运动员的更多细节。结合前面讨论的分析措施的交通灯系统可用作提醒教练员和从业者的标志。其结果是可以快速扫描且易于理解的报告，还可以提供更详细的运动员每周监控数据的Z分数图和一些关键建议（图9.1）。

表9.3 足球监控系统

变量	频率评估	目的	分析方法	实践 解释
训练课RPE	每一个训练课	测量训练课程的主观感觉轻度	相对于基线测量的Z分数	Z分数≤-1.5
训练负荷	每周1次	测量内部负荷	● 相对于基线测量的Z分数 ● 急性/慢性的比率	● Z分数≤-1.5 ● 急性/慢性≥1.5时是黄旗；≥2.0是红旗
单调性	每周1次	测量训练的相同性和变化	相对于基线测量的Z分数	Z分数≤-1.5

（续表）

变量	频率评估	目的	分析方法	实践解释
压力（strain）	每周1次	训练负荷和单调性的总体测量	● 相对于基线测量的Z分数 ● 急性/慢性的比率	● Z分数≤-1.5 ● 急性/慢性≥1.5时是黄旗；≥2.0是红旗
健康状况（问卷）	每周2次	测量整体健康和睡眠质量、肌肉酸痛、疲劳和压力	● 相对于基线测量的Z分数 ● 个人题项的原始分数变化	个人题项Z分数≤-1.5±2=正向和负向变化
垂直下落跳跃（弹跳高度和触地时间）*	每天1次	测量神经肌肉疲劳	● 相对于基线测量的Z分数 ● 与可靠性相比，最小的有意义的变化	● Z分数≤-1.5 ● 如果接触时间或跳跃高度下降大于最小有意义的变化，需要诊断
次极限跑步测试（平均心率和RPE）	每2周1次	衡量跑步表现和疲劳	● 对于心率：相对于基线测量的Z分数 ● 对于RPE：原始分数的变化	Z分数≤-1.5±2=正向和负向变化

*注：如果接触垫或类似的技术不可用，则可以用垂直对抗跳跃代替下落跳跃。

主要建议
● 紧张性和单调性
● 继续监控急性/慢性负荷

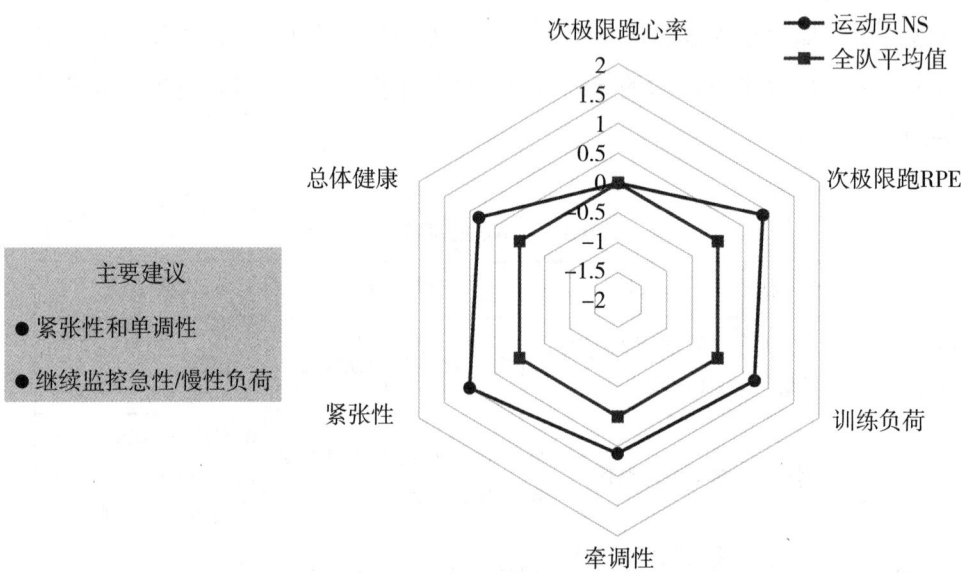

图9.1 NS的周检测Z分数报告

虽然运动员的健康得分有所提高（表9.4），但是，详细的报告表明训练负荷、单调性和紧张性都很高（表9.5）。这突出显示了仅以单周（或一天）信息来测量的问题。直到从业者获得详细的数据或/和几周的监控信息才开始出现较为稳定的模式。

案例

表9.4　足球运动员每周报告信息

运动员：尼基·斯皮德（Nicky Speed，NS）　　　项目：足球

	结果	与上一周对比结果
次极限跑步测试（%最大心率）	<83%	↑↑
次极限跑步测试（RPE）	6	→→
训练负荷	6390 AU	↓↓
单调性	2.10 AU	↓↓
压力（应变）strain	13421 AU	↓↓
总体健康得分	7.5/10	↑↑
疲劳	8/10	↑↑
压力（应力）stress	6/10	↑↑
疼痛	8/10	↑↑
睡眠	8/10	↑↑

注：↑↑=变好；→→=持平；↓↓=变差
整体健康分数转换成1~10分，以便运动员更易解读。

意见和建议：
- 本周运动员应进行高负荷训练。
- 下周将有更多以技术、战术训练为重点的训练课；因此，整体训练负荷会偏低。

表9.5 为教练员和从业者出具的周检测报告

项目：足球

运动员	次极限跑测试（%最大心率）	次极限跑测试（RPE）	训练负荷（任意单位）	单调性（任意单位）	紧张性（任意单位）	总体健康得分*	疲劳	压力	疼痛	睡眠
NS	83	6	6390	2.10	13421	7.5	8	6	8	8
TP	81	3	5565	1.94	10814	6	6	6	6	6
MN	89	7	5470	2.22	12135	5	4	6	6	4
SC	77	5	3880	1.89	7316	8.5	8	10	8	8
JP	80	4	5415	1.87	10131	7.5	8	8	6	8
MR	81	4	5910	1.62	9576	8	8	8	8	8
AB	86	4	5355	2.22	11877	6	6	6	6	6
FT	84	3	4675	2.14	9993	4.5	4	6	4	4
JH	87	7	6080	2.09	12724	6	6	6	6	6
CJ	82	4	6640	1.88	12499	7	8	6	8	6
SM	未完成	未完成	1500	1.81	2716	4.5	6	4	4	4
均值	83	4.7	4740	1.98	9434	6.41	6.55	6.55	6.36	6.18
标准差	3.59	1.49	2238	0.19	4164	1.39	1.57	1.57	1.50	1.66

*取值范围是1~10。

总结：针对个别运动员和特定测试结果确定为红旗（结果以粗体显示）。本周单调和紧张度较高，整体睡眠质量比前几周低。在实际的报告中，从业人员会点击运动员的姓名缩写来获得个人成绩的图表。

第五节 基于监控的训练修正

对于单个运动员来说，通过一系列负荷完成速度-力量（力量、速度或爆发性）剖析是可行的，但是这在团队运动项目环境中却不太容易（38）。可以采取简单一点的方法如大力量、低速度测试来代替（例如等距大腿中部牵拉训练）；中等力量，中等速度测试（如负荷垂直蹲跳）；或者大力量，高速度测试（如垂直蹲跳）。这些数据可以很好地反映运动员的力量和速度能力（3）。从业者可以使用2~3次测试（36），而不仅是单一的监控测试来确定力量-速度能力。一个团体球员可以通过轮换进行练习，或者将练习内容直接纳入训练课程。

假设有一位从业人员与一支由15名运动员组成的女子七人橄榄球队合作,每两周在训练中进行一次监控。测试包括体重和外加20公斤(44磅)负重的垂直蹲跳,来判断运动员承受外部负荷的能力。在测试之后,2名运动员使用跳高来获得以下比率(尽管可以使用其他变量),即负重垂直蹲跳/自重垂直蹲跳:

运动员1=38cm(15in.)÷40cm(15.7in.)=0.95

运动员2=40cm(15.7in.)÷51cm(20.1in.)=0.78

根据测试结果比较,运动员1承受外部负荷的能力较好。运动员2在增加外部负荷的情况下运动表现下降。根据这些信息,从业者决定在运动员2的项目中安排更多的训练内容(如负重跳跃蹲举)以提高这种能力。

从业者决定使用20千克(44磅)的绝对负荷进行垂直深蹲跳跃试验。虽然可以根据运动员的力量(1RM的%)或体重的百分比来调试外部负荷大小,但这对于从业人员和运动员而言有些耗时。要做到的工作是,采取足够高的负荷以区分不同运动员和不同位置的运动员所能承受负荷的能力。对于需要高外部负荷的运动员来说,可以使用较重的外部负荷。美国足球队员用于跳跃测试的负荷一般为60公斤(132磅)。

第六节 对团体运动项目中运动员监控的思考

在团体运动环境中比在个人运动中确定运动员是否不适应要更具挑战性,从业者在监控团体项目运动员时应使用混合方法。没有任何一项措施能够非常全面地指导团体项目如何应对训练和竞赛需求。从业者需要一系列监控方法,并逐渐让运动员熟悉和接受这些测试方法,在得到运动员的支持后,以更好地提高监控数据的质量。

调查问卷是监控压力的一个简单且廉价的工具。因为团体运动项目需要监控的运动员数量大,简短问卷如4项感知压力量表(11)较容易操作和分析。

只要有可能,个人项目的方法也可以用于团体项目中,仅当运动员监控提供可量化的数据时才会发生这种情况。像监控睡眠一样简单,提供改善睡眠质量的策略，同样对于提高竞技表现有重要价值（49）。

随着越来越多对精英级别团体项目运动员研究的出现，尤其是女性（27人）运动员，从业者现在拥有大量的信息（7，8），从一系列运动中获得更多的数据将有助于他们了解如何更有效地进行监控。

结论

监控团体项目运动员为从业者提供了有趣的挑战。理想情况下，监控是在个人的基础上进行的，但团队项目的后勤保障将决定这种监控可以用在多少团队项目的运动员上。因为无法以单独的监控工具为团队项目运动员提供一个完全的运动员训练和比赛时的个人信息，从业者需要开发监控方法的工具箱。运动监控的根本目标是如何将监控数据用于制定决策，开发简单且有效的监控系统有助于从业者调控训练负荷，减少运动损伤发生率，从而优化团体项目运动员的竞技表现。

参考文献

Chapter 1

1. Baker, D.G. 2013. 10-year changes in upper body strength and power in elite professional rugby league players—the effect of training age, stage, and content. *J Strength Cond Res* 27:285-92.

2. Baker, D.G., and R.U. Newton. 2006. Adaptations in upper-body maximal strength and power output resulting from long-term resistance training in experienced strength-power athletes. *J Strength Cond Res* 20:541-6.

3. Bamman, M.M., J.K. Petrella, J.S. Kim, D.L. Mayhew, and J.M. Cross. 2007. Cluster analysis tests the importance of myogenic gene expression during myofiber hypertrophy in humans. *J Appl Physiol* 102:2232-9.

4. Bourne, N.D. 2008. Fast science: A history of training theory and methods for elite runners through 1975. Doctor of Philosophy PhD thesis, University of Texas at Austin.

5. Box, G.E.P., and N.R. Draper. 1987. *Empirical model-building and response surfaces*, 424. New York: Wiley Series in Probability and Statistics.

6. Bradley, W.J., B.P. Cavanagh, W. Douglas, T.F. Donovan, J.P. Morton, and G.L. Close. 2015. Quantification of training load, energy intake, and physiological adaptations during a rugby preseason: A case study from an elite European rugby union squad. *J Strength Cond Res* 29:534-44.

7. Brink, M.S., W.G. Frencken, G. Jordet, and K.A. Lemmink. 2014. Coaches' and players' perceptions of training dose: Not a perfect match. *Int J Sports Physiol Perform* 9:497-502.

8. Buchheit, M., and P.B. Laursen. 2013. High-intensity interval training, solutions to the programming puzzle: Part I: Cardiopulmonary emphasis. *Sports Med* 43:313-38.

9. Buchheit, M., S. Racinais, J.C. Bilsborough, P.C. Bourdon, S.C. Voss, J. Hocking, J. Cordy, A. Mendez-Villanueva, and A.J. Coutts. 2013. Monitoring fitness, fatigue and running performance during a pre-season training camp in elite football players. *J Sci Med Sport* 16:550-5.

10. Buford, T.W., M.D. Roberts, and T.S. Church. 2013. Toward exercise as personalized medicine. *Sports Med* 43:157-65.

11. Carling, C., A. McCall, F. Le Gall, and G. Dupont. 2015. What is the extent of exposure to periods of match congestion in professional soccer players? *J Sports Sci* 20:2116-24.

12. Colby, M.J., B. Dawson, J. Heasman, B. Rogalski, and T.J. Gabbett. 2014. Accelerometer and GPS-derived running loads and injury risk in elite Australian footballers. *J Strength Cond Res* 28:2244-52.

13. Coutts, A.J. 2014. In the age of technology, Occam's razor still applies. *Int J Sports Physiol Perform* 9:741.

14. Coutts, A.J., and S. Cormack. 2014. Monitoring the training response. In *High-performance training for sports*, edited by D. Joyce and D. Lewindon, 85-96. Champaign, IL: Human Kinetics.

15. Cross, M.J., S. Williams, G. Trewartha, S.P. Kemp, and K.A. Stokes. 2016. The influence of in-season training loads on injury risk in professional rugby union. *Int J Sports Physiol Perform* 11:350-55.

16. Cunniffe, B., H. Griffiths, W. Proctor, B. Davies, J.S. Baker, and K.P. Jones. 2011. Mucosal immunity and illness incidence in elite rugby union players across a season. *Med Sci Sports Exerc* 43:388-97.

17. Dupont, G., M. Nedelec, A. McCall, D. McCormack, S. Berthoin, and U. Wisloff. 2010. Effect of 2 soccer matches in a week on physical performance and injury rate. *Am J Sports Med* 38:1752-8.

18. Erskine, R.M., D.A. Jones, A.G. Williams, C.E. Stewart, and H. Degens. 2010. Inter-individual variability in the adaptation of human muscle specific tension to progressive resistance training. *Eur J Appl Physiol* 110:1117-25.

19. Flatt, A.A., and M.R. Esco. 2015. Smartphone-derived heart rate variability and training load in a female soccer team. *Int J Sports Physiol Perform* 10:994-1000.

20. Foster, C., K.M. Heimann, P.L. Esten, G. Brice, and J.P. Porcari. 2001. Differences in perceptions of training by coaches and athletes. *S Afr J Sports Med* 8:3-7.

21. Gabbett, T.J. 2004. Reductions in pre-season training loads reduce training injury rates in rugby league players. *Br J Sports Med* 38:743-9.

22. Gabbett, T.J. 2010. The development and application of an injury prediction model for noncontact, soft-tissue injuries in elite collision sport athletes. *J Strength Cond Res* 24:2593-603.

23. Gabbett, T.J., and N. Domrow. 2007. Relationships between training load, injury, and fitness in sub-elite collision sport athletes. *J Sports Sci* 25:1507-19.

24. Gabbett, T.J., and D.G. Jenkins. 2011. Relationship between training load and injury in professional rugby league players. *J Sci Med Sport* 14:204-9.

25. Gabbett, T.J., and S. Ullah. 2012. Relationship between running loads and soft-tissue injury in elite team sport athletes. *J Strength Cond Res* 26:953-60.

26. Gleeson, M., N. Bishop, M. Oliveira, T. McCauley, P. Tauler, and A.S. Muhamad. 2012. Respiratory infection risk in athletes: Association with antigen-stimulated IL-10 production and salivary IgA secretion. *Scand J Med Sci Sports* 22:410-7.

27. Gleeson, M., N. Bishop, M. Oliveira, and P. Tauler. 2013. Influence of training load on upper respiratory tract infection incidence and antigen-stimulated cytokine production. *Scand J Med Sci Sports* 23:451-7.

28. Gleeson, M., and N.C. Bishop. 2013. URI in athletes: Are mucosal immunity and cytokine responses key risk factors? *Exerc Sport Sci Rev* 41:148-53.

29. Gomes, R.V., A. Moreira, L. Lodo, K. Nosaka, A.J. Coutts, and M.S. Aoki. 2013. Monitoring training loads, stress, immune-endocrine responses and performance in tennis players. *Biol Sport* 30:173-80.

30. Halson, S.L. 2014. Monitoring training load to understand fatigue in athletes. *Sports Med* 44 Suppl 2:S139-47.

31. Halson, S.L., and A.E. Jeukendrup. 2004. Does overtraining exist? An analysis of overreaching and overtraining research. *Sports Med* 34:967-81.

32. Hopkins, W.G. 1991. Quantification of training in competitive sports. Methods and applications. *Sports Med* 12:161-83.

33. Hubal, M.J., H. Gordish-Dressman, P.D. Thompson, T.B. Price, E.P. Hoffman, T.J. Angelopoulos, P.M. Gordon, N.M. Moyna, L.S. Pescatello, P.S. Visich, R.F. Zoeller, R.L. Seip, and P.M. Clarkson. 2005. Variability in muscle size and strength gain after unilateral resistance training. *Med Sci Sports Exerc* 37:964-72.

34. Kellmann, M. 2010. Preventing overtraining in athletes in high-intensity sports and stress/recovery monitoring. *Scand J Med Sci Sports* 20 Suppl 2:95-102.

35. Killen, N.M., T.J. Gabbett, and D.G. Jenkins. 2010. Training loads and incidence of injury during the preseason in professional rugby league players. *J Strength Cond Res* 24:2079-84.

36. Lombard, W.P. 1892. Some of the influences which affect the power of voluntary muscular contractions. *J Physiol* 13:1-58 8.

37. Mann, J.B., K. Bryant, B. Johnstone, P. Ivey, and S.P. Sayers. 2016. The effect of physical and academic stress on illness and injury in Division 1 college football players. *J Strength Cond Res* 30:20-25.

38. McGuigan, M.R., S. Cormack, and N.D. Gill. 2013. Strength and power profiling of athletes. *Strength Cond J* 35:7-14.

39. McLean, B.D., A.J. Coutts, V. Kelly, M.R. McGuigan, and S.J. Cormack. 2010. Neuromuscular, endocrine, and perceptual fatigue responses during different length between-match microcycles in professional rugby league players. *Int J Sports Physiol Perform* 5:367-83.

40. Meeusen, R., M. Duclos, C. Foster, A. Fry, M. Gleeson, D. Nieman, J. Raglin, G. Rietjens, J. Steinacker, A. Urhausen, S. European College of Sport Science, and American College of Sports Medicine. 2013. Prevention, diagnosis, and treatment of the overtraining syndrome: Joint consensus statement of the European College of Sport Science and the American College of Sports Medicine. *Med Sci Sports Exerc* 45:186-205.

41. Moreira, A., J.C. Bilsborough, C.J. Sullivan, M. Ciancosi, M.S. Aoki, and A.J. Coutts. 2015. Training periodization of professional Australian football players during an entire Australian Football League season. *Int J Sports Physiol Perform* 10:566-71.

42. Murphy, A.P., R. Duffield, A. Kellett, and M. Reid. 2014. Comparison of athlete-coach perceptions of internal and external load markers for elite junior tennis training. *Int J Sports Physiol Perform* 9:751-6.

43. Murray, A., and M. Cardinale. 2015. Cold applications for recovery in adolescent athletes: A systematic review and meta analysis. *Extrem Physiol Med* 4:17.

44. Neville, V., M. Gleeson, and J.P. Folland. 2008. Salivary IgA as a risk factor for upper respiratory infections in elite professional athletes. *Med Sci Sports Exerc* 40:1228-36.

45. Newton, R.U., and E. Dugan. 2002. Application of strength diagnosis. *Strength Cond J* 24:50-59.

46. Plews, D.J., P.B. Laursen, Y. Le Meur, C. Hausswirth, A.E. Kilding, and M. Buchheit. 2014. Monitoring training with heart rate-variability: How much compliance is needed for valid assessment? *Int J Sports Physiol Perform* 9:783-90.

47. Plews, D.J., P.B. Laursen, J. Stanley, A.E. Kilding, and M. Buchheit. 2013. Training adaptation and heart rate variability in elite endurance athletes: Opening the door to effective monitoring. *Sports Med* 43:773-81.

48. Roberts, L.A., T. Raastad, J.F. Markworth, V.C. Figueiredo, I.M. Egner, A. Shield, D. Cameron-Smith, J.S. Coombes, and J.M. Peake. 2015. Post-exercise cold water immersion attenuates acute anabolic signalling and long-term adaptations in muscle to strength training. *J Physiol* 593:4285-301.

49. Rogalski, B., B. Dawson, J. Heasman, and T.J. Gabbett. 2013. Training and game loads and injury risk in elite Australian footballers. *J Sci Med Sport* 16:499-503.

50. Saw, A.E., L.C. Main, and P.B. Gastin. 2016. Monitoring the athlete training response: Subjective self-reported measures trump commonly used objective measures: A systematic review. *Br J Sports Med* 50:281-91.

51. Selye, H. 1956. *The stress of life*. London: Longmans Green.

52. Suchomel, T.J., and C.A. Bailey. 2014. Monitoring and managing fatigue in baseball players. *Strength Cond J* 36:39-45.

53. Svendsen, I.S., M. Gleeson, T.A. Haugen, and E. Tonnessen. 2015. Effect of an intense period of competition on race performance and self-reported illness in elite cross-country skiers. *Scand J Med Sci Sports* 25:846-53.

54. Tonnessen, E., I.S. Svendsen, B.R. Ronnestad, J. Hisdal, T.A. Haugen, and S. Seiler. 2015. The annual training periodization of 8 world champions in orienteering. *Int J Sports Physiol Perform* 10:29-38.

55. Tonnessen, E., O. Sylta, T.A. Haugen, E. Hem, I.S. Svendsen, and S. Seiler. 2014. The road to gold: Training and peaking characteristics in the year prior to a gold medal endurance performance. *PLoS One* 9:e101796.

56. Veugelers, K.R., W.B. Young, B. Fahrner, and J.T. Harvey. 2015. Different methods of training load quantification and their relationship to injury and illness in elite Australian football. *J Sci Med Sport*.

57. West, D.J., C.V. Finn, D.J. Cunningham, D.A. Shearer, M.R. Jones, B.J. Harrington, B.T. Crewther, C.J. Cook, and L.P. Kilduff. 2014. Neuromuscular function, hormonal, and mood responses to a professional rugby union match. *J Strength Cond Res* 28:194-200.

Chapter 2

1. Atkinson, G., and A.M. Nevill. 1998. Statistical methods for assessing measurement error (reliability) in variables relevant to sports medicine. *Sports Med* 26:217-38.

2. Batterham, A.M., and W.G. Hopkins. 2006. Making meaningful inferences about magnitudes. *Int J Sports Physiol Perform* 1:50-57.

3. Baumgartner, T.A., and A.S. Jackson. 2016. *Measurement for evaluation in physical education and exercise science*. 9th ed. Madison, WI: Brown & Benchmark.

4. Blanch, P., and T.J. Gabbett. 2016. Has the athlete trained enough to return to play safely? The acute:chronic workload ratio permits clinicians to quantify a player's risk of subsequent injury. *Br J Sports Med* 50:471-75.

5. Box, G.E.P., and G.M. Jenkins. 1976. *Time series analysis: Forecasting and control*. San Francisco: Holden-Day.

6. Chandler, T.J., and L.E. Brown. 2013. *Conditioning for strength and human performance*. 2nd ed. Philadelphia: Lippincott Williams and Wilkins.

7. Chiu, L.Z., and G.J. Salem. 2010. Time series analysis: Evaluating performance trends within resistance exercise sessions. *J Strength Cond Res* 24:230-4.

8. Church, J.B. 2008. Basic statistics for the strength and conditioning professional. *Strength Cond J* 30:51-53.

9. Cohen, J.A. 1988. *Statistical power analysis for the behavioural sciences*. 2nd ed. Hillsdale, NJ: Lawrence Erlbaum Associates.

10. Coutts, A.J., and S. Cormack. 2014. Monitoring the training response. In *High-performance training for sports*, edited by D. Joyce and D. Lewindon, 85-96. Champaign, IL: Human Kinetics.

11. Flanagan, E. 2013. The effect size statistic—applications for the strength and conditioning coach. *Strength Cond J* 35:37-40.

12. Haddad, M., A. Chaouachi, C. Castagna, P. Wong del, D.G. Behm, and K. Chamari. 2011. The construct validity of session RPE during an intensive camp in young male taekwondo athletes. *Int J Sports Physiol Perform* 6:252-63.

13. Halperin, I., D.B. Pyne, and D.T. Martin. 2015. Threats to internal validity in exercise science: A review of overlooked confounding variables. *Int J Sports Physiol Perform* 10:823-9.

14. Handcock, P., and T. Cassidy. 2014. Reflective practice for rugby union strength and conditioning coaches. *Strength Cond J* 36:41-45.

15. Hopkins, W. 2004. How to interpret changes in an athletic performance test. *Sportscience* 8:1-7.

16. Hopkins, W. 2012. http://sportsci.org/resource/stats/xrely.xls.

17. Hopkins, W. 2015. Confidence limits and clinical chances. http://sportsci.org/resource/stats/xcl.xls.

18. Hopkins, W., J. Hawley, and L. Burke. 1999. Design and analysis of research on sport performance enhancement. *Med Sci Sports Exerc* 31:472-85.

19. Hopkins, W., S. Marshall, A. Batterham, and J. Hanin. 2009. Progressive statistics for studies in sports medicine and exercise science. *Med Sci Sports Exerc* 41:3-13.

20. Hopkins, W.G. 2015. Assessing an individual. http://sportsci.org/resource/stats/xprecisionsubject.xls.

21. Hopkins, W.G. 2015. A new view of statistics. http://sportsci.org/resource/stats/index.html.

22. Hulin, B.T., T.J. Gabbett, D.W. Lawson, P. Caputi, and J.A. Sampson. 2016. The acute:chronic workload ratio predicts injury: High chronic workload may decrease injury risk in elite rugby league players. *Br J Sports Med* 50:231-36.

23. Lakens, D. 2013. Calculating and reporting effect sizes to facilitate cumulative science: A practical primer for t-tests and anovas. *Front Psychol* 4:863.

24. Lythe, J. 2015. Excel tricks for sports. www.youtube.com/channel/UCagflprv_C-UPPdzSJ0bMCA.

25. Malcata, R.M., and W.G. Hopkins. 2014. Variability of competitive performance of elite athletes: A systematic review. *Sports Med* 44:1763-74.

26. Montgomery, D.C. 2012. *Introduction to statistical quality control*. 7th ed. Hoboken, NJ: Wiley.

27. Nibali, M.L., D.W. Chapman, R.A. Roebergs, and E.J. Drinkwater. 2013. A rationale for assessing the lower-body power profile in team sport athletes. *J Strength Cond Res* 27:388-97.

28. Nibali, M.L., T. Tombleson, P.H. Brady, and P. Wagner. 2015. Influence of familiarization and competitive level on the reliability of countermovement vertical jump kinetic and kinematic variables. *J Strength Cond Res* 29:2827-35.

29. Nuzzo, J.L., J.H. Anning, and J.M. Scharfenberg. 2011. The reliability of three devices used for measuring vertical jump height. *J Strength Cond Res* 25:2580-90.

30. Patton, M.Q. 2015. *Qualitative research and evaluation methods*. 4th ed. Thousand Oaks, CA: Sage.

31. Pettitt, R.W. 2010. Evaluating strength and conditioning tests with z scores: Avoiding common pitfalls. *Strength Cond J* 32:100-03.

32. Pettitt, R.W. 2010. The standard difference score: A new statistic for evaluating strength

and conditioning programs. *J Strength Cond Res* 24:287-91.

33. Reaburn, P., B. Dascombe, R. Reed, A. Jones, and J. Weyers. 2011. *Practical skills in sport and exercise science.* Essex, UK: Pearson Education Limited.
34. Saw, A.E., L.C. Main, and P.B. Gastin. 2016. Monitoring the athlete training response: Subjective self-reported measures trump commonly used objective measures: A systematic review. *Br J Sports Med* 50:281-91.
35. Singh, F., C. Foster, D. Tod, and M.R. McGuigan. 2007. Monitoring different types of resistance training using session rating of perceived exertion. *Int J Sports Physiol Perform* 2:34-45.
36. Stone, M.H., M. Stone, and W.A. Sands. 2006. *Principles and practice of resistance training.* Champaign, IL: Human Kinetics.
37. Taylor, K.L., D.W. Chapman, J.B. Cronin, M.J. Newton, and N. Gill. 2012. Fatigue monitoring in high performance sport: A survey of current trends. *J Aust Strength Cond* 20:12-23.
38. Taylor, K.L., J. Cronin, N.D. Gill, D.W. Chapman, and J. Sheppard. 2010. Sources of variability in iso-inertial jump assessments. *Int J Sports Physiol Perform* 5:546-58.
39. Thomas, J.R., J.K. Nelson, and S.J. Silverman. 2015. *Research methods in physical activity.* 7th ed. Champaign, IL.: Human Kinetics.
40. Tod, D.A., K.A. Bond, and D. Lavallee. 2012. Professional development themes in strength and conditioning coaches. *J Strength Cond Res* 26:851-60.
41. Tufte, E. 2001. *The visual display of quantitative information.* 2nd ed. Cheshire, CT: Graphics Press.
42. Turner, A., J. Brazier, C. Bishop, S. Chavda, J. Cree, and P. Read. 2015. Data analysis for strength and conditioning coaches: Using excel to analyze reliability, differences and relationships. *Strength Cond J* 37:76-83.
43. Wallace, L.K., K.M. Slattery, F.M. Impellizzeri, and A.J. Coutts. 2014. Establishing the criterion validity and reliability of common methods for quantifying training load. *J Strength Cond Res* 28:2330-7.
44. Weissgerber, T.L., N.M. Milic, S.J. Winham, and V.D. Garovic. 2015. Beyond bar and line graphs: Time for a new data presentation paradigm. *PLoS Biol* 13:e1002128.
45. Yau, N. 2013. *Data points: Visualization that means something.* Indianapolis: Wiley.

Chapter 3

1. Andersen, J.L., and P. Aagaard. 2000. Myosin heavy chain IIX overshoot in human skeletal muscle. *Muscle Nerve* 23:1095-104.
2. Andersen, L.L., J.L. Andersen, S.P. Magnusson, C. Suetta, J.L. Madsen, L.R. Christensen, and P. Aagaard. 2005. Changes in the human muscle force-velocity relationship in response to resistance training and subsequent detraining. *J Appl Physiol* 99:87-94.
3. Aubry, A., C. Hausswirth, J. Louis, A.J. Coutts, and L.E.M. Y. 2014. Functional overreaching: The key to peak performance during the taper? *Med Sci Sports Exerc* 46:1769-77.
4. Banister, E.W., T.W. Calvert, M.V. Savage, and T. Bach. 1975. A system model of training for athletic performance. *Aust J Sports Med* 7:170-76.
5. Bartholomew, J.B., M.A. Stults-Kolehmainen, C.C. Elrod, and J.S. Todd. 2008. Strength gains after resistance training: The effect of stressful, negative life events. *J Strength Cond Res* 22:1215-21.
6. Bosquet, L., S. Merkari, D. Arvisais, and A.E. Aubert. 2008. Is heart rate a convenient tool to monitor overreaching? A systematic review of the literature. *Br J Sports Med* 42:709-14.
7. Bruin, G., H. Kuipers, H.A. Keizer, and G.J. Vander Vusse. 1994. Adaptation and overtraining in horses subjected to increasing training loads. *J Appl Physiol* 76:1908-13.
8. Buchheit, M., W. Morgan, J. Wallace, M. Bode, and N. Poulos. 2015. Physiological, psychometric, and performance effects of the Christmas break in Australian football. *Int J Sports Physiol Perform* 10:120-3.
9. Buchheit, M., S. Racinais, J.C. Bilsborough, P.C. Bourdon, S.C. Voss, J. Hocking, J. Cordy, A. Mendez-Villanueva, and A.J. Coutts. 2013. Monitoring fitness, fatigue and running performance during a pre-season training camp in elite football players. *J Sci Med Sport* 16:550-5.

10. Budgett, R., E. Newsholme, M. Lehmann, C. Sharp, D. Jones, T. Peto, D. Collins, R. Nerurkar, and P. White. 2000. Redefining the overtraining syndrome as the unexplained underperformance syndrome. *Br J Sports Med* 34:67-8.

11. Cairns, S.P. 2013. Holistic approaches to understanding mechanisms of fatigue in high-intensity sport. *Fatigue: Biomed Health Behav* 1:148-67.

12. Calvert, T.W., E.W. Banister, M.V. Savage, and T. Bach. 1976. A systems model of the effects of training on physical performance. *IEEE Trans Syst Man Cybern* 6:94-102.

13. Chiu, L.Z., and J.L. Barnes. 2003. The fitness-fatigue model revisited: Implications for planning short- and long-term training. *Strength Cond J* 25:42-51.

14. Chiu, L.Z., A.C. Fry, L.W. Weiss, B.K. Schilling, L.E. Brown, and S.L. Smith. 2003. Postactivation potentiation response in athletic and recreationally trained individuals. *J Strength Cond Res* 17:671-7.

15. Cormack, S.J., R.U. Newton, M.R. McGuigan, and P. Cormie. 2008. Neuromuscular and endocrine responses of elite players during an Australian rules football season. *Int J Sports Physiol Perform* 3:439-53.

16. Coutts, A.J., and S. Cormack. 2014. Monitoring the training response. In *High-performance training for sports*, edited by D. Joyce and D. Lewindon, 85-96. Champaign, IL: Human Kinetics.

17. Coutts, A.J., and R. Duffield. 2010. Validity and reliability of GPS devices for measuring movement demands of team sports. *J Sci Med Sport* 13:133-5.

18. Coutts, A.J., P. Reaburn, T.J. Piva, and G.J. Rowsell. 2007. Monitoring for overreaching in rugby league players. *Eur J Appl Physiol* 99:313-24.

19. Crewther, B., J. Keogh, J. Cronin, and C. Cook. 2006. Possible stimuli for strength and power adaptation: Acute hormonal responses. *Sports Med* 36:215-38.

20. Cross, M.J., S. Williams, G. Trewartha, S.P. Kemp, and K.A. Stokes. 2016. The influence of in-season training loads on injury risk in professional rugby union. *Int J Sports Physiol Perform* 11:350-55.

21. Elloumi, M., N. El Elj, M. Zaouali, F. Maso, E. Filaire, Z. Tabka, and G. Lac. 2005. IGFBP-3, a sensitive marker of physical training and overtraining. *Br J Sports Med* 39:604-10.

22. Enoka, R.M., and J. Duchateau. 2008. Muscle fatigue: What, why and how it influences muscle function. *J Physiol* 586:11-23.

23. Foster, C. 1998. Monitoring training in athletes with reference to overtraining syndrome. *Med Sci Sports Exerc* 30:1164-8.

24. Foster, C., E. Daines, L. Hector, A.C. Snyder, and R. Welsh. 1996. Athletic performance in relation to training load. *Wis Med J* 95:370-4.

25. Fowler, P., R. Duffield, K. Howle, A. Waterson, and J. Vaile. 2015. Effects of northbound long-haul international air travel on sleep quantity and subjective jet lag and wellness in professional Australian soccer players. *Int J Sports Physiol Perform* 10:648-54.

26. Fowler, P.M., R. Duffield, D. Lu, J.A. Hickmans, and T.J. Scott. 2016. Effects of long-haul transmeridian travel on subjective jet-lag and self-reported sleep and upper respiratory symptoms in professional rugby league players. *Int J Sports Physiol Perform*.

27. Frohlich, M., O. Faude, M. Klein, A. Pieter, E. Emrich, and T. Meyer. 2014. Strength training adaptations after cold-water immersion. *J Strength Cond Res* 28:2628-33.

28. Fry, A.C., and W.J. Kraemer. 1997. Resistance exercise overtraining and overreaching. Neuroendocrine responses. *Sports Med* 23:106-29.

29. Fry, A.C., W.J. Kraemer, and L.T. Ramsey. 1998. Pituitary-adrenal-gonadal responses to high-intensity resistance exercise overtraining. *J Appl Physiol* 85:2352-9.

30. Fry, A.C., W.J. Kraemer, M.H. Stone, B.J. Warren, S.J. Fleck, J.T. Kearney, and S.E. Gordon. 1994. Endocrine responses to overreaching before and after 1 year of weightlifting. *Can J Appl Physiol* 19:400-10.

31. Fry, A.C., W.J. Kraemer, F. van Borselen, J.M. Lynch, J.L. Marsit, E.P. Roy, N.T. Triplett, and H.G. Knuttgen. 1994. Performance decrements with high-intensity resistance exercise overtraining. *Med Sci Sports Exerc* 26:1165-73.

32. Fry, A.C., J.M. Webber, L.W. Weiss, M.D. Fry, and Y. Li. 2000. Impaired performances with excessive high-intensity free weight training. *J Strength Cond Res* 14:54-61.

33. Fullagar, H.H., S. Skorski, R. Duffield, D. Hammes, A.J. Coutts, and T. Meyer. 2015. Sleep and athletic performance: The effects of sleep loss on exercise performance, and physiological and cognitive responses to exercise. *Sports Med* 45:161-86.

34. Gandevia, S.C. 2001. Spinal and supraspinal factors in human muscle fatigue. *Physiol Rev* 81:1725-89.

35. Gleeson, M., and N.P. Walsh. 2012. The BASES expert statement on exercise, immunity, and infection. *J Sports Sci* 30:321-4.

36. Grandys, M., J. Majerczak, J. Kulpa, K. Duda, U. Rychlik, and J.A. Zoladz. 2016. The importance of the training-induced decrease in basal cortisol concentration in the improvement in muscular performance in humans. *Physiological Res* 65:109-20.

37. Haff, G.G. 2012. Training integration and periodization. In *NSCA's guide to program design*, edited by J.R. Hoffman, 213-49. Champaign, IL: Human Kinetics.

38. Halperin, I., D.W. Chapman, and D.G. Behm. 2015. Non-local muscle fatigue: Effects and possible mechanisms. *Eur J Appl Physiol* 115:2031-48.

39. Halson, S., D.T. Martin, A.S. Gardner, K. Fallon, and J. Gulbin. 2006. Persistent fatigue in a female sprint cyclist after a talent-transfer initiative. *Int J Sports Physiol Perform* 1:65-9.

40. Halson, S.L. 2014. Monitoring training load to understand fatigue in athletes. *Sports Med* 44 Suppl 2:S139-47.

41. Halson, S.L., and A.E. Jeukendrup. 2004. Does overtraining exist? An analysis of overreaching and overtraining research. *Sports Med* 34:967-81.

42. Halson, S.L., G.I. Lancaster, A.E. Jeukendrup, and M. Gleeson. 2003. Immunological responses to overreaching in cyclists. *Med Sci Sports Exerc* 35:854-61.

43. Harre, D. 1982. *Principles of sports training: Introduction to the theory and methods of training*. Berlin: Sportverlag.

44. Hartmann, U., and J. Mester. 2000. Training and overtraining markers in selected sport events. *Med Sci Sports Exerc* 32:209-15.

45. Hausswirth, C., J. Louis, A. Aubry, G. Bonnet, R. Duffield, and L.E.M. Y. 2014. Evidence of disturbed sleep and increased illness in overreached endurance athletes. *Med Sci Sports Exerc* 46:1036-45.

46. Henckens, M.J., F. Klumpers, D. Everaerd, S.C. Kooijman, G.A. van Wingen, and G. Fernandez. 2016. Inter-individual differences in stress sensitivity: Basal and stress-induced cortisol levels differentially predict neural vigilance processing under stress. *Soc Cogn Affect Neurosci* 11:663-73.

47. Hodgson, M., D. Docherty, and D. Robbins. 2005. Post-activation potentiation: Underlying physiology and implications for motor performance. *Sports Med* 35:585-95.

48. Hooper, S.L., L.T. Mackinnon, A. Howard, R.D. Gordon, and A.W. Bachmann. 1995. Markers for monitoring overtraining and recovery. *Med Sci Sports Exerc* 27:106-12.

49. Hough, J., R. Corney, A. Kouris, and M. Gleeson. 2013. Salivary cortisol and testosterone responses to high-intensity cycling before and after an 11-day intensified training period. *J Sports Sci* 31:1614-23.

50. Hough, J.P., E. Papacosta, E. Wraith, and M. Gleeson. 2011. Plasma and salivary steroid hormone responses of men to high-intensity cycling and resistance exercise. *J Strength Cond Res* 25:23-31.

51. Impellizzeri, F.M., E. Rampinini, A.J. Coutts, A. Sassi, and S.M. Marcora. 2004. Use of RPE-based training load in soccer. *Med Sci Sports Exerc* 36:1042-7.

52. Jones, D.A. 1996. High-and low-frequency fatigue revisited. *Acta Physiol Scand* 156:265-70.

53. Jurimae, J., J. Maestu, T. Jurimae, B. Mangus, and S.P. von Duvillard. 2011. Peripheral signals of energy homeostasis as possible markers of training stress in athletes: A review. *Metabolism* 60:335-50.

54. Kelly, V.G., and A.J. Coutts. 2007. Planning and monitoring training loads during the competition phase in team sports. *Strength Cond J* 29:32-37.

55. Kentta, G., and P. Hassmen. 1998. Overtraining and recovery: A conceptual model. *Sports Med* 26:1-16.

56. Killer, S.C., I.S. Svendsen, A.E. Jeukendrup, and M. Gleeson. 2015. Evidence of disturbed sleep and mood state in well-trained athletes during short-term intensified training with and without a high carbohydrate nutritional intervention. *J Sports Sci* 25:1-9.

57. Knicker, A.J., I. Renshaw, A.R. Oldham, and S.P. Cairns. 2011. Interactive processes link the multiple symptoms of fatigue in sport competition. *Sports Med* 41:307-28.

58. Koutedakis, Y., and N.C. Sharp. 1998. Seasonal variations of injury and overtraining in elite athletes. *Clin J Sport Med* 8:18-21.

59. Kraemer, W.J., L. Marchitelli, S.E. Gordon, E. Harman, J.E. Dziados, R. Mello, P. Frykman, D. McCurry, and S.J. Fleck. 1990. Hormonal and growth factor responses to heavy resistance exercise protocols. *J Appl Physiol* 69:1442-50.

60. Kraemer, W.J., and N.A. Ratamess. 2005. Hormonal responses and adaptations to resistance exercise and training. *Sports Med* 35:339-61.

61. Le Meur, Y., C. Hausswirth, F. Natta, A. Couturier, F. Bignet, and P.P. Vidal. 2013. A multidisciplinary approach to overreaching detection in endurance trained athletes. *J Appl Physiol* 114:411-20.

62. Le Meur, Y., A. Pichon, K. Schaal, L. Schmitt, J. Louis, J. Gueneron, P.P. Vidal, and C. Hausswirth. 2013. Evidence of parasympathetic hyperactivity in functionally overreached athletes. *Med Sci Sports Exerc* 45:2061-71.

63. Lewis, N.A., D. Collins, C.R. Pedlar, and J.P. Rogers. 2015. Can clinicians and scientists explain and prevent unexplained underperformance syndrome in elite athletes: An interdisciplinary perspective and 2016 update. *BMJ Open Sport & Exercise Medicine* 1:e000063.

64. Loturco, I., L.A. Pereira, R. Kobal, H. Martins, K. Kitamura, C.C. Cal Abad, and F.Y. Nakamura. 2015. Effects of detraining on neuromuscular performance in a selected group of elite women pole-vaulters: A case study. *J Sports Med Phys Fitness*.

65. Mahlfeld, K., J. Franke, and F. Awiszus. 2004. Postcontraction changes of muscle architecture in human quadriceps muscle. *Muscle Nerve* 29:597-600.

66. Mann, J.B., K. Bryant, B. Johnstone, P. Ivey, and S.P. Sayers. 2016. The effect of physical and academic stress on illness and injury in Division 1 college football players. *J Strength Cond Res* 30:20-25.

67. Marcora, S.M., W. Staiano, and V. Manning. 2009. Mental fatigue impairs physical performance in humans. *J Appl Physiol* 106:857-64.

68. Matos, N.F., R.J. Winsley, and C.A. Williams. 2011. Prevalence of nonfunctional overreaching/overtraining in young English athletes. *Med Sci Sports Exerc* 43:1287-94.

69. McKeown, I., D.W. Chapman, K. Taylor, and N. Ball. 2016. Time course of improvements in power characteristics in elite development netball players entering a full time training program. *J Strength Cond Res* 30:1308-15.

70. Meeusen, R., and K. De Pauw. 2013. Overtraining syndrome. In *Recovery for performance in sport*, edited by C. Hauusswirth and I. Mujika, 9-20. Champaign, IL: Human Kinetics.

71. Meeusen, R., M. Duclos, C. Foster, A. Fry, M. Gleeson, D. Nieman, J. Raglin, G. Rietjens, J. Steinacker, A. Urhausen, S. European College of Sport Science, and American College of Sports Medicine. 2013. Prevention, diagnosis, and treatment of the overtraining syndrome: Joint consensus statement of the European College of Sport Science and the American College of Sports Medicine. *Med Sci Sports Exerc* 45:186-205.

72. Meeusen, R., E. Nederhof, L. Buyse, B. Roelands, G. de Schutter, and M.F. Piacentini. 2010. Diagnosing overtraining in athletes using the two-bout exercise protocol. *Br J Sports Med* 44:642-8.

73. Meeusen, R., M.F. Piacentini, B. Busschaert, L. Buyse, G. De Schutter, and J. Stray-Gundersen. 2004. Hormonal responses in athletes: The use of a two bout exercise protocol to detect subtle differences in (over)training status. *Eur J Appl Physiol* 91:140-6.

74. Milanez, V.F., S.P. Ramos, N.M. Okuno, D.A. Boullosa, and F.Y. Nakamura. 2014.

Evidence of a non-linear dose-response relationship between training load and stress markers in elite female futsal players. *J Sports Sci Med* 13:22-29.

75. Milewski, M.D., D.L. Skaggs, G.A. Bishop, J.L. Pace, D.A. Ibrahim, T.A. Wren, and A. Barzdukas. 2014. Chronic lack of sleep is associated with increased sports injuries in adolescent athletes. *J Pediatr Orthop* 34:129-33.

76. Moore, C.A., and A.C. Fry. 2007. Nonfunctional overreaching during off-season training for skill position players in collegiate American football. *J Strength Cond Res* 21:793-800.

77. Morgan, W.P., D.L. Costill, M.G. Flynn, J.S. Raglin, and P.J. O'Connor. 1988. Mood disturbance following increased training in swimmers. *Med Sci Sports Exerc* 20:408-14.

78. Morgan, W.P., P.J. O'Connor, P.B. Sparling, and R.R. Pate. 1987. Psychological characterization of the elite female distance runner. *Int J Sports Med* 8 Suppl 2:124-31.

79. Mountjoy, M., J. Sundgot-Borgen, L. Burke, S. Carter, N. Constantini, C. Lebrun, N. Meyer, R. Sherman, K. Steffen, R. Budgett, and A. Ljungqvist. 2014. The IOC consensus statement: Beyond the female athlete triad—relative energy deficiency in sport (red-s). *Br J Sports Med* 48:491-7.

80. Mountjoy, M., J. Sundgot-Borgen, L. Burke, S. Carter, N. Constantini, C. Lebrun, N. Meyer, R. Sherman, K. Steffen, R. Budgett, and A. Ljungqvist. 2015. Authors' 2015 additions to the IOC consensus statement: Relative energy deficiency in sport (red-s). *Br J Sports Med* 49:417-20.

81. Mujika, I. 2010. Intense training: The key to optimal performance before and during the taper. *Scand J Med Sci Sports* 20 Suppl 2:24-31.

82. Nederhof, E., K.A. Lemmink, C. Visscher, R. Meeusen, and T. Mulder. 2006. Psychomotor speed: Possibly a new marker for overtraining syndrome. *Sports Med* 36:817-28.

83. Nederhof, E., J. Zwerver, M. Brink, R. Meeusen, and K. Lemmink. 2008. Different diagnostic tools in nonfunctional overreaching. *Int J Sports Med* 29:590-7.

84. Nimmerichter, A., R.G. Eston, N. Bachl, and C. Williams. 2011. Longitudinal monitoring of power output and heart rate profiles in elite cyclists. *J Sports Sci* 29:831-40.

85. Noakes, T.D. 2007. The central governor model of exercise regulation applied to the marathon. *Sports Med* 37:374-7.

86. Otter, R.T., M.S. Brink, R.L. Diercks, and K.A. Lemmink. 2016. A negative life event impairs psychosocial stress, recovery and running economy of runners. *Int J Sports Med* 37:224-29.

87. Perl, J. 2001. PerPot: A metamodel for simulation of load performance interaction. *Eur J Sport Sci* 1:1-13.

88. Pfeiffer, M. 2008. Modeling the relationship between training and performance—a comparison of two antagonistic concepts. *Int J Comp Sci in Sport* 7:13-32.

89. Piacentini, M.F., O.C. Witard, C. Tonoli, S.R. Jackman, J.E. Turner, A.K. Kies, A.E. Jeukendrup, K.D. Tipton, and R. Meeusen. 2016. Intensive training affects mood with no effect on brain-derived neurotrophic factor. *Int J Sports Physiol Perform* 11:824-30.

90. Plews, D.J., P.B. Laursen, J. Stanley, A.E. Kilding, and M. Buchheit. 2013. Training adaptation and heart rate variability in elite endurance athletes: Opening the door to effective monitoring. *Sports Med* 43:773-81.

91. Pyne, D.B., I. Mujika, and T. Reilly. 2009. Peaking for optimal performance: Research limitations and future directions. *J Sports Sci* 27:195-202.

92. Reid, V.L., M. Gleeson, N. Williams, and R.L. Clancy. 2004. Clinical investigation of athletes with persistent fatigue and/or recurrent infections. *Br J Sports Med* 38:42-5.

93. Robbins, D.W. 2005. Postactivation potentiation and its practical applicability: A brief review. *J Strength Cond Res* 19:453-8.

94. Roberts, L.A., T. Raastad, J.F. Markworth, V.C. Figueiredo, I.M. Egner, A. Shield, D. Cameron-Smith, J.S. Coombes, and J.M. Peake. 2015. Post-exercise cold water immersion attenuates acute anabolic signalling and long-term adaptations in muscle to strength training. *J Physiol* 593:4285-301.

95. Ruuska, P.S., A.J. Hautala, A.M. Kiviniemi, T.H. Makikallio, and M. Tulppo. 2012. Self-rated mental stress and exercise training response in healthy subjects. *Front Physiol* 3:1-7.

96. Saw, A.E., L.C. Main, and P.B. Gastin. 2016. Monitoring the athlete training response: Subjective self-reported measures trump commonly used objective measures: A systematic review. *Br J Sports Med* 50:281-91.

97. Schmikli, S.L., M.S. Brink, W.R. de Vries, and F.J. Backx. 2011. Can we detect non-functional overreaching in young elite soccer players and middle-long distance runners using field performance tests? *Br J Sports Med* 45:631-6.

98. Schmikli, S.L., W.R. de Vries, M.S. Brink, and F.J. Backx. 2012. Monitoring performance, pituitary-adrenal hormones and mood profiles: How to diagnose non-functional over-reaching in male elite junior soccer players. *Br J Sports Med* 46:1019-23.

99. Seitz, L.B., and G.G. Haff. 2016. Factors modulating post-activation potentiation of jump, sprint, throw, and upper-body ballistic performances: A systematic review with meta-analysis. *Sports Med* 46:231-40.

100. Selye, H. 1950. Stress and the general adaptation syndrome. *British Medical Journal* June 17:1383-92.

101. Selye, H. 1956. *The stress of life*. London: Longmans Green.

102. Smith, L.L. 2000. Cytokine hypothesis of overtraining: A physiological adaptation to excessive stress? *Med Sci Sports Exerc* 32:317-31.

103. Smith, L.L. 2004. Tissue trauma: The underlying cause of overtraining syndrome? *J Strength Cond Res* 18:185-93.

104. Smith, M.R., A.J. Coutts, M. Merlini, D. Deprez, M. Lenoir, and S.M. Marcora. 2016. Mental fatigue impairs soccer-specific physical and technical performance. *Med Sci Sports Exerc* 48:267-76.

105. Steinacker, J.M., W. Lormes, S. Reissnecker, and Y. Liu. 2004. New aspects of the hormone and cytokine response to training. *Eur J Appl Physiol* 91:382-91.

106. Stone, M.H., M. Stone, and W.A. Sands. 2006. *Principles and practice of resistance training*. Champaign, IL: Human Kinetics.

107. Stults-Kolehmainen, M.A., and J.B. Bartholomew. 2012. Psychological stress impairs short-term muscular recovery from resistance exercise. *Med Sci Sports Exerc* 44:2220-7.

108. Stults-Kolehmainen, M.A., J.B. Bartholomew, and R. Sinha. 2014. Chronic psychological stress impairs recovery of muscular function and somatic sensations over a 96-hour period. *J Strength Cond Res* 28:2007-17.

109. Thomas, K., A. Toward, D.J. West, G. Howatson, and S. Goodall. 2015. Heavy-resistance exercise-induced increases in jump performance are not explained by changes in neuromuscular function. *Scand J Med Sci Sports*.

110. Thornton, H.R., J.A. Delaney, G.M. Duthie, B.R. Scott, W.J. Chivers, C.E. Sanctuary, and B.J. Dascombe. 2016. Predicting self-reported illness for professional team-sport athletes. *Int J Sports Physiol Perform* 11:543-50.

111. Thorpe, R.T., A.J. Strudwick, M. Buchheit, G. Atkinson, B. Drust, and W. Gregson. 2015. Monitoring fatigue during the in-season competitive phase in elite soccer players. *Int J Sports Physiol Perform* 10:958-64.

112. Tillin, N.A., and D. Bishop. 2009. Factors modulating post-activation potentiation and its effect on performance of subsequent explosive activities. *Sports Med* 39:147-66.

113. Turner, A. 2011. The science and practice of periodization: A brief review. *Strength Cond J* 33:34-46.

114. Urhausen, A., and W. Kindermann. 2002. Diagnosis of overtraining: What tools do we have? *Sports Med* 32:95-102.

115. Walburn, J., K. Vedhara, M. Hankins, L. Rixon, and J. Weinman. 2009. Psychological stress and wound healing in humans: A systematic review and meta-analysis. *J Psychosom Res* 67:253-71.

116. Walsh, N.P., M. Gleeson, D.B. Pyne, D.C. Nieman, F.S. Dhabhar, R.J. Shephard, S.J. Oliver, S. Bermon, and A. Kajeniene. 2011. Position statement. Part two: Maintaining immune health. *Exerc Immunol Rev* 17:64-103.

117. Walsh, N.P., M. Gleeson, R.J. Shephard, M. Gleeson, J.A. Woods, N.C. Bishop, M. Fleshner, C. Green, B.K. Pedersen, L. Hoffman-Goetz, C.J. Rogers, H. Northoff, A. Abbasi, and P. Simon. 2011. Position statement. Part one: Immune function and exercise. *Exerc Immunol Rev* 17:6-63.

118. Zoladz, J.A., A.J. Sargeant, J. Emmerich, J. Stoklosa, and A. Zychowski. 1993. Changes in acid-base status of marathon runners during an incremental field test. Relationship to mean competitive marathon velocity. *Eur J Appl Physiol Occup Physiol* 67:71-6.

Chapter 4

1. Akenhead, R., and G.P. Nassis. 2016. Training load and player monitoring in high-level football: Current practice and perceptions. *Int J Sports Physiol Perform* 11:587-93.

2. Akubat, I., S. Barrett, and G. Abt. 2014. Integrating the internal and external training loads in soccer. *Int J Sports Physiol Perform* 9:457-62.

3. Alexiou, H., and A.J. Coutts. 2008. A comparison of methods used for quantifying internal training load in women soccer players. *Int J Sports Physiol Perform* 3:320-30.

4. Arcos, A.L., R. Martinez-Santos, J. Yanci, J. Mendiguchia, and A. Mendez-Villanueva. 2015. Negative associations between perceived training load, volume and changes in physical fitness in professional soccer players. *J Sports Sci Med* 14:394-401.

5. Arcos, A.L., J. Yanci, J. Mendiguchia, and E.M. Gorostiaga. 2014. Rating of muscular and respiratory perceived exertion in professional soccer players. *J Strength Cond Res* 28:3280-8.

6. Atlaoui, D., V. Pichot, L. Lacoste, F. Barale, J.R. Lacour, and J.C. Chatard. 2007. Heart rate variability, training variation and performance in elite swimmers. *Int J Sports Med* 28:394-400.

7. Aughey, R.J. 2011. Applications of GPS technologies to field sports. *Int J Sports Physiol Perform* 6:295-310.

8. Aughey, R.J., G.P. Elias, A. Esmaeili, B. Lazarus, and A.M. Stewart. 2015. Does the recent internal load and strain on players affect match outcome in elite Australian football? *J Sci Med Sport*.

9. Austin, D., T. Gabbett, and D. Jenkins. 2011. Repeated high-intensity exercise in professional rugby union. *J Sports Sci* 29:1105-12.

10. Banister, E.W., T.W. Calvert, M.V. Savage, and T. Bach. 1975. A system model of training for athletic performance. *Aust J Sports Med* 7:170-76.

11. Barrett, S., A. Midgley, and R. Lovell. 2014. Playerload: Reliability, convergent validity, and influence of unit position during treadmill running. *Int J Sports Physiol Perform* 9:945-52.

12. Barrett, S., A.W. Midgley, C. Towlson, A. Garrett, M. Portas, and R. Lovell. 2015. Within-match playerload patterns during a simulated soccer match (SAFT90): Potential implications for unit positioning and fatigue management. *Int J Sports Physiol Perform*.

13. Bautista, I.J., I.J. Chirosa, L.J. Chirosa, I. Martin, A. Gonzalez, and R.J. Robertson. 2014. Development and validity of a scale of perception of velocity in resistance exercise. *J Sports Sci Med* 13:542-9.

14. Bautista, I.J., I.J. Chirosa, J.E. Robinson, L.J. Chirosa, and I.M. Martin. 2016. Concurrent validity of a perception velocity scale to monitor squat exercise intensity in young skiers. *J Strength Cond Res* 30:421-9.

15. Blanch, P., and T.J. Gabbett. 2016. Has the athlete trained enough to return to play safely? The acute:chronic workload ratio permits clinicians to quantify a player's risk of subsequent injury. *Br J Sports Med* 50:471-75.

16. Borg, E., and G. Borg. 2002. A comparison of AME and CR100 for scaling perceived exertion. *Acta Psychol (Amst)* 109:157-75.

17. Borg, E., G. Borg, K. Larsson, M. Letzter, and B.M. Sundblad. 2010. An index for breathlessness and leg fatigue. *Scand J Med Sci Sports* 20:644-50.

18. Borg, E., and L. Kaijser. 2006. A comparison between three rating scales for perceived exertion and two different work tests. *Scand J Med Sci Sports* 16:57-69.

19. Borg, G. 1990. Psychophysical scaling with applications in physical work and the perception of exertion. *Scand J Work Environ Health* 16 Suppl 1:55-8.

20. Borg, G., P. Hassmen, and M. Lagerstrom. 1987. Perceived exertion related to heart rate and blood lactate during arm and leg exercise. *Eur J Appl Physiol Occup Physiol* 56:679-85.

21. Borg, G.A. 1982. Psychophysical bases of perceived exertion. *Med Sci Sports Exerc* 14:377-81.

22. Borg, G.A., and B.J. Noble. 1974. Perceived exertion. *Exerc Sport Sci Rev* 2:131-53.

23. Borges, N.R., and M.W. Driller. 2016. Wearable lactate threshold predicting device is valid and reliable in runners. *J Strength Cond Res* 30:2212-8.

24. Borresen, J., and M. Lambert. 2006. Validity of self-reported training duration. *Int J Sports Sci Coaching* 1:353-59.

25. Borresen, J., and M.I. Lambert. 2008. Quantifying training load: A comparison of subjective and objective methods. *Int J Sports Physiol Perform* 3:16-30.

26. Borresen, J., and M.I. Lambert. 2009. The quantification of training load, the training response and the effect on performance. *Sports Med* 39:779-95.

27. Boyd, L.J., K. Ball, and R.J. Aughey. 2011. The reliability of MinimaxX accelerometers for measuring physical activity in Australian football. *Int J Sports Physiol Perform* 6:311-21.

28. Brink, M.S., W.G. Frencken, G. Jordet, and K.A. Lemmink. 2014. Coaches' and players' perceptions of training dose: Not a perfect match. *Int J Sports Physiol Perform* 9:497-502.

29. Buchheit, M., A. Gray, and J.B. Morin. 2015. Assessing stride variables and vertical stiffness with GPS-embedded accelerometers: Preliminary insights for the monitoring of neuromuscular fatigue on the field. *J Sports Sci Med* 14:698-701.

30. Busso, T., K. Hakkinen, A. Pakarinen, C. Carasso, J.R. Lacour, P.V. Komi, and H. Kauhanen. 1990. A systems model of training responses and its relationship to hormonal responses in elite weight-lifters. *Eur J Appl Physiol Occup Physiol* 61:48-54.

31. Calvert, T.W., E.W. Banister, M.V. Savage, and T. Bach. 1976. A systems model of the effects of training on physical performance. *IEEE Trans Syst Man Cybern* 6:94-102.

32. Chatard, J.C., D. Atlaoui, V. Pichot, C. Gourne, M. Duclos, and Y.C. Guezennec. 2003. Training follow up by questionnaire fatigue, hormones and heart rate variability measurements. *Sci Sports* 18:302-04.

33. Chen, M.J., X. Fan, and S.T. Moe. 2002. Criterion-related validity of the Borg ratings of perceived exertion scale in healthy individuals: A meta-analysis. *J Sports Sci* 20:873-99.

34. Clarke, A.C., J. Anson, and D. Pyne. 2015. Physiologically based GPS speed zones for evaluating running demands in women's rugby sevens. *J Sports Sci* 33:1101-8.

35. Clarke, A.C., J.M. Anson, and D.B. Pyne. 2015. Neuromuscular fatigue and muscle damage after a women's rugby sevens tournament. *Int J Sports Physiol Perform* 10:808-14.

36. Cleather, D.J., and S.R. Guthrie. 2007. Quantifying delayed-onset muscle soreness: A comparison of unidimensional and multidimensional instrumentation. *J Sports Sci* 25:845-50.

37. Cormack, S.J., R.L. Smith, M.M. Mooney, W.B. Young, and B.J. O'Brien. 2014. Accelerometer load as a measure of activity profile in different standards of netball match play. *Int J Sports Physiol Perform* 9:283-91.

38. Coutts, A.J., and S. Cormack. 2014. Monitoring the training response. In *High-performance training for sports*, edited by D. Joyce and D. Lewindon, 85-96. Champaign, IL: Human Kinetics.

39. Coutts, A.J., T. Kempton, C. Sullivan, J. Bilsborough, J. Cordy, and E. Rampinini. 2015. Metabolic power and energetic costs of professional Australian football match-play. *J Sci Med Sport* 18:219-24.

40. Cross, M.J., S. Williams, G. Trewartha, S.P. Kemp, and K.A. Stokes. 2016. The influence of in-season training loads on injury risk in professional rugby union. *Int J Sports Physiol Perform* 11:350-55.

41. Cummins, C., and R. Orr. 2015. Analysis of physical collisions in elite national rugby league match play. *Int J Sports Physiol Perform* 10:732-9.

42. Cummins, C., R. Orr, H. O'Connor, and C. West. 2013. Global positioning systems (GPS) and microtechnology sensors in team sports: A systematic review. *Sports Med* 43:1025-42.

43. Day, M.L., M.R. McGuigan, G. Brice, and C. Foster. 2004. Monitoring exercise intensity during resistance training using the session RPE scale. *J Strength Cond Res* 18:353-8.

44. de Jong, J., L. van der Meijden, S. Hamby, S. Suckow, C. Dodge, J.J. de Koning, and C. Foster. 2015. Pacing strategy in short cycling time trials. *Int J Sports Physiol Perform* 10:1015-22.

45. Driller, M.W., C.K. Argus, and C.M. Shing. 2013. The reliability of a 30-s sprint test on the Wattbike cycle ergometer. *Int J Sports Physiol Perform* 8:379-83.

46. Dwyer, D.B., and T.J. Gabbett. 2012. Global positioning system data analysis: Velocity ranges and a new definition of sprinting for field sport athletes. *J Strength Cond Res* 26:818-24.

47. Edwards, S. 1992. *The heart rate monitor book*. Sacramento, CA: Polar CIC.

48. Ekegren, C.L., A. Donaldson, B.J. Gabbe, and C.F. Finch. 2014. Implementing injury surveillance systems alongside injury prevention programs: Evaluation of an online surveillance system in a community setting. *Inj Epidemiol* 1:19.

49. Ekegren, C.L., B.J. Gabbe, and C.F. Finch. 2014. Injury reporting via SMS text messaging in community sport. *Inj Prev* 20:266-71.

50. Elloumi, M., N. El Elj, M. Zaouali, F. Maso, E. Filaire, Z. Tabka, and G. Lac. 2005. IGFBP-3, a sensitive marker of physical training and overtraining. *Br J Sports Med* 39:604-10.

51. Eston, R. 2012. Use of ratings of perceived exertion in sports. *Int J Sports Physiol Perform* 7:175-82.

52. Evenson, K.R., M.M. Goto, and R.D. Furberg. 2015. Systematic review of the validity and reliability of consumer-wearable activity trackers. *Int J Behav Nutr Phys Act* 12:159.

53. Fanchini, M., I. Ferraresi, R. Modena, F. Schena, A.J. Coutts, and F.M. Impellizzeri. 2016. Use of CR100 scale for session—RPE in soccer and interchangeability with CR10. *Int J Sports Physiol Perform* 11:388-92.

54. Foster, C. 1998. Monitoring training in athletes with reference to overtraining syndrome. *Med Sci Sports Exerc* 30:1164-8.

55. Foster, C., E. Daines, L. Hector, A.C. Snyder, and R. Welsh. 1996. Athletic performance in relation to training load. *Wis Med J* 95:370-4.

56. Foster, C., J.A. Florhaug, J. Franklin, L. Gottschall, L.A. Hrovatin, S. Parker, P. Doleshal, and C. Dodge. 2001. A new approach to monitoring exercise training. *J Strength Cond Res* 15:109-15.

57. Foster, C., L.L. Hector, R. Welsh, M. Schrager, M.A. Green, and A.C. Snyder. 1995. Effects of specific versus cross-training on running performance. *Eur J Appl Physiol Occup Physiol* 70:367-72.

58. Foster, C., K.M. Heimann, P.L. Esten, G. Brice, and J.P. Porcari. 2001. Differences in perceptions of training by coaches and athletes. *South Afr J Sports Med* 8:3-7.

59. Fry, R.W., J.R. Grove, A.R. Morton, P.M. Zeroni, S. Gaudieri, and D. Keast. 1994. Psychological and immunological correlates of acute overtraining. *Br J Sports Med* 28:241-6.

60. Gabbett, T.J. 2010. The development and application of an injury prediction model for noncontact, soft-tissue injuries in elite collision sport athletes. *J Strength Cond Res* 24:2593-603.

61. Gabbett, T.J. 2015. Relationship between accelerometer load, collisions, and repeated high-intensity effort activity in rugby league players. *J Strength Cond Res* 29:3424-31.

62. Gabbett, T.J., and N. Domrow. 2007. Relationships between training load, injury, and fitness in sub-elite collision sport athletes. *J Sports Sci* 25:1507-19.

63. Gabbett, T.J., and D.G. Jenkins. 2011. Relationship between training load and injury in professional rugby league players. *J Sci Med Sport* 14:204-9.

64. Gabbett, T.J., D.G. Jenkins, and B. Abernethy. 2012. Physical demands of professional rugby league training and competition using microtechnology. *J Sci Med Sport* 15:80-6.

65. Gabbett, T.J., and S. Ullah. 2012. Relationship between running loads and soft-tissue injury in elite team sport athletes. *J Strength Cond Res* 26:953-60.

66. Gallo, T., S. Cormack, T. Gabbett, M. Williams, and C. Lorenzen. 2015. Characteristics impacting on session rating of perceived exertion training load in Australian footballers. *J Sports Sci* 33:467-75.

67. Gastin, P.B., D. Meyer, and D. Robinson. 2013. Perceptions of wellness to monitor adaptive responses to training and competition in elite Australian football. *J Strength Cond Res* 27:2518-26.

68. Gaudino, P., F.M. Iaia, G. Alberti, A.J. Strudwick, G. Atkinson, and W. Gregson. 2013. Monitoring training in elite soccer players: Systematic bias between running speed and metabolic power data. *Int J Sports Med* 34:963-8.

69. Gaudino, P., F.M. Iaia, A.J. Strudwick, R.D. Hawkins, G. Alberti, G. Atkinson, and W. Gregson. 2015. Factors influencing perception of effort (session rating of perceived exertion) during elite soccer training. *Int J Sports Physiol Perform* 10:860-4.

70. Gil-Rey, E., A. Lezaun, and A. Los Arcos. 2015. Quantification of the perceived training load and its relationship with changes in physical fitness performance in junior soccer players. *J Sports Sci* 33:2125-32.

71. Gomes, R.V., A. Moreira, L. Lodo, K. Nosaka, A.J. Coutts, and M.S. Aoki. 2013. Monitoring training loads, stress, immune-endocrine responses and performance in tennis players. *Biol Sport* 30:173-80.

72. Grove, J.R., L.C. Main, K. Partridge, D.J. Bishop, S. Russell, A. Shepherdson, and L. Ferguson. 2014. Training distress and performance readiness: Laboratory and field validation of a brief self-report measure. *Scand J Med Sci Sports* 24:e483-e90.

73. Haddad, M., A. Chaouachi, C. Castagna, P. Wong del, D.G. Behm, and K. Chamari. 2011. The construct validity of session RPE during an intensive camp in young male taekwondo athletes. *Int J Sports Physiol Perform* 6:252-63.

74. Haff, G.G. 2010. Quantifying workloads in resistance training: A brief review. *UK Strength Cond Assoc J* 19:31-40.

75. Haile, L., F.L. Goss, R.J. Robertson, J.L. Andreacci, M. Gallagher, Jr., and E.F. Nagle. 2013. Session perceived exertion and affective responses to self-selected and imposed cycle exercise of the same intensity in young men. *Eur J Appl Physiol* 113:1755-65.

76. Halson, S.L. 2014. Monitoring training load to understand fatigue in athletes. *Sports Med* 44 Suppl 2:S139-47.

77. Halson, S.L., M.W. Bridge, R. Meeusen, B. Busschaert, M. Gleeson, D.A. Jones, and A.E. Jeukendrup. 2002. Time course of performance changes and fatigue markers during intensified training in trained cyclists. *J Appl Physiol* 93:947-56.

78. Hausler, J., M. Halaki, and R. Orr. 2016. Application of global positioning system and microsensor technology in competitive rugby league match-play: A systematic review and meta-analysis. *Sports Med* 46:559-88.

79. Hiscock, D.J., B. Dawson, C.J. Donnelly, and P. Peeling. 2015. Muscle activation, blood lactate, and perceived exertion responses to changing resistance training programming variables. *Eur J Sport Sci*:1-9.

80. Hiscock, D.J., B. Dawson, and P. Peeling. 2015. Perceived exertion responses to changing resistance training programming variables. *J Strength Cond Res* 29:1564-9.

81. Hooper, S.L., L.T. Mackinnon, A. Howard, R.D. Gordon, and A.W. Bachmann. 1995. Markers for monitoring overtraining and recovery. *Med Sci Sports Exerc* 27:106-12.

82. Hopkins, W.G. 1991. Quantification of training in competitive sports. Methods and applications. *Sports Med* 12:161-83.

83. Howatson, G., and K.A. van Someren. 2008. The prevention and treatment of exercise-induced muscle damage. *Sports Med* 38:483-503.

84. Hulin, B.T., T.J. Gabbett, P. Blanch, P. Chapman, D. Bailey, and J.W. Orchard. 2014. Spikes in acute workload are associated with increased injury risk in elite cricket fast bowlers. *Br J Sports Med* 48:708-12.

85. Hulin, B.T., T.J. Gabbett, S. Kearney, and A. Corvo. 2015. Physical demands of match play in successful and less-successful elite rugby league teams. *Int J Sports Physiol Perform* 10:703-10.

86. Impellizzeri, F.M., and N.A. Maffiuletti. 2007. Convergent evidence for construct validity of a 7-point Likert scale of lower limb muscle soreness. *Clin J Sport Med* 17:494-6.

87. Impellizzeri, F.M., E. Rampinini, A.J. Coutts, A. Sassi, and S.M. Marcora. 2004. Use of RPE-based training load in soccer. *Med Sci Sports Exerc* 36:1042-7.

88. Jennings, D., S. Cormack, A.J. Coutts, L. Boyd, and R.J. Aughey. 2010. The validity and reliability of GPS units for measuring distance in team sport specific running patterns. *Int J Sports Physiol Perform* 5:328-41.

89. Jennings, D., S. Cormack, A.J. Coutts, L.J. Boyd, and R.J. Aughey. 2010. Variability of GPS units for measuring distance in team sport movements. *Int J Sports Physiol Perform* 5:565-9.

90. Jennings, D., S.J. Cormack, A.J. Coutts, and R.J. Aughey. 2012. GPS analysis of an international field hockey tournament. *Int J Sports Physiol Perform* 7:224-31.

91. Jobson, S.A., L. Passfield, G. Atkinson, G. Barton, and P. Scarf. 2009. The analysis and utilization of cycling training data. *Sports Med* 39:833-44.

92. Johnston, R.J., M.L. Watsford, D. Austin, M.J. Pine, and R.W. Spurrs. 2015. Player acceleration and deceleration profiles in professional Australian football. *J Sports Med Phys Fitness* 55:931-9.

93. Johnston, R.J., M.L. Watsford, D.J. Austin, M.J. Pine, and R.W. Spurrs. 2015. An examination of the relationship between movement demands and rating of perceived exertion in Australian footballers. *J Strength Cond Res* 29:2026-33.

94. Johnston, R.J., M.L. Watsford, D.J. Austin, M.J. Pine, and R.W. Spurrs. 2015. Movement demands and metabolic power comparisons between elite and subelite Australian footballers. *J Strength Cond Res* 29:2738-44.

95. Johnston, R.J., M.L. Watsford, S.J. Kelly, M.J. Pine, and R.W. Spurrs. 2014. Validity and interunit reliability of 10 Hz and 15 Hz GPS units for assessing athlete movement demands. *J Strength Cond Res* 28:1649-55.

96. Kellmann, M., ed. 2002. *Enhancing recovery: Preventing underperformance in athletes.* Champaign, IL: Human Kinetics.

97. Kempton, T., A.C. Sirotic, E. Rampinini, and A.J. Coutts. 2015. Metabolic power demands of rugby league match play. *Int J Sports Physiol Perform* 10:23-8.

98. Kentta, G., and P. Hassmen. 1998. Overtraining and recovery: A conceptual model. *Sports Med* 26:1-16.

99. Kolling, S., B. Hitzschke, T. Holst, A. Ferrauti, T. Meyer, M. Pfeiffer, and M. Kellmann. 2015. Validity of the acute recovery and stress scale: Training monitoring of the German junior national field hockey team. *Int J Sports Sci Coaching* 10:529-42.

100. Kolling, S., J.M. Steinacker, S. Endler, A. Ferrauti, T. Meyer, and M. Kellmann. 2016. The longer the better: Sleep-wake patterns during preparation of the world rowing junior championships. *Chronobiol Int*:1-12.

101. Kraemer, W.J., S.J. Fleck, and M.R. Deschenes. 2012. *Exercise physiology: Integrating theory and application.* Baltimore, MD: Lippincott Williams & Wilkins.

102. Kraft, J.A., J.M. Green, and T.M. Gast. 2014. Work distribution influences session ratings of perceived exertion response during resistance exercise matched for total volume. *J Strength Cond Res* 28:2042-6.

103. Lambert, M., and J. Borresen. 2006. A theoretical basis of monitoring fatigue: A practical approach for coaches. *Int J Sports Sci Coaching* 1:371-88.

104. Lambert, M.I., P. Marcus, T. Burgess, and T.D. Noakes. 2002. Electro-membrane microcurrent therapy reduces signs and symptoms of muscle damage. *Med Sci Sports Exerc* 34:602-7.

105. Lan, M.F., A.M. Lane, J. Roy, and N.A. Hanin. 2012. Validity of the Brunel Mood Scale for use with Malaysian athletes. *J Sports Sci Med* 11:131-5.

106. Larsson, P. 2003. Global positioning system and sport-specific testing. *Sports Med* 33:1093-101.

107. Lau, W.Y., A.J. Blazevich, M.J. Newton, S.S. Wu, and K. Nosaka. 2015. Assessment of muscle pain induced by elbow-flexor eccentric exercise. *J Athl Train* 50:1140-8.

108. Laurent, C.M., J.M. Green, P.A. Bishop, J. Sjokvist, R.E. Schumacker, M.T. Richardson, and M. Curtner-Smith. 2011. A practical approach to monitoring recovery: Development of a perceived recovery status scale. *J Strength Cond Res* 25:620-8.

109. Lockie, R.G., A.J. Murphy, B.R. Scott, and X.A. Janse de Jonge. 2012. Quantifying session ratings of perceived exertion for field-based speed training methods in team sport athletes. *J Strength Cond Res* 26:2721-8.

110. Lovell, R., and G. Abt. 2013. Individualization of time-motion analysis: A case-cohort example. *Int J Sports Physiol Perform* 8:456-8.

111. Lovell, T.W., A.C. Sirotic, F.M. Impellizzeri, and A.J. Coutts. 2013. Factors affecting perception of effort (session rating of perceived exertion) during rugby league training. *Int J Sports Physiol Perform* 8:62-9.

112. Lucia, A., J. Hoyos, A. Santalla, C. Earnest, and J.L. Chicharro. 2003. Tour de France versus Vuelta a Espana: Which is harder? *Med Sci Sports Exerc* 35:872-8.

113. Manzi, V., A. Bovenzi, C. Castagna, P.S. Salimei, M. Volterrani, and F. Iellamo. 2015. Training-load distribution in endurance runners: Objective versus subjective assessment. *Int J Sports Physiol Perform* 10:1023-8.

114. Maso, F., G. Lac, E. Filaire, O. Michaux, and A. Robert. 2004. Salivary testosterone and cortisol in rugby players: Correlation with psychological overtraining items. *Br J Sports Med* 38:260-3.

115. McArdle, W.D., F.I. Katch, and V.L. Katch. 2014. *Exercise physiology: Energy, nutrition, and human performance.* 8th ed. Baltimore: Lippincott Williams & Wilkins.

116. McGuigan, M.R., A.D. Egan, and C. Foster. 2004. Salivary cortisol responses and perceived exertion during high intensity and low intensity bouts of resistance exercise. *J Sports Sci Med* 3:8-15.

117. McLaren, S.J., M. Weston, A. Smith, R. Cramb, and M.D. Portas. 2015. Variability of physical performance and player match loads in professional rugby union. *J Sci Med Sport.*

118. McLean, B.D., A.J. Coutts, V. Kelly, M.R. McGuigan, and S.J. Cormack. 2010. Neuromuscular, endocrine, and perceptual fatigue responses during different length between-match microcycles in professional rugby league players. *Int J Sports Physiol Perform* 5:367-83.

119. McNair, D.M., M. Lorr, and L.F. Droppleman. 1971. *Manual for the profile of mood states.* San Diego, CA: Educational and Industrial Testing Service.

120. McNamara, D.J., T.J. Gabbett, G. Naughton, P. Farhart, and P. Chapman. 2013. Training and competition workloads and fatigue responses of elite junior cricket players. *Int J Sports Physiol Perform* 8:517-26.

121. Meeusen, R., M. Duclos, C. Foster, A. Fry, M. Gleeson, D. Nieman, J. Raglin, G. Rietjens, J. Steinacker, A. Urhausen, S. European College of Sport Science, and American College of Sports Medicine. 2013. Prevention, diagnosis, and treatment of the overtraining syndrome: Joint consensus statement of the European college of sport science and the American College of Sports Medicine. *Med Sci Sports Exerc* 45:186-205.

122. Melzack, R. 1975. The McGill pain questionnaire: Major properties and scoring methods. *Pain* 1:277-99.

123. Milanez, V.F., S.P. Ramos, N.M. Okuno, D.A. Boullosa, and F.Y. Nakamura. 2014. Evidence of a non-linear dose-response relationship between training load and stress markers in elite female futsal players. *J Sports Sci Med* 13:22-29.

124. Minganti, C., L. Capranica, R. Meeusen, S. Amici, and M.F. Piacentini. 2010. The validity of session rating of perceived exertion method for quantifying training load in teamgym. *J Strength Cond Res* 24:3063-8.

125. Minganti, C., L. Capranica, R. Meeusen, and M.F. Piacentini. 2011. The use of session-RPE method for quantifying training load in diving. *Int J Sports Physiol Perform* 6:408-18.

126. Montgomery, P.G., and W.G. Hopkins. 2013. The effects of game and training loads on perceptual responses of muscle soreness in Australian football. *Int J Sports Physiol Perform* 8:312-8.

127. Mooney, M., S. Cormack, B. O'Brien, and A.J. Coutts. 2013. Do physical capacity and interchange rest periods influence match exercise-intensity profile in Australian football? *Int J Sports Physiol Perform* 8:165-72.

128. Mooney, M., B. O'Brien, S. Cormack, A. Coutts, J. Berry, and W. Young. 2011. The relationship between physical capacity and match performance in elite Australian football: A mediation approach. *J Sci Med Sport* 14:447-52.

129. Mooney, R., G. Corley, A. Godfrey, L.R. Quinlan, and O.L. G. 2015. Inertial sensor technology for elite swimming performance analysis: A systematic review. *Sensors (Basel)* 16.

130. Moreira, A., J.C. Bilsborough, C.J. Sullivan, M. Ciancosi, M.S. Aoki, and A.J. Coutts. 2015. Training periodization of professional Australian football players during an entire Australian football league season. *Int J Sports Physiol Perform* 10:566-71.

131. Moreira, A., N.R. de Moura, A. Coutts, E.C. Costa, T. Kempton, and M.S. Aoki. 2013.

Monitoring internal training load and mucosal immune responses in futsal athletes. *J Strength Cond Res* 27:1253-9.

132. Moreira, A., M.R. McGuigan, A.F. Arruda, C.G. Freitas, and M.S. Aoki. 2012. Monitoring internal load parameters during simulated and official basketball matches. *J Strength Cond Res* 26:861-6.

133. Morton, R.H., J.R. Fitz-Clarke, and E.W. Banister. 1990. Modeling human performance in running. *J Appl Physiol* 69:1171-77.

134. Murray, N.B., T.J. Gabbett, and K. Chamari. 2014. Effect of different between-match recovery times on the activity profiles and injury rates of national rugby league players. *J Strength Cond Res* 28:3476-83.

135. Neely, G., G. Ljunggren, C. Sylven, and G. Borg. 1992. Comparison between the visual analogue scale (VAS) and the category ratio scale (CR-10) for the evaluation of leg exertion. *Int J Sports Med* 13:133-6.

136. Nimmerichter, A., R.G. Eston, N. Bachl, and C. Williams. 2011. Longitudinal monitoring of power output and heart rate profiles in elite cyclists. *J Sports Sci* 29:831-40.

137. Nimmerichter, A., and C.A. Williams. 2015. Comparison of power output during ergometer and track cycling in adolescent cyclists. *J Strength Cond Res* 29:1049-56.

138. Noble, B.J., G.A. Borg, I. Jacobs, R. Ceci, and P. Kaiser. 1983. A category-ratio perceived exertion scale: Relationship to blood and muscle lactates and heart rate. *Med Sci Sports Exerc* 15:523-8.

139. Nosaka, K., M. Newton, and P. Sacco. 2002. Delayed-onset muscle soreness does not reflect the magnitude of eccentric exercise-induced muscle damage. *Scand J Med Sci Sports* 12:337-46.

140. Padulo, J., H. Chaabene, M. Tabben, M. Haddad, C. Gevat, S. Vando, L. Maurino, A. Chaouachi, and K. Chamari. 2014. The construct validity of session RPE during an intensive camp in young male karate athletes. *Muscles Ligaments Tendons J* 4:121-6.

141. Paulson, T.A., B. Mason, J. Rhodes, and V.L. Goosey-Tolfrey. 2015. Individualized internal and external training load relationships in elite wheelchair rugby players. *Front Physiol* 6:388.

142. Pinot, J., and F. Grappe. 2015. A six-year monitoring case study of a top-10 cycling Grand Tour finisher. *J Sports Sci* 33:907-14.

143. Polglaze, T., B. Dawson, and P. Peeling. 2016. Gold standard or fool's gold? The efficacy of displacement variables as indicators of energy expenditure in team sports. *Sports Med* 46:657-70.

144. Pritchett, R.C., J.M. Green, P.J. Wickwire, K.L. Pritchett, and M.S. Kovacs. 2009. Acute and session RPE responses during resistance training: Bouts to failure at 60% and 90% of 1RM. *South Afr J Sports Med* 21:23-26.

145. Putlur, P., C. Foster, J.A. Miskowski, M.K. Kane, S.E. Burton, T.P. Scheett, and M.R. McGuigan. 2004. Alteration of immune function in women collegiate soccer players and college students. *J Sports Sci Med* 3:234-43.

146. Rabelo, F.N., B.N. Pasquarelli, B. Goncalves, F. Matzenbacher, F.A. Campos, J. Sampaio, and F.Y. Nakamura. 2016. Monitoring the intended and perceived training load of a professional futsal team over 45 weeks: A case study. *J Strength Cond Res* 30:134-40.

147. Rampinini, E., G. Alberti, M. Fiorenza, M. Riggio, R. Sassi, T.O. Borges, and A.J. Coutts. 2015. Accuracy of GPS devices for measuring high-intensity running in field-based team sports. *Int J Sports Med* 36:49-53.

148. Rampinini, E., F.M. Impellizzeri, C. Castagna, A.J. Coutts, and U. Wisloff. 2009. Technical performance during soccer matches of the Italian Serie A league: Effect of fatigue and competitive level. *J Sci Med Sport* 12:227-33.

149. Rebelo, A., J. Brito, A. Seabra, J. Oliveira, B. Drust, and P. Krustrup. 2012. A new tool to measure training load in soccer training and match play. *Int J Sports Med* 33:297-304.

150. Rietjens, G.J., H. Kuipers, J.J. Adam, W.H. Saris, E. van Breda, D. van Hamont, and H.A. Keizer. 2005. Physiological, biochemical and psychological markers of strenuous training-induced fatigue. *Int J Sports Med* 26:16-26.

151. Robertson, R.J. 2004. *Perceived exertion for practitioners*. Champaign, IL: Human Kinetics.

152. Robertson, R.J., F.L. Goss, J. Dube, J. Rutkowski, M. Dupain, C. Brennan, and J. Andreacci. 2004. Validation of the adult OMNI scale of perceived exertion for cycle ergometer exercise. *Med Sci Sports Exerc* 36:102-8.

153. Robertson, R.J., F.L. Goss, J. Rutkowski, B. Lenz, C. Dixon, J. Timmer, K. Frazee, J. Dube, and J. Andreacci. 2003. Concurrent validation of the OMNI perceived exertion scale for resistance exercise. *Med Sci Sports Exerc* 35:333-41.

154. Rodriguez-Marroyo, J.A., G. Villa, J. Garcia-Lopez, and C. Foster. 2012. Comparison of heart rate and session rating of perceived exertion methods of defining exercise load in cyclists. *J Strength Cond Res* 26:2249-57.

155. Rogalski, B., B. Dawson, J. Heasman, and T.J. Gabbett. 2013. Training and game loads and injury risk in elite Australian footballers. *J Sci Med Sport* 16:499-503.

156. Rosenberger, M.E., M.P. Buman, W.L. Haskell, M.V. McConnell, and L.L. Carstensen. 2016. 24 hours of sleep, sedentary behavior, and physical activity with nine wearable devices. *Med Sci Sports Exerc* 48:547-65.

157. Ross, A., N. Gill, and J. Cronin. 2015. The match demands of international rugby sevens. *J Sports Sci* 33:1035-41.

158. Sato, K., W.A. Sands, and M.H. Stone. 2012. The reliability of accelerometry to measure weightlifting performance. *Sports Biomech* 11:524-31.

159. Saw, A.E., L.C. Main, and P.B. Gastin. 2015. Monitoring athletes through self-report: Factors influencing implementation. *J Sports Sci Med* 14:137-46.

160. Saw, A.E., L.C. Main, and P.B. Gastin. 2016. Monitoring the athlete training response: Subjective self-reported measures trump commonly used objective measures: A systematic review. *Br J Sports Med* 50:281-91.

161. Schwarz, N. 1999. Self reports: How questions shape the answers. *Am Psychol* 54:93-105.

162. Scott, M.T., T.J. Scott, and V.G. Kelly. 2016. The validity and reliability of global positioning systems in team sport: A brief review. *J Strength Cond Res* 30:1470-90.

163. Scott, T.J., C.R. Black, J. Quinn, and A.J. Coutts. 2013. Validity and reliability of the session-RPE method for quantifying training in Australian football: A comparison of the cr10 and CR100 scales. *J Strength Cond Res* 27:270-6.

164. Semark, A., T.D. Noakes, A. St Clair Gibson, and M.I. Lambert. 1999. The effect of a prophylactic dose of flurbiprofen on muscle soreness and sprinting performance in trained subjects. *J Sports Sci* 17:197-203.

165. Sikorski, E.M., J.M. Wilson, R.P. Lowery, J.M. Joy, C.M. Laurent, S.M. Wilson, D. Hesson, M.A. Naimo, B. Averbuch, and P. Gilchrist. 2013. Changes in perceived recovery status scale following high-volume muscle damaging resistance exercise. *J Strength Cond Res* 27:2079-85.

166. Singh, F., C. Foster, D. Tod, and M.R. McGuigan. 2007. Monitoring different types of resistance training using session rating of perceived exertion. *Int J Sports Physiol Perform* 2:34-45.

167. Stone, M.H., M. Stone, and W.A. Sands. 2006. *Principles and practice of resistance training*. Champaign, IL: Human Kinetics.

168. Sweet, T.W., C. Foster, M.R. McGuigan, and G. Brice. 2004. Quantitation of resistance training using the session rating of perceived exertion method. *J Strength Cond Res* 18:796-802.

169. Taylor, K.L., D.W. Chapman, J.B. Cronin, M.J. Newton, and N. Gill. 2012. Fatigue monitoring in high performance sport: A survey of current trends. *J Aust Strength Cond* 20:12-23.

170. Terbizan, D.J., B.A. Dolezal, and C. Albano. 2002. Validity of seven commercially available heart rate monitors. *Meas Phys Educ Exerc Sci* 6:243-47.

171. Terry, P.C., A.M. Lane, and G.J. Fogarty. 2003. Construct validity of the profile of mood states—adolescents for use with adults. *Psyc Sport Exerc* 4:125-39.

172. Terry, P.C., A.M. Lane, H.J. Lane, and L. Keohane. 1999. Development and validation of a mood measure for adolescents. *J Sports Sci* 17:861-72.

173. Thornton, H.R., J.A. Delaney, G.M. Duthie, B.R. Scott, W.J. Chivers, C.E. Sanctuary, and B.J. Dascombe. 2016. Predicting self-reported illness for professional team-sport athletes. *Int J Sports Physiol Perform* 11:543-50.

174. Twist, C., and J. Highton. 2013. Monitoring fatigue and recovery in rugby league players. *Int J Sports Physiol Perform* 8:467-74.

175. Uchida, M.C., L.F. Teixeira, V.J. Godoi, P.H. Marchetti, M. Conte, A.J. Coutts, and R.F. Bacurau. 2014. Does the timing of measurement alter session-RPE in boxers? *J Sports Sci Med* 13:59-65.

176. Utter, A.C., R.J. Robertson, J.M. Green, R.R. Suminski, S.R. McAnulty, and D.C. Nieman. 2004. Validation of the adult OMNI scale of perceived exertion for walking/running exercise. *Med Sci Sports Exerc* 36:1776-80.

177. Varley, M.C., T. Gabbett, and R.J. Aughey. 2014. Activity profiles of professional soccer, rugby league and Australian football match play. *J Sports Sci* 32:1858-66.

178. Vescovi, J.D., and T. Goodale. 2015. Physical demands of women's rugby sevens matches: Female Athletes in Motion (FAIM) study. *Int J Sports Med* 36:887-92.

179. Veugelers, K.R., W.B. Young, B. Fahrner, and J.T. Harvey. 2016. Different methods of training load quantification and their relationship to injury and illness in elite Australian football. *J Sci Med Sport* 19:24-8.

180. Wallace, L.K., K.M. Slattery, and A.J. Coutts. 2009. The ecological validity and application of the session-RPE method for quantifying training loads in swimming. *J Strength Cond Res* 23:33-8.

181. Wallace, L.K., K.M. Slattery, and A.J. Coutts. 2014. A comparison of methods for quantifying training load: Relationships between modelled and actual training responses. *Eur J Appl Physiol* 114:11-20.

182. Weaving, D., P. Marshall, K. Earle, A. Nevill, and G. Abt. 2014. Combining internal- and external-training-load measures in professional rugby league. *Int J Sports Physiol Perform* 9:905-12.

183. Wellman, A.D., S.C. Coad, G.C. Goulet, and C.P. McLellan. 2016. Quantification of competitive game demands of NCAA Division I college football players using global positioning systems. *J Strength Cond Res* 30:11-9.

184. Weston, M., J. Siegler, A. Bahnert, J. McBrien, and R. Lovell. 2015. The application of differential ratings of perceived exertion to Australian football league matches. *J Sci Med Sport* 18:704-8.

185. Wilkerson, G.B., A. Gupta, J.R. Allen, C.M. Keith, and M.A. Colston. 2016. Utilization of practice session average inertial load to quantify college football injury risk. *J Strength Cond Res* 30:2369-74.

186. Zourdos, M.C., A. Klemp, C. Dolan, J.M. Quiles, K.A. Schau, E. Jo, E. Helms, B. Esgro, S. Duncan, S. Garcia Merino, and R. Blanco. 2016. Novel resistance training-specific rating of perceived exertion scale measuring repetitions in reserve. *J Strength Cond Res* 30:267-75.

Chapter 5

1. Akenhead, R., and G.P. Nassis. 2016. Training load and player monitoring in high-level football: Current practice and perceptions. *Int J Sports Physiol Perform* 11:587-93.

2. Al Haddad, H., P.B. Laursen, D. Chollet, S. Ahmaidi, and M. Buchheit. 2011. Reliability of resting and postexercise heart rate measures. *Int J Sports Med* 32:598-605.

3. Bailey, C., K. Sato, R. Alexander, C. Chiang, and M.H. Stone. 2013. Isometric force production in symmetry and jump performance in collegiate athletes. *J Trainology* 2:1-5.

4. Baker, D.G., and R.U. Newton. 2007. Change in power output across a high-repetition set of bench throws and jump squats in highly trained athletes. *J Strength Cond Res* 21:1007-11.

5. Balsalobre-Fernandez, C., M. Glaister, and R.A. Lockey. 2015. The validity and reliability of an iPhone app for measuring vertical jump performance. *J Sports Sci* 33:1574-9.

6. Bautista, I.J., I.J. Chirosa, I.M. Tamayo, A. Gonzalez, J.E. Robinson, L.J. Chirosa, and R.J. Robertson. 2014. Predicting power output of upper body using the OMNI-RES scale. *J Hum Kinet* 44:161-9.

7. Bazyler, C.D., G.K. Beckham, and K. Sato. 2015. The use of the isometric squat as a measure of strength and explosiveness. *J Strength Cond Res* 29:1386-92.

8. Beaven, C.M., C.J. Cook, and N.D. Gill. 2008. Significant strength gains observed in rugby players after specific resistance exercise protocols based on individual salivary testosterone responses. *J Strength Cond Res* 22:419-25.

9. Beaven, C.M., N.D. Gill, and C.J. Cook. 2008. Salivary testosterone and cortisol responses in professional rugby players after four resistance exercise protocols. *J Strength Cond Res* 22:426-32.

10. Beckham, G., T. Suchomel, and S. Mizuguchi. 2014. Force plate use in performance monitoring and sport science testing. *New Stud Athlet* 29:25-37.

11. Bellenger, C.R., J.T. Fuller, R.L. Thomson, K. Davison, E.Y. Robertson, and J.D. Buckley. 2016. Monitoring athletic training status through autonomic heart rate regulation: A systematic review and meta-analysis. *Sports Med* 46:1461-86.

12. Borer, K. 2013. *Advanced exercise endocrinology*. 2nd ed. Champaign, IL: Human Kinetics.

13. Borresen, J., and M.I. Lambert. 2007. Changes in heart rate recovery in response to acute changes in training load. *Eur J Appl Physiol* 101:503-11.

14. Borresen, J., and M.I. Lambert. 2008. Autonomic control of heart rate during and after exercise: Measurements and implications for monitoring training status. *Sports Med* 38:633-46.

15. Bosco, C., A. Belli, M. Astrua, J. Tihanyi, R. Pozzo, S. Kellis, O. Tsarpela, C. Foti, R. Manno, and C. Tranquilli. 1995. A dynamometer for evaluation of dynamic muscle work. *Eur J Appl Physiol Occup Physiol* 70:379-86.

16. Brancaccio, P., G. Lippi, and N. Maffulli. 2010. Biochemical markers of muscular damage. *Clin Chem Lab Med* 48:757-67.

17. Brancaccio, P., N. Maffulli, and F.M. Limongelli. 2007. Creatine kinase monitoring in sport medicine. *Br Med Bull* 81-82:209-30.

18. Bressel, E., J.C. Yonker, J. Kras, and E.M. Heath. 2007. Comparison of static and dynamic balance in female collegiate soccer, basketball, and gymnastics athletes. *J Athl Train* 42:42-6.

19. Bruinvels, G., R. Burden, N. Brown, T. Richards, and C. Pedlar. 2016. The prevalence and impact of heavy menstrual bleeding (menorrhagia) in elite and non-elite athletes. *PLoS One* 11:e0149881.

20. Buchheit, M. 2014. Monitoring training status with HR measures: Do all roads lead to Rome? *Front Physiol* 5:73.

21. Buchheit, M. 2015. Sensitivity of monthly heart rate and psychometric measures for monitoring physical performance in highly trained young handball players. *Int J Sports Med* 36:351-6.

22. Buchheit, M., Y. Cholley, M. Nagel, and N. Poulos. 2016. The effect of body mass on eccentric knee flexor strength assessed with an instrumented Nordic hamstring device (Nordbord) in football players. *Int J Sports Physiol Perform* 11:721-6.

23. Buchheit, M., S. Racinais, J.C. Bilsborough, P.C. Bourdon, S.C. Voss, J. Hocking, J. Cordy, A. Mendez-Villanueva, and A.J. Coutts. 2013. Monitoring fitness, fatigue and running performance during a pre-season training camp in elite football players. *J Sci Med Sport* 16:550-5.

24. Buchheit, M., M.B. Simpson, H. Al Haddad, P.C. Bourdon, and A. Mendez-Villanueva. 2012. Monitoring changes in physical performance with heart rate measures in young soccer players. *Eur J Appl Physiol* 112:711-23.

25. Bush, J.A., W.J. Kraemer, A.M. Mastro, N.T. Triplett-McBride, J.S. Volek, M. Putukian, W.J. Sebastianelli, and H.G. Knuttgen. 1999. Exercise and recovery responses of adrenal medullary neurohormones to heavy resistance exercise. *Med Sci Sports Exerc* 31:554-9.

26. Butler, R.J., P.J. Plisky, C. Southers, C. Scoma, and K.B. Kiesel. 2010. Biomechanical analysis of the different classifications of the functional movement screen deep squat test. *Sports Biomech* 9:270-9.

27. Cairns, S.P. 2013. Holistic approaches to understanding mechanisms of fatigue in high-intensity sport. *Fatigue: Biomed Health Behav* 1:148-67.

28. Cardinale, M., and M.H. Stone. 2006. Is testosterone influencing explosive performance? *J Strength Cond Res* 20:103-7.

29. Clarke, A.C., J.M. Anson, and D.B. Pyne. 2015. Neuromuscular fatigue and muscle damage after a women's rugby sevens tournament. *Int J Sports Physiol Perform* 10:808-14.

30. Clarke, N., J.P. Farthing, J.L. Lanovaz, and J.R. Krentz. 2015. Direct and indirect measurement of neuromuscular fatigue in Canadian football players. *Appl Physiol Nutr Metab* 40:464-73.

31. Claudino, J.G., J.B. Cronin, B. Mezencio, J.P. Pinho, C. Pereira, L. Mochizuki, A.C. Amadio, and J.C. Serrao. 2016. Auto-regulating jump performance to induce functional overreaching. *J Strength Cond Res* 30:2242-9.

32. Claudino, J.G., B. Mezencio, R. Soncin, J.C. Ferreira, B.P. Couto, and L.A. Szmuchrowski. 2012. Pre vertical jump performance to regulate the training volume. *Int J Sports Med* 33:101-7.

33. Coad, S., B. Gray, and C. McLellan. 2016. Seasonal analysis of mucosal immunological function and physical demands in professional Australian rules footballers. *Int J Sports Physiol Perform* 11:574-80.

34. Coad, S., B. Gray, G. Wehbe, and C. McLellan. 2015. Physical demands and salivary immunoglobulin a responses of elite Australian rules football athletes to match play. *Int J Sports Physiol Perform* 10:613-7.

35. Conceicao, F., J. Fernandes, M. Lewis, J.J. Gonzalez-Badillo, and P. Jimenez-Reyes. 2015. Movement velocity as a measure of exercise intensity in three lower limb exercises. *J Sports Sci*:1-8.

36. Cook, C.J., and C.M. Beaven. 2013. Salivary testosterone is related to self-selected training load in elite female athletes. *Physiol Behav* 116-117:8-12.

37. Cook, C.J., B.T. Crewther, and A.A. Smith. 2012. Comparison of baseline free testosterone and cortisol concentrations between elite and non-elite female athletes. *Am J Hum Biol* 24:856-8.

38. Cormack, S.J., M.G. Mooney, W. Morgan, and M.R. McGuigan. 2013. Influence of neuromuscular fatigue on accelerometer load in elite Australian football players. *Int J Sports Physiol Perform* 8:373-8.

39. Cormack, S.J., R.U. Newton, and M.R. McGuigan. 2008. Neuromuscular and endocrine responses of elite players to an Australian rules football match. *Int J Sports Physiol Perform* 3:359-74.

40. Cormack, S.J., R.U. Newton, M.R. McGuigan, and P. Cormie. 2008. Neuromuscular and endocrine responses of elite players during an Australian rules football season. *Int J Sports Physiol Perform* 3:439-53.

41. Cormack, S.J., R.U. Newton, M.R. McGuigan, and T.L. Doyle. 2008. Reliability of measures obtained during single and repeated countermovement jumps. *Int J Sports Physiol Perform* 3:131-44.

42. Cormie, P., J.M. McBride, and G.O. McCaulley. 2008. Power-time, force-time, and velocity-time curve analysis during the jump squat: Impact of load. *J Appl Biomech* 24:112-20.

43. Cormie, P., M.R. McGuigan, and R.U. Newton. 2010. Changes in the eccentric phase contribute to improved stretch-shorten cycle performance after training. *Med Sci Sports Exerc* 42:1731-44.

44. Coughlan, G.F., E. Delahunt, B.M. Caulfield, C. Forde, and B.S. Green. 2014. Normative adductor squeeze test values in elite junior rugby union players. *Clin J Sport Med* 24:315-9.

45. Coutts, A.J., and S. Cormack. 2014. Monitoring the training response. In *High-performance training for sports*, edited by D. Joyce and D. Lewindon, 85-96. Champaign, IL: Human Kinetics.

46. Coutts, A.J., P. Reaburn, T.J. Piva, and G.J. Rowsell. 2007. Monitoring for overreaching in rugby league players. *Eur J Appl Physiol* 99:313-24.

47. Coutts, A.J., L.K. Wallace, and K.M. Slattery. 2007. Monitoring changes in performance, physiology, biochemistry, and psychology during overreaching and recovery in triathletes. *Int J Sports Med* 28:125-34.

48. Crewther, B., J. Keogh, J. Cronin, and C. Cook. 2006. Possible stimuli for strength and power adaptation: Acute hormonal responses. *Sports Med* 36:215-38.

49. Crewther, B.T., and C. Christian. 2010. Relationships between salivary testosterone and cortisol concentrations and training performance in Olympic weightlifters. *J Sports Med Phys Fitness* 50:371-5.

50. Crewther, B.T., and C. Cook. 2010. Measuring the salivary testosterone and cortisol concentrations of weightlifters using an enzyme-immunoassay kit. *Int J Sports Med* 31:486-9.

51. Crewther, B.T., D. Hamilton, K. Casto, L.P. Kilduff, and C.J. Cook. 2015. Effects of oral contraceptive use on the salivary testosterone and cortisol responses to training sessions and competitions in elite women athletes. *Physiol Behav* 147:84-90.

52. Crewther, B.T., L.P. Kilduff, and C.J. Cook. 2014. Trained and untrained males show reliable salivary testosterone responses to a physical stimulus, but not a psychological stimulus. *J Endocrinol Invest* 37:1065-72.

53. Crewther, B.T., M.R. McGuigan, and N.D. Gill. 2011. The ratio and allometric scaling of speed, power, and strength in elite male rugby union players. *J Strength Cond Res* 25:1968-75.

54. Crewther, B.T., C.E. Sanctuary, L.P. Kilduff, J.S. Carruthers, C.M. Gaviglio, and C.J. Cook. 2013. The workout responses of salivary-free testosterone and cortisol concentrations and their association with the subsequent competition outcomes in professional rugby league. *J Strength Cond Res* 27:471-6.

55. Cunniffe, B., H. Griffiths, W. Proctor, B. Davies, J.S. Baker, and K.P. Jones. 2011. Mucosal immunity and illness incidence in elite rugby union players across a season. *Med Sci Sports Exerc* 43:388-97.

56. Daanen, H.A., R.P. Lamberts, V.L. Kallen, A. Jin, and N.L. Van Meeteren. 2012. A systematic review on heart-rate recovery to monitor changes in training status in athletes. *Int J Sports Physiol Perform* 7:251-60.

57. Dalleau, G., A. Belli, F. Viale, J.R. Lacour, and M. Bourdin. 2004. A simple method for field measurements of leg stiffness in hopping. *Int J Sports Med* 25:170-6.

58. Delahunt, E., B.L. McEntee, C. Kennelly, B.S. Green, and G.F. Coughlan. 2011. Intrarater reliability of the adductor squeeze test in Gaelic Games athletes. *J Athl Train* 46:241-5.

59. Edwards, D.A., and K.V. Casto. 2013. Women's intercollegiate athletic competition: Cortisol, testosterone, and the dual-hormone hypothesis as it relates to status among teammates. *Horm Behav* 64:153-60.

60. Edwards, D.A., and K.V. Casto. 2015. Baseline cortisol moderates testosterone reactivity to women's intercollegiate athletic competition. *Physiol Behav* 142:48-51.

61. Edwards, D.A., and L.S. Kurlander. 2010. Women's intercollegiate volleyball and tennis: Effects of warm-up, competition, and practice on saliva levels of cortisol and testosterone. *Horm Behav* 58:606-13.

62. Edwards, D.A., K. Wetzel, and D.R. Wyner. 2006. Intercollegiate soccer: Saliva cortisol and testosterone are elevated during competition, and testosterone is related to status and social connectedness with team mates. *Physiol Behav* 87:135-43.

63. Elloumi, M., N. El Elj, M. Zaouali, F. Maso, E. Filaire, Z. Tabka, and G. Lac. 2005. IGFBP-3, a sensitive marker of physical training and overtraining. *Br J Sports Med* 39:604-10.

64. Esco, M.R., and A.A. Flatt. 2014. Ultra-short-term heart rate variability indexes at rest and post-exercise in athletes: Evaluating the agreement with accepted recommendations. *J Sports Sci Med* 13:535-41.

65. Filho, E., S. di Fronso, F. Forzini, M. Murgia, T. Agostini, L. Bortoli, C. Robazza, and M. Bertollo. 2015. Athletic performance and recovery-stress factors in cycling: An ever changing balance. *Eur J Sport Sci* 15:671-80.

66. Foster, C. 1998. Monitoring training in athletes with reference to overtraining syndrome. *Med Sci Sports Exerc* 30:1164-8.

67. Fowles, J.R. 2006. Technical issues in quantifying low-frequency fatigue in athletes. *Int J Sports Physiol Perform* 1:169-71.

68. French, D.N., A.L. Gomez, J.S. Volek, M.R. Rubin, N.A. Ratamess, M.J. Sharman, L.A. Gotshalk, W.J. Sebastianelli, M. Putukian, R.U. Newton, K. Hakkinen, S.J. Fleck, and W.J. Kraemer. 2004. Longitudinal tracking of muscular power changes of NCAA Division I collegiate women gymnasts. *J Strength Cond Res* 18:101-7.

69. French, D.N., W.J. Kraemer, J.S. Volek, B.A. Spiering, D.A. Judelson, J.R. Hoffman, and C.M. Maresh. 2007. Anticipatory responses of catecholamines on muscle force production. *J Appl Physiol* 102:94-102.

70. Frohm, A., A. Heijne, J. Kowalski, P. Svensson, and G. Myklebust. 2012. A nine-test screening battery for athletes: A reliability study. *Scand J Med Sci Sports* 22:306-15.

71. Fry, A.C., B.K. Schilling, S.J. Fleck, and W.J. Kraemer. 2011. Relationships between competitive wrestling success and neuroendocrine responses. *J Strength Cond Res* 25:40-5.

72. Gathercole, R., B. Sporer, and T. Stellingwerff. 2015. Countermovement jump performance with increased training loads in elite female rugby athletes. *Int J Sports Med* 36:722-8.

73. Gathercole, R., B. Sporer, T. Stellingwerff, and G. Sleivert. 2015. Alternative countermovement-jump analysis to quantify acute neuromuscular fatigue. *Int J Sports Physiol Perform* 10:84-92.

74. Gathercole, R.J., B.C. Sporer, T. Stellingwerff, and G.G. Sleivert. 2015. Comparison of the capacity of different jump and sprint field tests to detect neuromuscular fatigue. *J Strength Cond Res* 29:2522-31.

75. Gathercole, R.J., T. Stellingwerff, and B.C. Sporer. 2015. Effect of acute fatigue and training adaptation on countermovement jump performance in elite snowboard cross athletes. *J Strength Cond Res* 29:37-46.

76. Gaviglio, C.M., and C.J. Cook. 2014. Relationship between midweek training measures of testosterone and cortisol concentrations and game outcome in professional rugby union matches. *J Strength Cond Res* 28:3447-52.

77. Gaviglio, C.M., B.T. Crewther, L.P. Kilduff, K.A. Stokes, and C.J. Cook. 2014. Relationship between pregame concentrations of free testosterone and outcome in rugby union. *Int J Sports Physiol Perform* 9:324-31.

78. Gibson, N.E., A.J. Boyd, and A.M. Murray. 2016. Countermovement jump is not affected during final competition preparation periods in elite rugby sevens players. *J Strength Cond Res* 30:777-83.

79. Gleeson, M., and N.C. Bishop. 2013. URI in athletes: Are mucosal immunity and cytokine responses key risk factors? *Exerc Sport Sci Rev* 41:148-53.

80. Gleeson, M., N.P. and Walsh. 2012. The BASES expert statement on exercise, immunity, and infection. *J Sports Sci* 30:321-4.

81. Gonzalez-Badillo, J.J., and L. Sanchez-Medina. 2010. Movement velocity as a measure of loading intensity in resistance training. *Int J Sports Med* 31:347-52.

82. Gouarne, C., C. Groussard, A. Gratas-Delamarche, P. Delamarche, and M. Duclos. 2005. Overnight urinary cortisol and cortisone add new insights into adaptation to training. *Med Sci Sports Exerc* 37:1157-67.

83. Grandys, M., J. Majerczak, J. Kulpa, K. Duda, U. Rychlik, and J.A. Zoladz. 2015. The importance of the training-induced decrease in basal cortisol concentration in the improvement in muscular performance in humans. *Physiological Res*.

84. Gribble, P.A., J. Hertel, and P. Plisky. 2012. Using the star excursion balance test to assess dynamic postural-control deficits and outcomes in lower extremity injury: A literature and systematic review. *J Athl Train* 47:339-57.

85. Guilhem, G., C. Hanon, N. Gendreau, D. Bonneau, A. Guevel, and M. Chennaoui. 2015. Salivary hormones response to preparation and pre-competitive training of world-class level athletes. *Front Physiol* 6:333.

86. Haff, G.G., J.M. Carlock, M.J. Hartman, J.L. Kilgore, N. Kawamori, J.R. Jackson, R.T. Morris, W.A. Sands, and M.H. Stone. 2005. Force-time curve characteristics of dynamic and isometric muscle actions of elite women Olympic weightlifters. *J Strength Cond Res* 19:741-8.

87. Haff, G.G., R.P. Ruben, J. Lider, C. Twine, and P. Cormie. 2015. A comparison of methods for determining the rate of force development during isometric midthigh clean pulls. *J Strength Cond Res* 29:386-95.

88. Hakkinen, K. 1989. Neuromuscular and hormonal adaptations during strength and power training. A review. *J Sports Med Phys Fitness* 29:9-26.

89. Hakkinen, K., A. Pakarinen, M. Alen, H. Kauhanen, and P.V. Komi. 1988. Neuromuscular and hormonal adaptations in athletes to strength training in two years. *J Appl Physiol* 65:2406-12.

90. Halperin, I., K. Williams, D.T. Martin, and D.W. Chapman. 2016. The effects of attentional focusing instructions on force production during the isometric mid-thigh pull. *J Strength Cond Res* 30:919-23.

91. Halson, S.L. 2014. Monitoring training load to understand fatigue in athletes. *Sports Med* 44 Suppl 2:S139-47.

92. Halson, S.L., M.W. Bridge, R. Meeusen, B. Busschaert, M. Gleeson, D.A. Jones, and A.E. Jeukendrup. 2002. Time course of performance changes and fatigue markers during intensified training in trained cyclists. *J Appl Physiol* 93:947-56.

93. Halson, S.L., G.I. Lancaster, A.E. Jeukendrup, and M. Gleeson. 2003. Immunological responses to overreaching in cyclists. *Med Sci Sports Exerc* 35:854-61.

94. Hamilton, D. 2009. Drop jump as an indicator of neuromuscular fatigue and recovery in elite youth soccer athletes following tournament match play. *J Aust Strength Cond* 17:3-8.

95. Harris, N.K., J. Cronin, K. Taylor, J. Boris, and J. Sheppard. 2010. Understanding linear position transducer technology for strength and conditioning practitioners. *Strength Cond J* 32:66-79.

96. Haugen, T., and M. Buchheit. 2016. Sprint running performance monitoring: Methodological and practical considerations. *Sports Med* 46:641-56.

97. Hegedus, E.J., S. McDonough, C. Bleakley, G.D. Baxter, J.T. DePew, I. Bradbury, and C. Cook. 2016. Physical performance tests predict injury in national collegiate athletic association athletes: A three-season prospective cohort study. *Br J Sports Med*.

98. Hertel, J., R.A. Braham, S.A. Hale, and L.C. Olmsted-Kramer. 2006. Simplifying the star excursion balance test: Analyses of subjects with and without chronic ankle instability. *J Orthop Sports Phys Ther* 36:131-37.

99. Hoffman, J.R., C.M. Maresh, R.U. Newton, M.R. Rubin, D.N. French, J.S. Volek, J. Sutherland, M. Robertson, A.L. Gomez, N.A. Ratamess, J. Kang, and W.J. Kraemer. 2002. Performance, biochemical, and endocrine changes during a competitive football game. *Med Sci Sports Exerc* 34:1845-53.

100. Hogarth, L.W., B.J. Burkett, and M.R. McKean. 2015. Neuromuscular and perceptual fatigue responses to consecutive tag football matches. *Int J Sports Physiol Perform* 10:559-65.

101. Hooper, S.L., L.T. Mackinnon, A. Howard, R.D. Gordon, and A.W. Bachmann. 1995. Markers for monitoring overtraining and recovery. *Med Sci Sports Exerc* 27:106-12.

102. Jidovtseff, B., N.K. Harris, J.M. Crielaard, and J.B. Cronin. 2011. Using the load-velocity relationship for 1RM prediction. *J Strength Cond Res* 25:267-70.

103. Jimenez-Reyes, P., F. Pareja-Blanco, C. Balsalobre-Fernandez, V. Cuadrado-Penafiel, M.A. Ortega-Becerra, and J.J. Gonzalez-Badillo. 2015. Jump-squat performance and its relationship with relative training intensity in high-level athletes. *Int J Sports Physiol Perform* 10:1036-40.

104. Jones, D.A. 1996. High-and low-frequency fatigue revisited. *Acta Physiol Scand* 156:265-70.

105. Jordan, M.J., P. Aagaard, and W. Herzog. 2015. Lower limb asymmetry in mechanical muscle function: A comparison between ski racers with and without ACL reconstruction. *Scand J Med Sci Sports* 25:e301-9.

106. Jovanavic, M., and E. Flanagan. 2014. Researched applications of velocity based strength training *J Aust Strength Cond* 22:58-69.

107. Jurimae, J., J. Maestu, and T. Jurimae. 2003. Leptin as a marker of training stress in highly trained male rowers? *Eur J Appl Physiol* 90:533-8.

108. Jurimae, J., J. Maestu, T. Jurimae, B. Mangus, and S.P. von Duvillard. 2011. Peripheral signals of energy homeostasis as possible markers of training stress in athletes: A review. *Metabolism* 60:335-50.

109. Kargotich, S., D. Keast, C. Goodman, C.I. Bhagat, D.J. Joske, B. Dawson, and A.R. Morton. 2007. Monitoring 6 weeks of progressive endurance training with plasma glutamine. *Int J Sports Med* 28:211-6.

110. Kawamori, N., S.J. Rossi, B.D. Justice, E.E. Haff, E.E. Pistilli, H.S. O'Bryant, M.H. Stone, and G.G. Haff. 2006. Peak force and rate of force development during isometric and

dynamic mid-thigh clean pulls performed at various intensities. *J Strength Cond Res* 20:483-91.

111. Kiesel, K., P.J. Plisky, and M.L. Voight. 2007. Can serious injury in professional football be predicted by a preseason functional movement screen? *North American Journal of Sports Physical Therapy* 2:147-58.

112. Kipp, K., M.T. Kiely, and C.F. Geiser. 2016. The reactive strength index modified is a valid measure of explosiveness in collegiate female volleyball players. *J Strength Cond Res* 30:1341-7.

113. Konor, M.M., S. Morton, J.M. Eckerson, and T.L. Grindstaff. 2012. Reliability of three measures of ankle dorsiflexion range of motion. *Int J Sports Phys Ther* 7:279-87.

114. Koziris, L.P., R.C. Hickson, R.T. Chatterton, Jr., R.T. Groseth, J.M. Christie, D.G. Goldflies, and T.G. Unterman. 1999. Serum levels of total and free IGF-I and IGFBP-3 are increased and maintained in long-term training. *J Appl Physiol* 86:1436-42.

115. Kraemer, W.J., C. Dunn-Lewis, B.A. Comstock, G.A. Thomas, J.E. Clark, and B.C. Nindl. 2010. Growth hormone, exercise, and athletic performance: A continued evolution of complexity. *Curr Sports Med Rep* 9:242-52.

116. Kraemer, W.J., A.C. Fry, M.R. Rubin, T. Triplett-McBride, S.E. Gordon, L.P. Koziris, J.M. Lynch, J.S. Volek, D.E. Meuffels, R.U. Newton, and S.J. Fleck. 2001. Physiological and performance responses to tournament wrestling. *Med Sci Sports Exerc* 33:1367-78.

117. Kraemer, W.J., and N.A. Ratamess. 2005. Hormonal responses and adaptations to resistance exercise and training. *Sports Med* 35:339-61.

118. Lamberts, R.P., K.A. Lemmink, J.J. Durandt, and M.I. Lambert. 2004. Variation in heart rate during submaximal exercise: Implications for monitoring training. *J Strength Cond Res* 18:641-5.

119. Lamberts, R.P., G.J. Rietjens, H.H. Tijdink, T.D. Noakes, and M.I. Lambert. 2010. Measuring submaximal performance parameters to monitor fatigue and predict cycling performance: A case study of a world-class cyclo-cross cyclist. *Eur J Appl Physiol* 108:183-90.

120. Lamberts, R.P., J. Swart, B. Capostagno, T.D. Noakes, and M.I. Lambert. 2010. Heart rate recovery as a guide to monitor fatigue and predict changes in performance parameters. *Scand J Med Sci Sports* 20:449-57.

121. Lamberts, R.P., J. Swart, T.D. Noakes, and M.I. Lambert. 2011. A novel submaximal cycle test to monitor fatigue and predict cycling performance. *Br J Sports Med* 45:797-804.

122. Lane, A.R., and A.C. Hackney. 2015. Relationship between salivary and serum testosterone levels in response to different exercise intensities. *Hormones* 14:258-64.

123. Lane, A.R., C.B. O'Leary, and A.C. Hackney. 2015. Menstrual cycle phase effects free testosterone responses to prolonged aerobic exercise. *Acta Physiol Hung* 102:336-41.

124. Lattier, G., G.Y. Millet, A. Martin, and V. Martin. 2004. Fatigue and recovery after high-intensity exercise part I: Neuromuscular fatigue. *Int J Sports Med* 25:450-6.

125. Louder, T., M. Bressel, and E. Bressel. 2015. The kinetic specificity of plyometric training: Verbal cues revisited. *J Hum Kinet* 49:201-8.

126. Maloney, S.J., I.M. Fletcher, and J. Richards. 2015. A comparison of methods to determine bilateral asymmetries in vertical leg stiffness. *J Sports Sci*:1-7.

127. Maloney, S.J., I.M. Fletcher, and J. Richards. 2015. Reliability of unilateral vertical leg stiffness measures assessed during bilateral hopping. *J Appl Biomech* 31:285-91.

128. Mann, J.B., P.J. Ivey, W.F. Brechue, and J.L. Mayhew. 2015. Validity and reliability of hand and electronic timing for 40-yd sprint in college football players. *J Strength Cond Res* 29:1509-14.

129. Mann, T.N., C.E. Platt, R.P. Lamberts, and M.I. Lambert. 2015. Faster heart rate recovery with increased RPE: Paradoxical responses after an 87-km ultramarathon. *J Strength Cond Res* 29:3343-52.

130. Maso, F., G. Lac, E. Filaire, O. Michaux, and A. Robert. 2004. Salivary testosterone and cortisol in rugby players: Correlation with psychological overtraining items. *Br J Sports Med* 38:260-3.

131. Matuszak, M.E., A.C. Fry, L.W. Weiss, T.R. Ireland, and M.M. McKnight. 2003. Effect of rest interval length on repeated 1 repetition maximum back squats. *J Strength Cond Res* 17:634-7.

132. McCall, A., M. Nedelec, C. Carling, F. Le Gall, S. Berthoin, and G. Dupont. 2015. Reliability and sensitivity of a simple isometric posterior lower limb muscle test in professional football players. *J Sports Sci* 33:1298-304.

133. McCall, G.E., W.C. Byrnes, S.J. Fleck, A. Dickinson, and W.J. Kraemer. 1999. Acute and chronic hormonal responses to resistance training designed to promote muscle hypertrophy. *Can J Appl Physiol* 24:96-107.

134. McCunn, R., K. Aus der Funten, H.H. Fullagar, I. McKeown, and T. Meyer. 2016. Reliability and association with injury of movement screens: A critical review. *Sports Med* 46:763-81.

135. McCurdy, K., and G.A. Langford. 2005. Comparison of unilateral squat strength between the dominant and non-dominant leg in men and women. *J Sports Sci Med* 5:282-88.

136. McGill, S.M., J.T. Andersen, and A.D. Horne. 2012. Predicting performance and injury resilience from movement quality and fitness scores in a basketball team over 2 years. *J Strength Cond Res* 26:1731-9.

137. McGuigan, M.R., S. Cormack, and N.D. Gill. 2013. Strength and power profiling of athletes. *Strength Cond J* 35:7-14.

138. McGuigan, M.R., T.L. Doyle, M. Newton, D.J. Edwards, S. Nimphius, and R.U. Newton. 2006. Eccentric utilization ratio: Effect of sport and phase of training. *J Strength Cond Res* 20:992-5.

139. McGuigan, M.R., J.M. Sheppard, S.J. Cormack, and K. Taylor. 2013. Strength and power assessment protocols. In *Physiological tests for elite athletes*, edited by R.K. Tanner and C.J. Gore. Champaign, IL: Human Kinetics.

140. McKeown, I., D.W. Chapman, K. Taylor, and N. Ball. 2016. Time course of improvements in power characteristics in elite development netball players entering a full time training program. *J Strength Cond Res* 30:1308-15.

141. McKeown, I., K. Taylor-McKeown, C. Woods, and N. Ball. 2014. Athletic ability assessment: A movement assessment protocol for athletes. *Int J Sports Phys Ther* 9:862-73.

142. McLean, B.D., C. Petrucelli, and E.F. Coyle. 2012. Maximal power output and perceptual fatigue responses during a Division I female collegiate soccer season. *J Strength Cond Res* 26:3189-96.

143. McMahon, J.J., P. Comfort, and S. Pearson. 2012. Lower limb stiffness: Effect on performance and training considerations. *Strength Cond J* 34:94-101.

144. McMahon, T.J., and G.C. Cheng. 1990. The mechanics of running: How does stiffness couple with speed? *J Biomech* 23 (Supplement I):65-78.

145. Meeusen, R., M. Duclos, C. Foster, A. Fry, M. Gleeson, D. Nieman, J. Raglin, G. Rietjens, J. Steinacker, A. Urhausen, S. European College of Sport Science, and American College of Sports Medicine. 2013. Prevention, diagnosis, and treatment of the overtraining syndrome: Joint consensus statement of the European College of Sport Science and the American College of Sports Medicine. *Med Sci Sports Exerc* 45:186-205.

146. Milanez, V.F., S.P. Ramos, N.M. Okuno, D.A. Boullosa, and F.Y. Nakamura. 2014. Evidence of a non-linear dose-response relationship between training load and stress markers in elite female futsal players. *J Sports Sci Med* 13:22-29.

147. Miller, T. 2012. *NSCA's guide to tests and assessments*, edited by T. Miller. Champaign, IL: Human Kinetics.

148. Moreira, A., N.R. de Moura, A. Coutts, E.C. Costa, T. Kempton, and M.S. Aoki. 2013. Monitoring internal training load and mucosal immune responses in futsal athletes. *J Strength Cond Res* 27:1253-9.

149. Morin, J.B., and P. Samozino. 2016. Interpreting power-force-velocity profiles for individualized and specific training. *Int J Sports Physiol Perform* 11:267-72.

150. Mosler, A.B., R. Agricola, A. Weir, P. Holmich, and K.M. Crossley. 2015. Which factors differentiate athletes with hip/groin pain from those without? A systematic review with meta-analysis. *Br J Sports Med* 49:810.

151. Nagahara, R., J.B. Morin, and M. Koido. 2016. Impairment of sprint mechanical properties in an actual soccer match: A pilot study. *Int J Sports Physiol Perform*.

152. Nakamura, Y., K. Aizawa, T. Imai, I. Kono, and N. Mesaki. 2011. Hormonal responses

to resistance exercise during different menstrual cycle states. *Med Sci Sports Exerc* 43:967-73.

153. Neary, J.P., L. Malbon, and D.C. McKenzie. 2002. Relationship between serum, saliva and urinary cortisol and its implication during recovery from training. *J Sci Med Sport* 5:108-14.

154. Neville, V., M. Gleeson, and J.P. Folland. 2008. Salivary IgA as a risk factor for upper respiratory infections in elite professional athletes. *Med Sci Sports Exerc* 40:1228-36.

155. Newton, R., and E. Dugan. 2002. Application of strength diagnosis. *Strength Cond J* 24:50-59.

156. Neyroud, D., J. Temesi, G.Y. Millet, S. Verges, N.A. Maffiuletti, B. Kayser, and N. Place. 2015. Comparison of electrical nerve stimulation, electrical muscle stimulation and magnetic nerve stimulation to assess the neuromuscular function of the plantar flexor muscles. *Eur J Appl Physiol* 115:1429-39.

157. Nindl, B.C., W.J. Kraemer, P.J. Arciero, N. Samatallee, C.D. Leone, M.F. Mayo, and D.L. Hafeman. 2002. Leptin concentrations experience a delayed reduction after resistance exercise in men. *Med Sci Sports Exerc* 34:608-13.

158. Nunes, J.A., B.T. Crewther, C. Ugrinowitsch, V. Tricoli, L. Viveiros, D. de Rose, Jr., and M.S. Aoki. 2011. Salivary hormone and immune responses to three resistance exercise schemes in elite female athletes. *J Strength Cond Res* 25:2322-7.

159. O'Connor, P.J., and D.L. Corrigan. 1987. Influence of short-term cycling on salivary cortisol levels. *Med Sci Sports Exerc* 19:224-8.

160. O'Connor, P.J., W.P. Morgan, J.S. Raglin, C.M. Barksdale, and N.H. Kalin. 1989. Mood state and salivary cortisol levels following overtraining in female swimmers. *Psychoneuroendocrinol* 14:303-10.

161. Oliver, J.L., R.S. Lloyd, and A. Whitney. 2015. Monitoring of in-season neuromuscular and perceptual fatigue in youth rugby players. *Eur J Sport Sci* 15:514-22.

162. Oosthuyse, T., and A.N. Bosch. 2010. The effect of the menstrual cycle on exercise metabolism: Implications for exercise performance in eumenorrhoeic women. *Sports Med* 40:207-27.

163. Opar, D.A., T. Piatkowski, M.D. Williams, and A.J. Shield. 2013. A novel device using the Nordic hamstring exercise to assess eccentric knee flexor strength: A reliability and retrospective injury study. *J Orthop Sports Phys Ther* 43:636-40.

164. Papacosta, E., M. Gleeson, and G.P. Nassis. 2013. Salivary hormones, IgA, and performance during intense training and tapering in judo athletes. *J Strength Cond Res* 27:2569-80.

165. Parchmann, C.J., and J.M. McBride. 2011. Relationship between functional movement screen and athletic performance. *J Strength Cond Res* 25:3378-84.

166. Paul, D.J., and G.P. Nassis. 2015. Testing strength and power in soccer players: The application of conventional and traditional methods of assessment. *J Strength Cond Res* 29:1748-58.

167. Plews, D.J., P.B. Laursen, A.E. Kilding, and M. Buchheit. 2012. Heart rate variability in elite triathletes, is variation in variability the key to effective training? A case comparison. *Eur J Appl Physiol* 112:3729-41.

168. Plews, D.J., P.B. Laursen, A.E. Kilding, and M. Buchheit. 2013. Evaluating training adaptation with heart-rate measures: A methodological comparison. *Int J Sports Physiol Perform* 8:688-91.

169. Plews, D.J., P.B. Laursen, J. Stanley, A.E. Kilding, and M. Buchheit. 2013. Training adaptation and heart rate variability in elite endurance athletes: Opening the door to effective monitoring. *Sports Med* 43:773-81.

170. Pruyn, E.C., M.L. Watsford, and A.J. Murphy. 2015. Differences in lower-body stiffness between levels of netball competition. *J Strength Cond Res* 29:1197-202.

171. Pruyn, E.C., M.L. Watsford, and A.J. Murphy. 2015. Validity and reliability of three methods of stiffness assessment. *J Sport Health Sci*.

172. Pruyn, E.C., M.L. Watsford, A.J. Murphy, M.J. Pine, R.W. Spurrs, M.L. Cameron, and R.J. Johnston. 2012. Relationship between leg stiffness and lower body injuries in professional Australian football. *J Sports Sci* 30:71-8.

173. Putlur, P., C. Foster, J.A. Miskowski, M.K. Kane, S.E. Burton, T.P. Scheett, and M.R. McGuigan. 2004. Alteration of immune function in women collegiate soccer players and college students. *J Sports Sci Med* 3:234-43.

174. Raastad, T., T. Glomsheller, T. Bjoro, and J. Hallen. 2003. Recovery of skeletal muscle contractility and hormonal responses to strength exercise after two weeks of high-volume strength training. *Scand J Med Sci Sports* 13:159-68.

175. Randell, A.D., J.B. Cronin, J.W. Keogh, N.D. Gill, and M.C. Pedersen. 2011. Effect of instantaneous performance feedback during 6 weeks of velocity-based resistance training on sport-specific performance tests. *J Strength Cond Res* 25:87-93.

176. Ratamess, N.A. 2012. *ACSM's foundations of strength training and conditioning.* Philadelphia: Lippincott Williams and Wilkins.

177. Rietjens, G.J., H. Kuipers, J.J. Adam, W.H. Saris, E. van Breda, D. van Hamont, and H.A. Keizer. 2005. Physiological, biochemical and psychological markers of strenuous training-induced fatigue. *Int J Sports Med* 26:16-26.

178. Robson-Ansley, P.J., M. Gleeson, and L. Ansley. 2009. Fatigue management in the preparation of Olympic athletes. *J Sports Sci* 27:1409-20.

179. Roe, G.A., P.J. Phibbs, K. Till, B.L. Jones, D.B. Read, J.J. Weakley, and J.D. Darrall-Jones. 2016. Changes in adductor strength after competition in academy rugby union players. *J Strength Cond Res* 30:344-50.

180. Sakamaki-Sunaga, M., S. Min, K. Kamemoto, and T. Okamoto. 2016. Effects of menstrual phase-dependent resistance training frequency on muscular hypertrophy and strength. *J Strength Cond Res* 30:1727-34.

181. Sanchez-Medina, L., and J.J. Gonzalez-Badillo. 2011. Velocity loss as an indicator of neuromuscular fatigue during resistance training. *Med Sci Sports Exerc* 43:1725-34.

182. Saw, A.E., L.C. Main, and P.B. Gastin. 2016. Monitoring the athlete training response: Subjective self-reported measures trump commonly used objective measures: A systematic review. *Br J Sports Med* 50:281-91.

183. Schelling, X., J. Calleja-Gonzalez, L. Torres-Ronda, and N. Terrados. 2015. Using testosterone and cortisol as biomarker for training individualization in elite basketball: A 4-year follow-up study. *J Strength Cond Res* 29:368-78.

184. Schmikli, S.L., M.S. Brink, W.R. de Vries, and F.J. Backx. 2011. Can we detect non-functional overreaching in young elite soccer players and middle-long distance runners using field performance tests? *Br J Sports Med* 45:631-6.

185. Schmitt, L., J. Regnard, and G.P. Millet. 2015. Monitoring fatigue status with HRV measures in elite athletes: An avenue beyond RMSSD? *Front Physiol* 6:343.

186. Sheppard, J., D. Chapman, and K.L. Taylor. 2011. An evaluation of a strength qualities assessment method for the lower body. *J Aust Strength Cond* 19:4-10.

187. Simsch, C., W. Lormes, K.G. Petersen, S. Baur, Y. Liu, A.C. Hackney, M. Lehmann, and J.M. Steinacker. 2002. Training intensity influences leptin and thyroid hormones in highly trained rowers. *Int J Sports Med* 23:422-7.

188. Smith, L.L. 2000. Cytokine hypothesis of overtraining: A physiological adaptation to excessive stress? *Med Sci Sports Exerc* 32:317-31.

189. Smith, L.L. 2004. Tissue trauma: The underlying cause of overtraining syndrome? *J Strength Cond Res* 18:185-93.

190. Steinacker, J.M., W. Lormes, S. Reissnecker, and Y. Liu. 2004. New aspects of the hormone and cytokine response to training. *Eur J Appl Physiol* 91:382-91.

191. Suchomel, T.J., C.A. Bailey, C.J. Sole, J.L. Grazer, and G.K. Beckham. 2015. Using reactive strength index-modified as an explosive performance measurement tool in Division I athletes. *J Strength Cond Res* 29:899-904.

192. Suchomel, T.J., C.J. Sole, C.A. Bailey, J.L. Grazer, and G.K. Beckham. 2015. A comparison of reactive strength index-modified between six U.S. collegiate athletic teams. *J Strength Cond Res* 29:1310-6.

193. Sung, E., A. Han, T. Hinrichs, M. Vorgerd, C. Manchado, and P. Platen. 2014. Effects of

follicular versus luteal phase-based strength training in young women. *Springerplus* 3:668.

194. Taylor, K.L., D.W. Chapman, J.B. Cronin, M.J. Newton, and N. Gill. 2012. Fatigue monitoring in high performance sport: A survey of current trends. *J Aust Strength Cond* 20:12-23.

195. Taylor, K.L., J. Cronin, N.D. Gill, D.W. Chapman, and J. Sheppard. 2010. Sources of variability in iso-inertial jump assessments. *Int J Sports Physiol Perform* 5:546-58.

196. Teo, W., M.R. McGuigan, and M.J. Newton. 2011. The effects of circadian rhythmicity of salivary cortisol and testosterone on maximal isometric force, maximal dynamic force, and power output. *J Strength Cond Res* 25:1538-45.

197. Thomas, C., P.A. Jones, and P. Comfort. 2015. Reliability of the dynamic strength index in collegiate athletes. *Int J Sports Physiol Perform* 10:542-5.

198. Thomson, R.L., C.R. Bellenger, P.R. Howe, L. Karavirta, and J.D. Buckley. 2016. Improved heart rate recovery despite reduced exercise performance following heavy training: A within-subject analysis. *J Sci Med Sport* 19:255-9.

199. Thorpe, J.L., and K.T. Ebersole. 2008. Unilateral balance performance in female collegiate soccer athletes. *J Strength Cond Res* 22:1429-33.

200. Thorpe, R.T., A.J. Strudwick, M. Buchheit, G. Atkinson, B. Drust, and W. Gregson. 2015. Monitoring fatigue during the in-season competitive phase in elite soccer players. *Int J Sports Physiol Perform* 10:958-64.

201. Tidow, G. 1990. Aspects of strength training in athletics. *New Stud Athlet* 1:93-110.

202. Tomasi, T.B., F.B. Trudeau, D. Czerwinski, and S. Erredge. 1982. Immune parameters in athletes before and after strenuous exercise. *J Clin Immunol* 2:173-8.

203. Urhausen, A., H. Gabriel, and W. Kindermann. 1995. Blood hormones as markers of training stress and overtraining. *Sports Med* 20:251-76.

204. VanBruggen, M.D., A.C. Hackney, R.G. McMurray, and K.S. Ondrak. 2011. The relationship between serum and salivary cortisol levels in response to different intensities of exercise. *Int J Sports Physiol Perform* 6:396-407.

205. Vesterinen, V., L. Hokka, E. Hynynen, J. Mikkola, K. Hakkinen, and A. Nummela. 2014. Heart rate-running speed index may be an efficient method of monitoring endurance training adaptation. *J Strength Cond Res* 28:902-8.

206. Vesterinen, V., A. Nummela, S. Ayramo, T. Laine, E. Hynynen, J. Mikkola, and K. Hakkinen. 2016. Monitoring training adaptation with a submaximal running test in field conditions. *Int J Sports Physiol Perform* 11:393-99.

207. Veugelers, K.R., G. Naughton, C. Duncan, D. Burgess, and S. Graham. 2016. Validity and reliability of a submaximal intermittent running test in elite Australian football players. *J Strength Cond Res* 30:3347-53.

208. Viru, A., and M. Viru. 2000. *Biochemical monitoring of sport training*. Champaign, IL: Human Kinetics.

209. Watsford, M.L., A.J. Murphy, K.A. McLachlan, A.L. Bryant, M.L. Cameron, K.M. Crossley, and M. Makdissi. 2010. A prospective study of the relationship between lower body stiffness and hamstring injury in professional Australian rules footballers. *Am J Sports Med* 38:2058-64.

210. Wehbe, G., T.J. Gabett, D. Dwyer, C. McLellan, and S. Coad. 2015. Monitoring neuromuscular fatigue in team-sport athletes using a cycle-ergometer test. *Int J Sports Physiol Perform* 10:292-7.

211. Wehbe, G.M., T.J. Gabbett, T.B. Hartwig, and C.P. McLellan. 2015. Reliability of a cycle ergometer peak power test in running-based team sport athletes: A technical report. *J Strength Cond Res* 29:2050-5.

212. Weir, J.P. 2005. Quantifying test-retest reliability using the intraclass correlation coefficient and the sem. *J Strength Cond Res* 19:231-40.

213. West, D.W., N.A. Burd, J.E. Tang, D.R. Moore, A.W. Staples, A.M. Holwerda, S.K. Baker, and S.M. Phillips. 2010. Elevations in ostensibly anabolic hormones with resistance exercise enhance neither training-induced muscle hypertrophy nor strength of the elbow flexors. *J Appl Physiol* 108:60-7.

214. West, D.W., and S.M. Phillips. 2012. Associations of exercise-induced hormone profiles and gains in strength and hypertrophy in a large cohort after weight training. *Eur J Appl Physiol* 112:2693-702.

215. Wilson, G.J., A.J. Murphy, and J.F. Pryor. 1994. Musculotendinous stiffness: Its relationship to eccentric, isometric, and concentric performance. *J Appl Physiol* 76:2714-9.

216. Young, K.P., G.G. Haff, R.U. Newton, T.J. Gabbett, and J.M. Sheppard. 2015. Assessment and monitoring of ballistic and maximal upper-body strength qualities in athletes. *Int J Sports Physiol Perform* 10:232-7.

217. Young, K.P., G.G. Haff, R.U. Newton, and J.M. Sheppard. 2014. Reliability of a novel testing protocol to assess upper-body strength qualities in elite athletes. *Int J Sports Physiol Perform* 9:871-5.

218. Young, W., A. Russell, P. Burge, A. Clarke, S. Cormack, and G. Stewart. 2008. The use of sprint tests for assessment of speed qualities of elite Australian rules footballers. *Int J Sports Physiol Perform*. 3:199-206.

219. Zielinski, J., and K. Kusy. 2015. Hypoxanthine: A universal metabolic indicator of training status in competitive sports. *Exerc Sport Sci Rev* 43:214-21.

220. Zoladz, J.A., A.J. Sargeant, J. Emmerich, J. Stoklosa, and A. Zychowski. 1993. Changes in acid-base status of marathon runners during an incremental field test. Relationship to mean competitive marathon velocity. *Eur J Appl Physiol Occup Physiol* 67:71-6.

Chapter 6

1. Abbiss, C.R., M.J. Quod, G. Levin, D.T. Martin, and P.B. Laursen. 2009. Accuracy of the Velotron ergometer and SRM power meter. *Int J Sports Med* 30:107-12.

2. Agostinho, M.F., A.G. Philippe, G.S. Marcolino, E.R. Pereira, T. Busso, R.B. Candau, and E. Franchini. 2015. Perceived training intensity and performance changes quantification in judo. *J Strength Cond Res* 29:1570-7.

3. Akenhead, R., and G.P. Nassis. 2016. Training load and player monitoring in high-level football: Current practice and perceptions. *Int J Sports Physiol Perform* 11:587-93.

4. An, W.W., V. Wong, and R.T. Cheung. 2015. Lower limb reaction force asymmetry in rowers with and without a history of back injury. *Sports Biomech* 14:375-83.

5. Baguet, A., I. Everaert, P. Hespel, M. Petrovic, E. Achten, and W. Derave. 2011. A new method for non-invasive estimation of human muscle fiber type composition. *PLoS One* 6:e21956.

6. Bailey, C.A., K. Sato, A. Burnett, and M.H. Stone. 2015. Force-production asymmetry in male and female athletes of differing strength levels. *Int J Sports Physiol Perform* 10:504-8.

7. Balsalobre-Fernandez, C., M. Glaister, and R.A. Lockey. 2015. The validity and reliability of an iPhone app for measuring vertical jump performance. *J Sports Sci* 33:1574-9.

8. Balsalobre-Fernandez, C., M. Kuzdub, P. Poveda-Ortiz, and J.D. Campo-Vecino. 2016. Validity and reliability of the PUSH wearable device to measure movement velocity during the back squat exercise. *J Strength Cond Res* 30:1968-74.

9. Bandodkar, A.J., W. Jia, C. Yardimci, X. Wang, J. Ramirez, and J. Wang. 2015. Tattoo-based noninvasive glucose monitoring: A proof-of-concept study. *Anal Chem* 87:394-8.

10. Bandodkar, A.J., and J. Wang. 2014. Non-invasive wearable electrochemical sensors: A review. *Trends Biotechnol* 32:363-71.

11. Banissy, M.J., and N.G. Muggleton. 2013. Transcranial direct current stimulation in sports training: Potential approaches. *Front Hum Neurosci* 7:129.

12. Banister, E.W., T.W. Calvert, M.V. Savage, and T. Bach. 1975. A system model of training for athletic performance. *Aust J Sports Med* 7:170-76.

13. Barreira, P., B. Drust, M.A. Robinson, and J. Vanrenterghem. 2015. Asymmetry after hamstring injury in English premier league: Issue resolved, or perhaps not? *Int J Sports Med* 36:455-9.

14. Barrett, S., A. Midgley, and R. Lovell. 2014. Playerload: Reliability, convergent validity, and influence of unit position during treadmill running. *Int J Sports Physiol Perform* 9:945-52.

15. Bassett, D.R., Jr. 2002. Scientific contributions of A.V. Hill: Exercise physiology pioneer. *J Appl Physiol* 93:1567-82.

16. Bastani, A., and S. Jaberzadeh. 2012. Does anodal transcranial direct current stimulation enhance excitability of the motor cortex and motor function in healthy individuals and subjects with stroke: A systematic review and meta-analysis. *Clin Neurophysiol* 123:644-57.

17. Beckham, G., T. Suchomel, and S. Mizuguchi. 2014. Force plate use in performance monitoring and sport science testing. *New Stud Athlet* 29:25-37.

18. Bellenger, C.R., J.T. Fuller, R.L. Thomson, K. Davison, E.Y. Robertson, and J.D. Buckley. 2016. Monitoring athletic training status through autonomic heart rate regulation: A systematic review and meta-analysis. *Sports Med* 46:1461-86.

19. Bergeron, M.F., R. Bahr, P. Bartsch, L. Bourdon, J.A. Calbet, K.H. Carlsen, O. Castagna, J. Gonzalez-Alonso, C. Lundby, R.J. Maughan, G. Millet, M. Mountjoy, S. Racinais, P. Rasmussen, D.G. Singh, A.W. Subudhi, A.J. Young, T. Soligard, and L. Engebretsen. 2012. International Olympic Committee consensus statement on thermoregulatory and altitude challenges for high-level athletes. *Br J Sports Med* 46:770-9.

20. Bex, T., A. Baguet, E. Achten, P. Aerts, D. De Clercq, and W. Derave. 2016. Cyclic movement frequency is associated with muscle typology in athletes. *Scand J Med Sci Sports*.

21. Bini, R.R., and P.A. Hume. 2014. Assessment of bilateral asymmetry in cycling using a commercial instrumented crank system and instrumented pedals. *Int J Sports Physiol Perform* 9:876-81.

22. Blazevich, A.J., and N.C. Sharp. 2005. Understanding muscle architectural adaptation: Macro- and micro-level research. *Cells Tissues Organs* 181:1-10.

23. Borges, N.R., and M.W. Driller. 2016. Wearable lactate threshold predicting device is valid and reliable in runners. *J Strength Cond Res* 30:2212-8.

24. Bosco, C., P.V. Komi, J. Tihanyi, G. Fekete, and P. Apor. 1983. Mechanical power test and fiber composition of human leg extensor muscles. *Eur J Appl Physiol Occup Physiol* 51:129-35.

25. Bosco, C., P. Luhtanen, and P.V. Komi. 1983. A simple method for measurement of mechanical power in jumping. *Eur J Appl Physiol Occup Physiol* 50:273-82.

26. Bradbury, J.C., and S.L. Forman. 2012. The impact of pitch counts and days of rest on performance among major-league baseball pitchers. *J Strength Cond Res* 26:1181-7.

27. Buchheit, M., Y. Cholley, M. Nagel, and N. Poulos. 2016. The effect of body mass on eccentric knee flexor strength assessed with an instrumented Nordic hamstring device (Nordbord) in football players. *Int J Sports Physiol Perform* 11:721-6.

28. Buchheit, M., A. Gray, and J.B. Morin. 2015. Assessing stride variables and vertical stiffness with GPS-embedded accelerometers: Preliminary insights for the monitoring of neuromuscular fatigue on the field. *J Sports Sci Med* 14:698-701.

29. Bullock, N., D.T. Martin, A. Ross, D. Rosemond, T. Holland, and F.E. Marino. 2008. Characteristics of the start in women's world cup skeleton. *Sports Biomech* 7:351-60.

30. Busso, T., R. Candau, and J.R. Lacour. 1994. Fatigue and fitness modelled from the effects of training on performance. *Eur J Appl Physiol Occup Physiol* 69:50-4.

31. Busso, T., and L. Thomas. 2006. Using mathematical modeling in training planning. *Int J Sports Physiol Perform* 1:400-5.

32. Casto, K.V., and D.A. Edwards. 2016. Before, during, and after: How phases of competition differentially affect testosterone, cortisol, and estradiol levels in women athletes. *Adapt Hum Behav Physiol* 2:11-25.

33. Chambers, R., T.J. Gabbett, M.H. Cole, and A. Beard. 2015. The use of wearable microsensors to quantify sport-specific movements. *Sports Med* 45:1065-81.

34. Conceicao, F., J. Fernandes, M. Lewis, J.J. Gonzalez-Badillo, and P. Jimenez-Reyes. 2015. Movement velocity as a measure of exercise intensity in three lower limb exercises. *J Sports Sci*:1-8.

35. Cormie, P., J.M. McBride, and G.O. McCaulley. 2008. Power-time, force-time, and velocity-time curve analysis during the jump squat: Impact of load. *J Appl Biomech* 24:112-20.

36. Costill, D.L., J. Daniels, W. Evans, W. Fink, G. Krahenbuhl, and B. Saltin. 1976. Skeletal muscle enzymes and fiber composition in male and female track athletes. *J Appl Physiol* 40:149-54.
37. Coutts, A.J. 2014. In the age of technology, Occam's razor still applies. *Int J Sports Physiol Perform* 9:741.
38. Coutts, A.J. 2016. Working fast and working slow: The benefits of embedding research in high performance sport. *Int J Sports Physiol Perform* 11:1-2.
39. Crewther, B.T., M.R. McGuigan, and N.D. Gill. 2011. The ratio and allometric scaling of speed, power, and strength in elite male rugby union players. *J Strength Cond Res* 25:1968-75.
40. Cross, M.R., M. Brughelli, S.R. Brown, P. Samozino, N.D. Gill, J.B. Cronin, and J.B. Morin. 2015. Mechanical properties of sprinting in elite rugby union and rugby league. *Int J Sports Physiol Perform* 10:695-702.
41. Cummins, C., R. Orr, H. O'Connor, and C. West. 2013. Global positioning systems (GPS) and microtechnology sensors in team sports: A systematic review. *Sports Med* 43:1025-42.
42. de Magalhaes, F.A., G. Vannozzi, G. Gatta, and S. Fantozzi. 2015. Wearable inertial sensors in swimming motion analysis: A systematic review. *J Sports Sci* 33:732-45.
43. Derrick, T.R. 2004. Signal processing. In *Research methods in biomechanics*, edited by D.G.E. Robertson, G.E. Caldwell, J. Hamill, G. Kamen and S.N. Whittlesey, 227-38. Champaign, IL: Human Kinetics.
44. Dijkstra, H.P., N. Pollock, R. Chakraverty, and J.M. Alonso. 2014. Managing the health of the elite athlete: A new integrated performance health management and coaching model. *Br J Sports Med* 48:523-31.
45. Dorel, S., C.A. Hautier, O. Rambaud, D. Rouffet, E. Van Praagh, J.R. Lacour, and M. Bourdin. 2005. Torque and power-velocity relationships in cycling: Relevance to track sprint performance in world-class cyclists. *Int J Sports Med* 26:739-46.
46. Dowling, A.V., J. Favre, and T.P. Andriacchi. 2012. Inertial sensor-based feedback can reduce key risk metrics for anterior cruciate ligament injury during jump landings. *Am J Sports Med* 40:1075-83.
47. Driller, M.W., C.K. Argus, and C.M. Shing. 2013. The reliability of a 30-s sprint test on the Wattbike cycle ergometer. *Int J Sports Physiol Perform* 8:379-83.
48. Dugan, E.L., T.L. Doyle, B. Humphries, C.J. Hasson, and R.U. Newton. 2004. Determining the optimal load for jump squats: A review of methods and calculations. *J Strength Cond Res* 18:668-74.
49. Duncan, M.J., J. Hankey, M. Lyons, R.S. James, and A.M. Nevill. 2013. Peak power prediction in junior basketballers: Comparing linear and allometric models. *J Strength Cond Res* 27:597-603.
50. Ekegren, C.L., B.J. Gabbe, and C.F. Finch. 2016. Sports injury surveillance systems: A review of methods and data quality. *Sports Med* 46:49-65.
51. Flatt, A.A., and M.R. Esco. 2016. Evaluating individual training adaptation with smartphone-derived heart rate variability in a collegiate female soccer team. *J Strength Cond Res* 30:378-85.
52. Flatt, A.A., and M.R. Esco. 2015. Smartphone-derived heart rate variability and training load in a female soccer team. *Int J Sports Physiol Perform* 10:994-1000.
53. Fry, A.C., B.K. Schilling, R.S. Staron, F.C. Hagerman, R.S. Hikida, and J.T. Thrush. 2003. Muscle fiber characteristics and performance correlates of male Olympic-style weightlifters. *J Strength Cond Res* 17:746-54.
54. Gabbett, T.J., and S. Ullah. 2012. Relationship between running loads and soft-tissue injury in elite team sport athletes. *J Strength Cond Res* 26:953-60.
55. Gaffney, M., M. Walsh, B. O'Flynn, and C.O. Mathuna. 2015. A highly automated, wireless inertial measurement unit based system for monitoring gym-based push-start training sessions by bob-skeleton athletes. *Sensors Transducers* 184:26-38.
56. Gao, W., S. Emaminejad, H.Y. Nyein, S. Challa, K. Chen, A. Peck, H.M. Fahad, H. Ota, H. Shiraki, D. Kiriya, D.H. Lien, G.A. Brooks, R.W. Davis, and A. Javey. 2016. Fully integrated wearable sensor arrays for multiplexed in situ perspiration analysis. *Nature* 529:509-14.

57. Giandolini, M., S. Pavailler, P. Samozino, J.B. Morin, and N. Horvais. 2015. Foot strike pattern and impact continuous measurements during a trail running race: Proof of concept in a world-class athlete. *Footwear Sci* 7:127-37.

58. Giandolini, M., T. Poupard, P. Gimenez, N. Horvais, G.Y. Millet, J.B. Morin, and P. Samozino. 2014. A simple field method to identify foot strike pattern during running. *J Biomech* 47:1588-93.

59. Gomes, B.B., N.V. Ramos, F.A. Conceicao, R.H. Sanders, M.A. Vaz, and J.P. Vilas-Boas. 2015. Paddling force profiles at different stroke rates in elite sprint kayaking. *J Appl Biomech* 31:258-63.

60. Goodall, S., G. Howatson, L. Romer, and E. Ross. 2014. Transcranial magnetic stimulation in sport science: A commentary. *Eur J Sport Sci* 14 Suppl 1:S332-40.

61. Halperin, I., S. Hughes, and D.W. Chapman. 2016. Physiological profile of a professional boxer preparing for title bout: A case study. *J Sports Sci*:1-8.

62. Halson, S.L. 2014. Monitoring training load to understand fatigue in athletes. *Sports Med* 44 Suppl 2:S139-47.

63. Hamill, J., G.E. Caldwell, and T.R. Derrick. 1997. Reconstructing digital signals using Shannon's sampling theorem. *J Appl Biomech* 13:226-38.

64. Hanstock, H.G., N.P. Walsh, J.P. Edwards, M.B. Fortes, S.L. Cosby, A. Nugent, T. Curran, P.V. Coyle, M.D. Ward, and X.H. Yong. 2016. Tear fluid SIgA as a noninvasive biomarker of mucosal immunity and common cold risk. *Med Sci Sports Exerc* 48:569-77.

65. Haugen, T., and M. Buchheit. 2016. Sprint running performance monitoring: Methodological and practical considerations. *Sports Med* 46:641-56.

66. Haugen, T., E. Tonnessen, and S. Seiler. 2015. Correction factors for photocell sprint timing with flying start. *Int J Sports Physiol Perform* 10:1055-7.

67. Hautier, C.A., M.T. Linossier, A. Belli, J.R. Lacour, and L.M. Arsac. 1996. Optimal velocity for maximal power production in non-isokinetic cycling is related to muscle fibre type composition. *Eur J Appl Physiol Occup Physiol* 74:114-8.

68. Henry, F.M. 1952. Force-time characteristics of the sprint start. *Res Q Exerc Sport* 23:301-18.

69. Henry, F.M., and I.R. Tranton. 1951. The velocity curve of sprint running with some observations on the muscle viscosity factors. *Res Q* 22:409-22.

70. Hill, A. 1927. *Muscular movement in man: The factors governing speed and recovery from fatigue.* New York: McGraw-Hill.

71. Hori, N., R.U. Newton, N. Kawamori, M.R. McGuigan, W.J. Kraemer, and K. Nosaka. 2009. Reliability of performance measurements derived from ground reaction force data during countermovement jump and the influence of sampling frequency. *J Strength Cond Res* 23:874-82.

72. Jia, W., A.J. Bandodkar, G. Valdes-Ramirez, J.R. Windmiller, Z. Yang, J. Ramirez, G. Chan, and J. Wang. 2013. Electrochemical tattoo biosensors for real-time noninvasive lactate monitoring in human perspiration. *Anal Chem* 85:6553-60.

73. Jobson, S.A., L. Passfield, G. Atkinson, G. Barton, and P. Scarf. 2009. The analysis and utilization of cycling training data. *Sports Med* 39:833-44.

74. Johnston, R.J., M.L. Watsford, S.J. Kelly, M.J. Pine, and R.W. Spurrs. 2014. Validity and interunit reliability of 10 Hz and 15 Hz GPS units for assessing athlete movement demands. *J Strength Cond Res* 28:1649-55.

75. Jordan, M.J., P. Aagaard, and W. Herzog. 2015. Lower limb asymmetry in mechanical muscle function: A comparison between ski racers with and without ACL reconstruction. *Scand J Med Sci Sports* 25:e301-9.

76. Jovanavic, M., and E. Flanagan. 2014. Researched applications of velocity based strength training. *J Aust Strength Cond* 22:58-69.

77. Kahnemann, D. 2011. *Thinking, fast and slow*: Macmillan.

78. Kim, J., G. Valdes-Ramirez, A.J. Bandodkar, W. Jia, A.G. Martinez, J. Ramirez, P. Mercier, and J. Wang. 2014. Non-invasive mouthguard biosensor for continuous salivary monitoring of metabolites. *Analyst* 139:1632-6.

79. Kinugasa, T., E. Cerin, and S. Hooper. 2004. Single-subject research designs and data analyses for assessing elite athletes' conditioning. *Sports Med* 34:1035-50.

80. Krogh, A. 1913. A bicycle ergometer and respiration apparatus for the experimental study of muscular work. *Skandinavisches Archiv Für Physiologie* 30:375-94.

81. Krogh, A., and J. Lindhard. 1913. The regulation of respiration and circulation during the initial stages of muscular work. *J Physiol* 47:112-36.

82. Le Meur, Y., J. Louis, A. Aubry, J. Gueneron, A. Pichon, K. Schaal, J.B. Corcuff, S.N. Hatem, R. Isnard, and C. Hausswirth. 2014. Maximal exercise limitation in functionally overreached triathletes: Role of cardiac adrenergic stimulation. *J Appl Physiol* 117:214-22.

83. Lindsay, T.R., J.A. Yaggie, and S.J. McGregor. 2016. A wireless accelerometer node for reliable and valid measurement of lumbar accelerations during treadmill running. *Sports Biomech*:1-12.

84. Mangine, G.T., J.R. Hoffman, A.M. Gonzalez, A.J. Wells, J.R. Townsend, A.R. Jajtner, W. McCormack, E.H. Robinson, M.S. Fragala, D.H. Fukuda, and J.R. Stout. 2014. Speed, force and power values produced from a non-motorized treadmill test are related to sprinting performance. *J Strength Cond Res* 28:1812-9.

85. Marsland, F., K. Lyons, J. Anson, G. Waddington, C. Macintosh, and D. Chapman. 2012. Identification of cross-country skiing movement patterns using micro-sensors. *Sensors* 12:5047-66.

86. Marsland, F., C. Mackintosh, J. Anson, K. Lyons, G. Waddington, and D.W. Chapman. 2015. Using micro-sensor data to quantify macro kinematics of classical cross-country skiing during on-snow training. *Sports Biomech* 14:435-47.

87. Martinez-Marti, F., J.L. Gonzalez-Montesinos, D.P. Morales, J.R. Santos, J. Castro-Pinero, M.A. Carvajal, and A.J. Palma. 2016. Validation of instrumented insoles for measuring height in vertical jump. *Int J Sports Med* 37:374-81.

88. Mason, B., J. Lenton, J. Rhodes, R. Cooper, and V. Goosey-Tolfrey. 2014. Comparing the activity profiles of wheelchair rugby using a miniaturised data logger and radio-frequency tracking system. *BioMed Res Int* 2014:348048.

89. Matzeu, G., C. Fay, A. Vaillant, S. Coyle, and D. Diamond. 2015. A wearable device for monitoring sweat rates via image analysis. *IEEE Trans Biomed Eng*.

90. Matzeu, G., L. Florea, and D. Diamond. 2015. Advances in wearable chemical sensor design for monitoring biological fluids. *Sensors and Actuators B: Chemical* 211:403-18.

91. McArdle, W.D., F.I. Katch, and V.L. Katch. 2014. *Exercise physiology: Energy, nutrition, and human performance*. 8th ed. Baltimore: Lippincott Williams & Wilkins.

92. McBride, J.M., T. Triplett-McBride, A.J. Davie, P.J. Abernethy, and R.U. Newton. 2003. Characteristics of titin in strength and power athletes. *Eur J Appl Physiol* 88:553-7.

93. McCall, A., C. Carling, M. Davison, M. Nedelec, F. Le Gall, S. Berthoin, and G. Dupont. 2015. Injury risk factors, screening tests and preventative strategies: A systematic review of the evidence that underpins the perceptions and practices of 44 football (soccer) teams from various premier leagues. *Br J Sports Med* 49:583-9.

94. McCall, A., C. Carling, M. Nedelec, M. Davison, F. Le Gall, S. Berthoin, and G. Dupont. 2014. Risk factors, testing and preventative strategies for non-contact injuries in professional football: Current perceptions and practices of 44 teams from various premier leagues. *Br J Sports Med* 48:1352-7.

95. McGuigan, M.R., S. Cormack, and N.D. Gill. 2013. Strength and power profiling of athletes. *Strength Cond J* 35:7-14.

96. McKenna, M., and P.E. Riches. 2007. A comparison of sprinting kinematics on two types of treadmill and over-ground. *Scand J Med Sci Sports* 17:649-55.

97. McLean, B.D., A.J. Coutts, V. Kelly, M.R. McGuigan, and S.J. Cormack. 2010. Neuromuscular, endocrine, and perceptual fatigue responses during different length between-match microcycles in professional rugby league players. *Int J Sports Physiol Perform* 5:367-83.

98. McMaster, D.T., N. Gill, J. Cronin, and M. McGuigan. 2014. A brief review of strength

and ballistic assessment methodologies in sport. *Sports Med* 44:603-23.

99. McMiken, D.F., and J.T. Daniels. 1976. Aerobic requirements and maximum aerobic power in treadmill and track running. *Med Sci Sports* 8:14-7.

100. Meister, S., K. Aus der Funten, and T. Meyer. 2014. Repeated monitoring of blood parameters for evaluating strain and overload in elite football players: Is it justified? *J Sports Sci* 32:1328-31.

101. Mendiguchia, J., P. Edouard, P. Samozino, M. Brughelli, M. Cross, A. Ross, N. Gill, and J.B. Morin. 2016. Field monitoring of sprinting power-force-velocity profile before, during and after hamstring injury: Two case reports. *J Sports Sci* 34:535-41.

102. Mendiguchia, J., P. Samozino, E. Martinez-Ruiz, M. Brughelli, S. Schmikli, J.B. Morin, and A. Mendez-Villanueva. 2014. Progression of mechanical properties during on-field sprint running after returning to sports from a hamstring muscle injury in soccer players. *Int J Sports Med* 35:690-5.

103. Montgomery, P.G., D.J. Green, N. Etxebarria, D.B. Pyne, P.U. Saunders, and C.L. Minahan. 2009. Validation of heart rate monitor-based predictions of oxygen uptake and energy expenditure. *J Strength Cond Res* 23:1489-95.

104. Moreira, A., J.C. Bilsborough, C.J. Sullivan, M. Ciancosi, M.S. Aoki, and A.J. Coutts. 2015. Training periodization of professional Australian football players during an entire Australian football league season. *Int J Sports Physiol Perform* 10:566-71.

105. Morel, B., and C.A. Hautier. 2016. The neuromuscular fatigue induced by repeated scrums generates instability that can be limited by appropriate recovery. *Scand J Med Sci Sports*.

106. Morin, J.B., and P. Samozino. 2016. Interpreting power-force-velocity profiles for individualized and specific training. *Int J Sports Physiol Perform* 11:267-72.

107. Morin, S., S. Ahmaidi, and P.M. Lepretre. 2016. Relevance of damped harmonic oscillation for modeling the training effects on daily physical performance capacity in team sport. *Int J Sports Physiol Perform*.

108. Muro-de-la-Herran, A., B. Garcia-Zapirain, and A. Mendez-Zorrilla. 2014. Gait analysis methods: An overview of wearable and non-wearable systems, highlighting clinical applications. *Sensors (Basel)* 14:3362-94.

109. Myers, A.C., H. Huang, and Y. Zhu. 2015. Wearable silver nanowire dry electrodes for electrophysiological sensing. *RSC Advances* 5:11627-32.

110. Narici, M., M. Franchi, and C. Maganaris. 2016. Muscle structural assembly and functional consequences. *J Exp Biol* 219:276-84.

111. Newton, R., and E. Dugan. 2002. Application of strength diagnosis. *Strength Cond J* 24:50-59.

112. Opar, D.A., T. Piatkowski, M.D. Williams, and A.J. Shield. 2013. A novel device using the Nordic hamstring exercise to assess eccentric knee flexor strength: A reliability and retrospective injury study. *J Orthop Sports Phys Ther* 43:636-40.

113. Orchard, J.W., P. Blanch, J. Paoloni, A. Kountouris, K. Sims, J.J. Orchard, and P. Brukner. 2015. Cricket fast bowling workload patterns as risk factors for tendon, muscle, bone and joint injuries. *Br J Sports Med* 49:1064-8.

114. Orchard, J.W., P. Blanch, J. Paoloni, A. Kountouris, K. Sims, J.J. Orchard, and P. Brukner. 2015. Fast bowling match workloads over 5-26 days and risk of injury in the following month. *J Sci Med Sport* 18:26-30.

115. Peritz, D.C., A. Howard, M. Ciocca, and E.H. Chung. 2015. Smartphone ECG aids real time diagnosis of palpitations in the competitive college athlete. *J Electrocardiol* 48:896-9.

116. Pette, D., and R.S. Staron. 2000. Myosin isoforms, muscle fiber types, and transitions. *Microsc Res Tech* 50:500-9.

117. Pinot, J., and F. Grappe. 2011. The record power profile to assess performance in elite cyclists. *Int J Sports Med* 32:839-44.

118. Quod, M.J., D.T. Martin, J.C. Martin, and P.B. Laursen. 2010. The power profile predicts road cycling MMP. *Int J Sports Med* 31:397-401.

119. Reed, R., P. Scarf, S.A. Jobson, and L. Passfield. 2016. Determining optimal cadence for an individual road cyclist from field data. *Eur J Sport Sci*:1-9.

120. Robertson, D.G.E., G.E. Caldwell, J. Hamill, G. Kamen, and S.N. Whittlesey. 2014. *Research methods in biomechanics*. 2nd ed. Champaign, IL: Human Kinetics.

121. Saltin, B., and P.O. Astrand. 1967. Maximal oxygen uptake in athletes. *J Appl Physiol* 23:353-8.

122. Samozino, P., G. Rabita, S. Dorel, J. Slawinski, N. Peyrot, E. Saez de Villarreal, and J.B. Morin. 2016. A simple method for measuring power, force, velocity properties, and mechanical effectiveness in sprint running. *Scand J Med Sci Sports* 26:648-58.

123. Sanchez-Medina, L., J.J. Gonzalez-Badillo, C.E. Perez, and J.G. Pallares. 2014. Velocity- and power-load relationships of the bench pull vs. Bench press exercises. *Int J Sports Med* 35:209-16.

124. Sargent, C., M. Lastella, S.L. Halson, and G.D. Roach. 2016. The validity of activity monitors for measuring sleep in elite athletes. *J Sci Med Sport*.

125. Sato, K., W.A. Sands, and M.H. Stone. 2012. The reliability of accelerometry to measure weightlifting performance. *Sports Biomech* 11:524-31.

126. Sato, K., S.L. Smith, and W.A. Sands. 2009. Validation of an accelerometer for measuring sport performance. *J Strength Cond Res* 23:341-7.

127. Saw, A.E., L.C. Main, and P.B. Gastin. 2016. Monitoring the athlete training response: Subjective self-reported measures trump commonly used objective measures: A systematic review. *Br J Sports Med* 50:281-91.

128. Saw, A.E., L.C. Main, and P.B. Gastin. 2015. Role of a self-report measure in athlete preparation. *J Strength Cond Res* 29:685-91.

129. Sayers, S.P., D.V. Harackiewicz, E.A. Harman, P.N. Frykman, and M.T. Rosenstein. 1999. Cross-validation of three jump power equations. *Med Sci Sports Exerc* 31:572-7.

130. Schmitt, L., J. Regnard, and G.P. Millet. 2015. Monitoring fatigue status with HRV measures in elite athletes: An avenue beyond RMSSD? *Front Physiol* 6:343.

131. Shanley, E., L. Bailey, M.P. Sandago, A. Pinkerton, S.B. Singleton, and C.A. Thigpen. 2015. The use of a pitch count estimator to calculate exposure in collegiate baseball pitchers. *Phys Ther Sport* 16:344-8.

132. Shull, P.B., W. Jirattigalachote, M.A. Hunt, M.R. Cutkosky, and S.L. Delp. 2014. Quantified self and human movement: A review on the clinical impact of wearable sensing and feedback for gait analysis and intervention. *Gait Posture* 40:11-9.

133. Simons, C., and E.J. Bradshaw. 2016. Reliability of accelerometry to assess impact loads of jumping and landing tasks. *Sports Biomech*:1-10.

134. Simperingham, K.D., J.B. Cronin, and A. Ross. 2016. Advances in sprint acceleration profiling for field-based team-sport athletes: Utility, reliability, validity and limitations. *Sports Med* 46:1619-45.

135. Sirotic, A.C., and A.J. Coutts. 2008. The reliability of physiological and performance measures during simulated team-sport running on a non-motorised treadmill. *J Sci Med Sport* 11:500-9.

136. Skiba, P.F., D. Clarke, A. Vanhatalo, and A.M. Jones. 2014. Validation of a novel intermittent W' model for cycling using field data. *Int J Sports Physiol Perform* 9:900-4.

137. Smith, M.S., R.J. Dyson, T. Hale, and L. Janaway. 2000. Development of a boxing dynamometer and its punch force discrimination efficacy. *J Sports Sci* 18:445-50.

138. Steinacker, J.M., W. Lormes, S. Reissnecker, and Y. Liu. 2004. New aspects of the hormone and cytokine response to training. *Eur J Appl Physiol* 91:382-91.

139. Strohrmann, C., H. Harms, C. Kappeler-Setz, and G. Troster. 2012. Monitoring kinematic changes with fatigue in running using body-worn sensors. *IEEE Trans Inf Technol Biomed* 16:983-90.

140. Tao, W., T. Liu, R. Zheng, and H. Feng. 2012. Gait analysis using wearable sensors. *Sensors (Basel)* 12:2255-83.

141. Taylor, K.L., D.W. Chapman, J.B. Cronin, M.J. Newton, and N. Gill. 2012. Fatigue monitoring in high performance sport: A survey of current trends. *J Aust Strength Cond* 20:12-23.

142. Thomas, N., I. Lähdesmäki, and B.A. Parviz. 2012. A contact lens with an integrated lactate sensor. *Sensors and Actuators B: Chemical* 162:128-34.

143. Thompson, W.R. 2016. Worldwide survey of fitness trends for 2017. *ACSMs Health Fit J* 20:8-17.

144. Tipton, C. 2014. *History of exercise physiology*. Champaign, IL: Human Kinetics.

145. Tonnessen, E., V. Rasdal, I.S. Svendsen, T.A. Haugen, E. Hem, and O. Sandbakk. 2016. Concurrent development of endurance capacity and explosiveness: The training characteristics of world-class Nordic combined athletes. *Int J Sports Physiol Perform* 11:643-51.

146. Tonnessen, E., I.S. Svendsen, B.R. Ronnestad, J. Hisdal, T.A. Haugen, and S. Seiler. 2015. The annual training periodization of 8 world champions in orienteering. *Int J Sports Physiol Perform* 10:29-38.

147. Tran, J., A.J. Rice, L.C. Main, and P.B. Gastin. 2015. Profiling the training practices and performances of elite rowers. *Int J Sports Physiol Perform* 10:572-80.

148. Trappe, S., N. Luden, K. Minchev, U. Raue, B. Jemiolo, and T.A. Trappe. 2015. Skeletal muscle signature of a champion sprint runner. *J Appl Physiol* 118:1460-6.

149. Turner, A. 2014. Total score of athleticism: A strategy for assessing an athlete's athleticism. *UK Strength Cond Assoc J* 33:13-17.

150. Ullah, S., T.J. Gabbett, and C.F. Finch. 2014. Statistical modelling for recurrent events: An application to sports injuries. *Br J Sports Med* 48:1287-93.

151. Urhausen, A., H. Gabriel, and W. Kindermann. 1995. Blood hormones as markers of training stress and overtraining. *Sports Med* 20:251-76.

152. van der Worp, H., J.W. Vrielink, and S.W. Bredeweg. 2016. Do runners who suffer injuries have higher vertical ground reaction forces than those who remain injury-free? A systematic review and meta-analysis. *Br J Sports Med*.

153. Varley, M.C., I.H. Fairweather, and R.J. Aughey. 2012. Validity and reliability of GPS for measuring instantaneous velocity during acceleration, deceleration, and constant motion. *J Sports Sci* 30:121-7.

154. Viru, A., and M. Viru. 2000. *Biochemical monitoring of sport training*. Champaign, IL: Human Kinetics.

155. Walilko, T.J., D.C. Viano, and C.A. Bir. 2005. Biomechanics of the head for Olympic boxer punches to the face. *Br J Sports Med* 39:710-9.

156. Watari, R., B. Hettinga, S. Osis, and R. Ferber. 2016. Validation of a torso-mounted accelerometer for measures of vertical oscillation and ground contact time during treadmill running. *J Appl Biomech* 32:306-10.

157. Wehbe, G., T.J. Gabett, D. Dwyer, C. McLellan, and S. Coad. 2015. Monitoring neuromuscular fatigue in team-sport athletes using a cycle-ergometer test. *Int J Sports Physiol Perform* 10:292-7.

158. Wheeler, J.W., P.B. Shull, and T.F. Besier. 2011. Real-time knee adduction moment feedback for gait retraining through visual and tactile displays. *J Biomech Eng* 133:041007.

159. Wood, G.A. 1982. Data smoothing and differentiation procedures in biomechanics. *Exerc Sport Sci Rev* 10:308-62.

160. Yao, H., A.J. Shum, M. Cowan, I. Lahdesmaki, and B.A. Parviz. 2011. A contact lens with embedded sensor for monitoring tear glucose level. *Biosens Bioelectron* 26:3290-6.

Chapter 7

1. Akenhead, R., and G.P. Nassis. 2016. Training load and player monitoring in high-level football: Current practice and perceptions. *Int J Sports Physiol Perform* 11:587-93.

2. Amonette, W., K. English, and W.J. Kraemer. 2016. *Evidence-based practice in exercise science: The six-step approach*. Champaign, IL: Human Kinetics.

3. Argus, C.K., N.D. Gill, J.W. Keogh, and W.G. Hopkins. 2011. Acute effects of verbal feedback on upper-body performance in elite athletes. *J Strength Cond Res* 25:3282-7.

4. Arnold, R., D. Fletcher, and L. Molyneux. 2012. Performance leadership and management in elite sport: Recommendations, advice and suggestions from national performance directors. *Euro Sport Manage Quart* 12:317-36.

5. Bemben, M.G., J.L. Clasey, and B.H. Massey. 1990. The effect of the rate of muscle contraction on the force-time curve parameters of male and female subjects. *Res Q Exerc Sport* 61:96-9.

6. Benz, A., N. Winkelman, J. Porter, and S. Nimphius. 2016. Coaching instructions and cues for enhancing sprint performance. *Strength Cond J* 38:1-11.

7. Bishop, D. 2008. An applied research model for the sport sciences. *Sports Med* 38:253-63.

8. Borresen, J., and M. Lambert. 2006. Validity of self-reported training duration. *Int J Sports Sci Coaching* 1:353-59.

9. Botek, M., A.J. McKune, J. Krejci, P. Stejskal, and A. Gaba. 2014. Change in performance in response to training load adjustment based on autonomic activity. *Int J Sports Med* 35:482-8.

10. Claudino, J.G., J.B. Cronin, B. Mezencio, J.P. Pinho, C. Pereira, L. Mochizuki, A.C. Amadio, and J.C. Serrao. 2016. Auto-regulating jump performance to induce functional overreaching. *J Strength Cond Res* 30:2242-9.

11. Collins, D., H.J. Carson, and A. Cruickshank. 2015. Blaming Bill Gates again! Misuse, overuse and misunderstanding of performance data in sport. *Sport, Education and Society* 20:1088-99.

12. Cormack, S.J., R.U. Newton, M.R. McGuigan, and P. Cormie. 2008. Neuromuscular and endocrine responses of elite players during an Australian rules football season. *Int J Sports Physiol Perform* 3:439-53.

13. Dijkstra, H.P., N. Pollock, R. Chakraverty, and J.M. Alonso. 2014. Managing the health of the elite athlete: A new integrated performance health management and coaching model. *Br J Sports Med* 48:523-31.

14. Dowling, A.V., J. Favre, and T.P. Andriacchi. 2011. A wearable system to assess risk for anterior cruciate ligament injury during jump landing: Measurements of temporal events, jump height, and sagittal plane kinematics. *J Biomech Eng* 133:071008.

15. Dowling, A.V., J. Favre, and T.P. Andriacchi. 2012. Inertial sensor-based feedback can reduce key risk metrics for anterior cruciate ligament injury during jump landings. *Am J Sports Med* 40:1075-83.

16. Ducharme, S.W., W.F. Wu, K. Lim, J.M. Porter, and F. Geraldo. 2016. Standing long jump performance with an external focus of attention is improved as a result of a more effective projection angle. *J Strength Cond Res* 30:276-81.

17. Duchateau, J., and S. Baudry. 2014. Maximal discharge rate of motor units determines the maximal rate of force development during ballistic contractions in human. *Front Hum Neurosci* 8:234.

18. Farrow, D. 2013. Teaching sport skills. In *Coaching excellence*, edited by F. Pyke, 171-84. Champaign, IL: Human Kinetics.

19. Fernandez-Del-Olmo, M., D. Rio-Rodriguez, E. Iglesias-Soler, and R.M. Acero. 2014. Startle auditory stimuli enhance the performance of fast dynamic contractions. *PLoS One* 9:e87805.

20. Figoni, S.F., and A.F. Morris. 1984. Effects of knowledge of results on reciprocal, isokinetic strength and fatigue. *J Orthop Sports Phys Ther* 6:190-7.

21. Foster, C., K.M. Heimann, P.L. Esten, G. Brice, and J.P. Porcari. 2001. Differences in perceptions of training by coaches and athletes. *South Afr J Sports Med* 8:3-7.

22. Goncalves, B., R. Marcelino, L. Torres-Ronda, C. Torrents, and J. Sampaio. 2016. Effects of emphasising opposition and cooperation on collective movement behaviour during football small-sided games. *J Sports Sci*:1-9.

23. Gonzalez-Badillo, J.J., F. Pareja-Blanco, D. Rodriguez-Rosell, J.L. Abad-Herencia, J.J. Del Ojo-Lopez, and L. Sanchez-Medina. 2015. Effects of velocity-based resistance training on young soccer players of different ages. *J Strength Cond Res* 29:1329-38.

24. Graves, J.E., and R.J. James. 1990. Concurrent augmented feedback and isometric force generation during familiar and unfamiliar muscle movements. *Res Q Exerc Sport* 61:75-9.

25. Gudmundsson, J., and M. Horton. 2016. Spatio-temporal analysis of team sports—a survey. http://arxiv.org/abs/1602.06994.

26. Hakkinen, K., A. Pakarinen, M. Alen, H. Kauhanen, and P.V. Komi. 1988. Neuromuscular and hormonal adaptations in athletes to strength training in two years. *J Appl Physiol* 65:2406-12.

27. Horschig, A.D., T.E. Neff, and A.J. Serrano. 2014. Utilization of autoregulatory progressive resistance exercise in transitional

rehabilitation periodization of a high school football-player following anterior cruciate ligament reconstruction: A case report. *Int J Sports Phys Ther* 9:691-8.

28. Ille, A., I. Selin, M.C. Do, and B. Thon. 2013. Attentional focus effects on sprint start performance as a function of skill level. *J Sports Sci* 31:1705-12.

29. Izquierdo, M., J.J. Gonzalez-Badillo, K. Hakkinen, J. Ibanez, W.J. Kraemer, A. Altadill, J. Eslava, and E.M. Gorostiaga. 2006. Effect of loading on unintentional lifting velocity declines during single sets of repetitions to failure during upper and lower extremity muscle actions. *Int J Sports Med* 27:718-24.

30. Jidovtseff, B., N.K. Harris, J.M. Crielaard, and J.B. Cronin. 2011. Using the load-velocity relationship for 1RM prediction. *J Strength Cond Res* 25:267-70.

31. Jovanavic, M., and E. Flanagan. 2014. Researched applications of velocity based strength training *J Aust Strength Cond* 22:58-69.

32. Julian, R., T. Meyer, H.H. Fullagar, S. Skorski, M. Pfeiffer, M. Kellmann, A. Ferrauti, and A. Hecksteden. 2016. Individual patterns in blood-borne indicators of fatigue—trait or chance. *J Strength Cond Res*.

33. Keller, M., B. Lauber, D. Gehring, C. Leukel, and W. Taube. 2014. Jump performance and augmented feedback: Immediate benefits and long-term training effects. *Hum Mov Sci* 36:177-89.

34. Kellis, E., and V. Baltzopoulos. 1996. Resistive eccentric exercise: Effects of visual feedback on maximum moment of knee extensors and flexors. *J Orthop Sports Phys Ther* 23:120-4.

35. Kilduff, L.P., C.V. Finn, J.S. Baker, C.J. Cook, and D.J. West. 2013. Preconditioning strategies to enhance physical performance on the day of competition. *Int J Sports Physiol Perform* 8:677-81.

36. Kinugasa, T., E. Cerin, and S. Hooper. 2004. Single-subject research designs and data analyses for assessing elite athletes' conditioning. *Sports Med* 34:1035-50.

37. Kiviniemi, A.M., A.J. Hautala, H. Kinnunen, J. Nissila, P. Virtanen, J. Karjalainen, and M.P. Tulppo. 2010. Daily exercise prescription on the basis of HR variability among men and women. *Med Sci Sports Exerc* 42:1355-63.

38. Kiviniemi, A.M., A.J. Hautala, H. Kinnunen, and M.P. Tulppo. 2007. Endurance training guided individually by daily heart rate variability measurements. *Eur J Appl Physiol* 101:743-51.

39. Knight, K.L. 1979. Knee rehabilitation by the daily adjustable progressive resistive exercise technique. *Am J Sports Med* 7:336-7.

40. Kooiman, T.J., M.L. Dontje, S.R. Sprenger, W.P. Krijnen, C.P. van der Schans, and M. de Groot. 2015. Reliability and validity of ten consumer activity trackers. *BMC Sports Sci Med Rehabil* 7:24.

41. Kraemer, W.J., and S.J. Fleck. 2008. *Optimizing strength training. Designing nonlinear periodization workouts*. Champaign, IL: Human Kinetics.

42. Kristiansen, E., S.E. Tomten, D.V. Hanstad, and G.C. Roberts. 2012. Coaching communication issues with elite female athletes: Two Norwegian case studies. *Scand J Med Sci Sports* 22:e156-67.

43. Lloyd, R.S., J.B. Cronin, A.D. Faigenbaum, G.G. Haff, R. Howard, W.J. Kraemer, L.J. Micheli, G.D. Myer, and J.L. Oliver. 2016. The National Strength and Conditioning Association position statement on long-term athletic development. *J Strength Cond Res* 30:1491-509.

44. Louder, T., M. Bressel, and E. Bressel. 2015. The kinetic specificity of plyometric training: Verbal cues revisited. *J Hum Kinet* 49:201-8.

45. Maffiuletti, N.A., P. Aagaard, A.J. Blazevich, J. Folland, N. Tillin, and J. Duchateau. 2016. Rate of force development: Physiological and methodological considerations. *Eur J Appl Physiol* 116:1091-116.

46. Makaruk, H., and J.M. Porter. 2014. Focus of attention for strength and conditioning coaches. *Strength Cond J* 36:16-22.

47. Mann, J.B., J.P. Thyfault, P.A. Ivey, and S.P. Sayers. 2010. The effect of autoregulatory progressive resistance exercise vs. Linear periodization on strength improvement in college athletes. *J Strength Cond Res* 24:1718-23.

48. Meyer, E. 2014. *The culture map: Breaking through the invisible boundaries of global business.* New York: Public Affairs.
49. Miranda, D.L., W.H. Hsu, D.C. Gravelle, K. Petersen, R. Ryzman, J. Niemi, and N. Lesniewski-Laas. 2016. Sensory enhancing insoles improve athletic performance during a hexagonal agility task. *J Biomech* 49:1058-63.
50. Molinsky, A. 2013. *Global dexterity: How to adapt your behavior across cultures without losing yourself in the process.* Boston, MA: Harvard Business Review Press.
51. Nickerson, R.S. 1998. Confirmation bias: A ubiquitous phenomenon in many guises. *Rev Gen Psych* 2:175-220.
52. Nimmerichter, A., R.G. Eston, N. Bachl, and C. Williams. 2011. Longitudinal monitoring of power output and heart rate profiles in elite cyclists. *J Sports Sci* 29:831-40.
53. Padulo, J., P. Mignogna, S. Mignardi, F. Tonni, and S. D'Ottavio. 2012. Effect of different pushing speeds on bench press. *Int J Sports Med* 33:376-80.
54. Pareja-Blanco, F., D. Rodriguez-Rosell, L. Sanchez-Medina, E.M. Gorostiaga, and J.J. Gonzalez-Badillo. 2014. Effect of movement velocity during resistance training on neuromuscular performance. *Int J Sports Med* 35:916-24.
55. Pareja-Blanco, F., D. Rodriguez-Rosell, L. Sanchez-Medina, J. Sanchis-Moysi, C. Dorado, R. Mora-Custodio, J.M. Yanez-Garcia, D. Morales-Alamo, I. Perez-Suarez, J.A. Calbet, and J.J. Gonzalez-Badillo. 2016. Effects of velocity loss during resistance training on athletic performance, strength gains and muscle adaptations. *Scand J Med Sci Sports*.
56. Pinot, J., and F. Grappe. 2015. A six-year monitoring case study of a top-10 cycling grand tour finisher. *J Sports Sci* 33:907-14.
57. Porter, J.M., P.M. Anton, and W.F. Wu. 2012. Increasing the distance of an external focus of attention enhances standing long jump performance. *J Strength Cond Res* 26:2389-93.
58. Porter, J.M., R.P. Nolan, E.J. Ostrowski, and G. Wulf. 2010. Directing attention externally enhances agility performance: A qualitative and quantitative analysis of the efficacy of using verbal instructions to focus attention. *Front Psychol* 1:216.
59. Porter, J.M., E.J. Ostrowski, R.P. Nolan, and W.F. Wu. 2010. Standing long-jump performance is enhanced when using an external focus of attention. *J Strength Cond Res* 24:1746-50.
60. Porter, J.M., and B. Sims. 2013. Altering focus of attention influences elite sprinting performance. *Int J Coach Sci* 8:22-27.
61. Porter, J.M., W.F. Wu, R.M. Crossley, S.W. Knopp, and O.C. Campbell. 2015. Adopting an external focus of attention improves sprinting performance in low-skilled sprinters. *J Strength Cond Res* 29:947-53.
62. Porter, J.M., W.F. Wu, and J.A. Partridge. 2010. Focus of attention and verbal instructions: Strategies of elite track and field coaches and athletes. *Sport Sci Review* 19:199-211.
63. Randell, A.D., J.B. Cronin, J.W. Keogh, N.D. Gill, and M.C. Pedersen. 2011. Effect of instantaneous performance feedback during 6 weeks of velocity-based resistance training on sport-specific performance tests. *J Strength Cond Res* 25:87-93.
64. Randell, A.D., J.B. Cronin, J.W. Keogh, N.D. Gill, and M.C. Pedersen. 2011. Reliability of performance velocity for jump squats under feedback and nonfeedback conditions. *J Strength Cond Res* 25:3514-8.
65. Rodriguez-Marroyo, J.A., J. Medina, J. Garcia-Lopez, J.V. Garcia-Tormo, and C. Foster. 2014. Correspondence between training load executed by volleyball players and the one observed by coaches. *J Strength Cond Res* 28:1588-94.
66. Rosenberger, M.E., M.P. Buman, W.L. Haskell, M.V. McConnell, and L.L. Carstensen. 2016. 24 hours of sleep, sedentary behavior, and physical activity with nine wearable devices. *Med Sci Sports Exerc* 48:547-65.
67. Sahaly, R., H. Vandewalle, T. Driss, and H. Monod. 2001. Maximal voluntary force and rate of force development in humans—importance of instruction. *Eur J Appl Physiol* 85:345-50.
68. Salas, E., R. Grossman, A.M. Hughes, and C.W. Coultas. 2015. Measuring team cohesion: Observations from the science. *Hum Factors* 57:365-74.

69. Sanchez-Medina, L., and J.J. Gonzalez-Badillo. 2011. Velocity loss as an indicator of neuromuscular fatigue during resistance training. *Med Sci Sports Exerc* 43:1725-34.

70. Saw, A.E., L.C. Main, and P.B. Gastin. 2015. Monitoring athletes through self-report: Factors influencing implementation. *J Sports Sci Med* 14:137-46.

71. Saw, A.E., L.C. Main, and P.B. Gastin. 2015. Role of a self-report measure in athlete preparation. *J Strength Cond Res* 29:685-91.

72. Sotiriadou, P., and V. De Bosscher. 2013. *Managing high performance sport*. Milton Park, UK: Routledge.

73. Stoszkowski, J., and D. Collins. 2016. Sources, topics and use of knowledge by coaches. *J Sports Sci* 34:794-802.

74. Taylor, K.L., D.W. Chapman, J.B. Cronin, M.J. Newton, and N. Gill. 2012. Fatigue monitoring in high performance sport: A survey of current trends. *J Aust Strength Cond* 20:12-23.

75. Thomas, J.R., J.K. Nelson, and S.J. Silverman. 2015. *Research methods in physical activity*. 7th ed. Champaign, IL.: Human Kinetics.

76. Thompson, W.R. 2016. Worldwide survey of fitness trends for 2017. *ACSMs Health Fit J* 20:8-17.

77. Torres-Ronda, L., B. Goncalves, R. Marcelino, C. Torrents, E. Vicente, and J. Sampaio. 2015. Heart rate, time-motion, and body impacts when changing the number of teammates and opponents in soccer small-sided games. *J Strength Cond Res* 29:2723-30.

78. Urhausen, A., H. Gabriel, and W. Kindermann. 1995. Blood hormones as markers of training stress and overtraining. *Sports Med* 20:251-76.

79. Vesterinen, V., A. Nummela, I. Heikura, T. Laine, E. Hynynen, J. Botella, and K. Hakkinen. 2016. Individual endurance training prescription with heart rate variability. *Med Sci Sports Exerc* 48:1347-54.

80. Walchli, M., J. Ruffieux, Y. Bourquin, M. Keller, and W. Taube. 2016. Maximizing performance: Augmented feedback, focus of attention, and/or reward? *Med Sci Sports Exerc* 48:714-19.

81. Wheeler, J.W., P.B. Shull, and T.F. Besier. 2011. Real-time knee adduction moment feedback for gait retraining through visual and tactile displays. *J Biomech Eng* 133:041007.

82. Williams, S., and A. Manley. 2014. Elite coaching and the technocratic engineer: Thanking the boys at Microsoft! *Sport, Education and Society*.

83. Zourdos, M.C., E. Jo, A.V. Khamoui, S.R. Lee, B.S. Park, M.J. Ormsbee, L.B. Panton, R.J. Contreras, and J.S. Kim. 2016. Modified daily undulating periodization model produces greater performance than a traditional configuration in powerlifters. *J Strength Cond Res* 30:784-91.

84. Zourdos, M.C., A. Klemp, C. Dolan, J.M. Quiles, K.A. Schau, E. Jo, E. Helms, B. Esgro, S. Duncan, S. Garcia Merino, and R. Blanco. 2016. Novel resistance training-specific rating of perceived exertion scale measuring repetitions in reserve. *J Strength Cond Res* 30:267-75.

Chapter 8

1. Adams, R., J. Adams, H. Qin, T. Bilbrey, and J.M. Schussler. 2015. Virtual coaching for the high-intensity training of a powerlifter following coronary artery bypass grafting. *Proc (Bayl Univ Med Cent)* 28:75-7.

2. Agostinho, M.F., A.G. Philippe, G.S. Marcolino, E.R. Pereira, T. Busso, R.B. Candau, and E. Franchini. 2015. Perceived training intensity and performance changes quantification in judo. *J Strength Cond Res* 29:1570-7.

3. Appleby, B., R.U. Newton, and P. Cormie. 2012. Changes in strength over a 2-year period in professional rugby union players. *J Strength Cond Res* 26:2538-46.

4. Black, J.T., P.S. Romano, B. Sadeghi, A.D. Auerbach, T.G. Ganiats, S. Greenfield, S.H. Kaplan, M.K. Ong, and B.-H.R. Group. 2014. A remote monitoring and telephone nurse coaching intervention to reduce readmissions among patients with heart failure: Study protocol for the better effectiveness after transition—heart failure (BEAT-HF) randomized controlled trial. *Trials* 15:124.

5. Brandon, R. 2016. Managing pre-season and in-season training. In *Sports injury prevention and rehabilitation: Integration medicine and science for performance solutions*, edited by D. Joyce and D. Lewindon, 377. London: Routledge.

265

6. Brearley, M., I. Norton, D. Kingsbury, and S. Maas. 2014. Responses of elite road motorcyclists to racing in tropical conditions: A case study. *Int J Sports Physiol Perform* 9:887-90.

7. Bullock, N., D.T. Martin, A. Ross, D. Rosemond, T. Holland, and F.E. Marino. 2008. Characteristics of the start in women's world cup skeleton. *Sports Biomech* 7:351-60.

8. Edmonds, R.C., W.H. Sinclair, and A.S. Leicht. 2013. Effect of a training week on heart rate variability in elite youth rugby league players. *Int J Sports Med* 34:1087-92.

9. Enoka, R.M., and J. Duchateau. 2016. Translating fatigue to human performance. *Med Sci Sports Exerc*.

10. Farley, O.R., C.R. Abbiss, and J.M. Sheppard. 2016. Performance analysis of surfing: A review. *J Strength Cond Res*.

11. Foster, C., J.A. Florhaug, J. Franklin, L. Gottschall, L.A. Hrovatin, S. Parker, P. Doleshal, and C. Dodge. 2001. A new approach to monitoring exercise training. *J Strength Cond Res* 15:109-15.

12. Gabbett, T.J. 2016. The training-injury prevention paradox: Should athletes be training smarter and harder? *Br J Sports Med*.

13. Gagge, A.P., J.A. Stolwijk, and J.D. Hardy. 1967. Comfort and thermal sensations and associated physiological responses at various ambient temperatures. *Environ Res* 1:1-20.

14. Gathercole, R.J., T. Stellingwerff, and B.C. Sporer. 2015. Effect of acute fatigue and training adaptation on countermovement jump performance in elite snowboard cross athletes. *J Strength Cond Res* 29:37-46.

15. Halperin, I., S. Hughes, and D.W. Chapman. 2016. Physiological profile of a professional boxer preparing for title bout: A case study. *J Sports Sci*:1-8.

16. Hopkins, W.G. 1991. Quantification of training in competitive sports. Methods and applications. *Sports Med* 12:161-83.

17. Impellizzeri, F.M., E. Rampinini, N. Maffiuletti, and S.M. Marcora. 2007. A vertical jump force test for assessing bilateral strength asymmetry in athletes. *Med Sci Sports Exerc* 39:2044-50.

18. Jimison, H.B., S. Hagler, G. Kurillo, R. Bajcsy, and M. Pavel. 2015. Remote health coaching for interactive exercise with older adults in a home environment. *Conf Proc IEEE Eng Med Biol Soc* 2015:5485-8.

19. Kinugasa, T. 2013. The application of single-case research designs to study elite athletes' conditioning: An update. *J Appl Sport Psychol* 25:157-66.

20. Langman-Evans, C., G.L. Close, and J.P. Morton. 2011. Making weight in combat sports. *Strength Cond J* 33:25-39.

21. Laux, P., B. Krumm, M. Diers, and H. Flor. 2015. Recovery-stress balance and injury risk in professional football players: A prospective study. *J Sports Sci* 33:2140-8.

22. Lundgren, L.E., T.T. Tran, S. Nimphius, E. Raymond, J.L. Secomb, O.R. Farley, R.U. Newton, J.R. Steele, and J.M. Sheppard. 2015. Development and evaluation of a simple, multifactorial model based on landing performance to indicate injury risk in surfing athletes. *Int J Sports Physiol Perform* 10:1029-35.

23. McGuigan, M.R., S. Cormack, and N.D. Gill. 2013. Strength and power profiling of athletes. *Strength Cond J* 35:7-14.

24. Morin, J.B., and P. Samozino. 2016. Interpreting power-force-velocity profiles for individualized and specific training. *Int J Sports Physiol Perform* 11:267-72.

25. Newton, R.U., and E. Dugan. 2002. Application of strength diagnosis. *Strength Cond J* 24:50-59.

26. Pinot, J., and F. Grappe. 2015. A six-year monitoring case study of a top-10 cycling grand tour finisher. *J Sports Sci* 33:907-14.

27. Plews, D.J., P.B. Laursen, J. Stanley, A.E. Kilding, and M. Buchheit. 2013. Training adaptation and heart rate variability in elite endurance athletes: Opening the door to effective monitoring. *Sports Med* 43:773-81.

28. Potkanowicz, E.S. 2015. A real-time case study in driver science: Physiological strain and related variables. *Int J Sports Physiol Perform* 10:1058-60.

29. Potkanowicz, E.S., and R.W. Mendel. 2013. The case for driver science in motorsport: A review and recommendations. *Sports Med* 43:565-74.

30. Ratamess, N.A., J.R. Hoffman, W.J. Kraemer, R.E. Ross, C.P. Tranchina, S.L. Rashti, N.A. Kelly, J.L. Vingren, J. Kang, and A.D. Faigenbaum. 2013. Effects of a competitive wrestling season on body composition, endocrine markers, and anaerobic exercise performance in NCAA collegiate wrestlers. *Eur J Appl Physiol* 113:1157-68.

31. Raysmith, B.P., and M.K. Drew. 2016. Performance success or failure is influenced by weeks lost to injury and illness in elite Australian track and field athletes: A 5-year prospective study. *J Sci Med Sport* 19:778-83.

32. Saw, A.E., L.C. Main, and P.B. Gastin. 2016. Monitoring the athlete training response: Subjective self-reported measures trump commonly used objective measures: A systematic review. *Br J Sports Med* 50:281-91.

33. Sleivert, G.G. 2007. Using microtechnology to monitor thermal strain and enhance performance in the field. *Int J Sports Physiol Perform* 2:98-102.

34. Sotiriadou, P., and V. De Bosscher. 2013. *Managing high performance sport*. Milton Park, UK: Routledge.

35. Storey, A.G., N.P. Birch, V. Fan, and H.K. Smith. 2016. Stress responses to short-term intensified and reduced training in competitive weightlifters. *Scand J Med Sci Sports* 26:29-40.

36. Sundgot-Borgen, J., N.L. Meyer, T.G. Lohman, T.R. Ackland, R.J. Maughan, A.D. Stewart, and W. Muller. 2013. How to minimise the health risks to athletes who compete in weight-sensitive sports review and position statement on behalf of the ad hoc research working group on body composition, health and performance, under the auspices of the IOC medical commission. *Br J Sports Med* 47:1012-22.

37. Svendsen, I.S., I.M. Taylor, E. Tonnessen, R. Bahr, and M. Gleeson. 2016. Training-related and competition-related risk factors for respiratory tract and gastrointestinal infections in elite cross-country skiers. *Br J Sports Med* 50:809-15.

38. Tjelta, L.I. 2016. The training of international level distance runners. *Int J Sports Sci Coaching* 11:122-34.

39. Tonnessen, E., I.S. Svendsen, B.R. Ronnestad, J. Hisdal, T.A. Haugen, and S. Seiler. 2015. The annual training periodization of 8 world champions in orienteering. *Int J Sports Physiol Perform* 10:29-38.

40. Tonnessen, E., O. Sylta, T.A. Haugen, E. Hem, I.S. Svendsen, and S. Seiler. 2014. The road to gold: Training and peaking characteristics in the year prior to a gold medal endurance performance. *PLoS One* 9:e101796.

41. Tran, J., A.J. Rice, L.C. Main, and P.B. Gastin. 2014. Development and implementation of a novel measure for quantifying training loads in rowing: The T2minute method. *J Strength Cond Res* 28:1172-80.

42. Tran, J., A.J. Rice, L.C. Main, and P.B. Gastin. 2015. Convergent validity of a novel method for quantifying rowing training loads. *J Sports Sci* 33:268-76.

43. Tran, J., A.J. Rice, L.C. Main, and P.B. Gastin. 2015. Profiling the training practices and performances of elite rowers. *Int J Sports Physiol Perform* 10:572-80.

44. Wiewelhove, T., C. Raeder, T. Meyer, M. Kellmann, M. Pfeiffer, and A. Ferrauti. 2016. Effect of repeated active recovery during a high-intensity interval training shock microcycle on markers of fatigue. *Int J Sports Physiol Perform*.

Chapter 9

1. Andersen, L., P. Orme, R. Di Michele, G.L. Close, J. Milsom, R. Morgans, B. Drust, and J.P. Morgan. 2016. Quantification of seasonal long physical load in soccer players with different starting status from the English Premier League: Implications for maintaining squad physical fitness. *Int J Sports Physiol Perf*.

2. Argus, C.K., N.D. Gill, J.W. Keogh, W.G. Hopkins, and C.M. Beaven. 2009. Changes in strength, power, and steroid hormones during a professional rugby union competition. *J Strength Cond Res* 23:1583-92.

3. Argus, C.K., N.D. Gill, J.W. Keogh, M.R. McGuigan, and W.G. Hopkins. 2012. Effects of two contrast training programs on jump performance in rugby union players during a competition phase. *Int J Sports Physiol Perform* 7:68-75.

4. Baker, D. 2001. The effects of an in-season of concurrent training on the maintenance of maximal strength and power in professional and college-aged rugby league football players. *J Strength Cond Res* 15:172-7.

5. Bengtsson, H., J. Ekstrand, and M. Hagglund. 2013. Muscle injury rates in professional football increase with fixture congestion: An 11-year follow-up of the UEFA Champions League injury study. *Br J Sports Med* 47:743-7.

6. Blanch, P., and T.J. Gabbett. 2016. Has the athlete trained enough to return to play safely? The acute:chronic workload ratio permits clinicians to quantify a player's risk of subsequent injury. *Br J Sports Med* 50:471-75.

7. Buchheit, M., W. Morgan, J. Wallace, M. Bode, and N. Poulos. 2015. Physiological, psychometric, and performance effects of the Christmas break in Australian football. *Int J Sports Physiol Perform* 10:120-3.

8. Buchheit, M., S. Racinais, J.C. Bilsborough, P.C. Bourdon, S.C. Voss, J. Hocking, J. Cordy, A. Mendez-Villanueva, and A.J. Coutts. 2013. Monitoring fitness, fatigue and running performance during a pre-season training camp in elite football players. *J Sci Med Sport* 16:550-5.

9. Carling, C., F. Le Gall, and G. Dupont. 2012. Are physical performance and injury risk in a professional soccer team in match-play affected over a prolonged period of fixture congestion? *Int J Sports Med* 33:36-42.

10. Carling, C., A. McCall, F. Le Gall, and G. Dupont. 2015. What is the extent of exposure to periods of match congestion in professional soccer players? *J Sports Sci* 20:2116-24.

11. Cohen, S., T. Kamarck, and R. Mermelstein. 1983. A global measure of perceived stress. *J Health Soc Behav* 24:385-96.

12. Cross, M.J., S. Williams, G. Trewartha, S.P. Kemp, and K.A. Stokes. 2016. The influence of in-season training loads on injury risk in professional rugby union. *Int J Sports Physiol Perform* 11:350-55.

13. Dellal, A., C. Lago-Penas, E. Rey, K. Chamari, and E. Orhant. 2015. The effects of a congested fixture period on physical performance, technical activity and injury rate during matches in a professional soccer team. *Br J Sports Med* 49:390-4.

14. Dembe, A.E., J.B. Erickson, R.G. Delbos, and S.M. Banks. 2005. The impact of overtime and long work hours on occupational injuries and illnesses: New evidence from the United States. *Occup Environ Med* 62:588-97.

15. Drew, M.K., and C.F. Finch. 2016. The relationship between training load and injury, illness and soreness: A systematic and literature review. *Sports Med* 28:1-23.

16. Dupont, G., K. Akakpo, and S. Berthoin. 2004. The effect of in-season, high-intensity interval training in soccer players. *J Strength Cond Res* 18:584-9.

17. Fowler, P., R. Duffield, K. Howle, A. Waterson, and J. Vaile. 2015. Effects of northbound long-haul international air travel on sleep quantity and subjective jet lag and wellness in professional Australian soccer players. *Int J Sports Physiol Perform* 10:648-54.

18. Fowler, P., R. Duffield, A. Waterson, and J. Vaile. 2015. Effects of regular away travel on training loads, recovery, and injury rates in professional Australian soccer players. *Int J Sports Physiol Perform* 10:546-52.

19. Fowler, P.M., R. Duffield, D. Lu, J.A. Hickmans, and T.J. Scott. 2016. Effects of long-haul transmeridian travel on subjective jet-lag and self-reported sleep and upper respiratory symptoms in professional rugby league players. *Int J Sports Physiol Perform* 24:1-24.

20. Fuller, C.W., A.E. Taylor, and M. Raftery. 2015. Does long-distance air travel associated with the sevens world series increase players' risk of injury? *Br J Sports Med* 49:458-64.

21. Gabbett, T.J. 2016. The training-injury prevention paradox: Should athletes be training smarter and harder? *Br J Sports Med*.

22. Gageler, W.H., S. Wearing, and D.A. James. 2015. Automatic jump detection method for athlete monitoring and performance in volleyball. *Int J Perform Anal Sport* 15:284-96.

23. Gastin, P.B., D. Meyer, and D. Robinson. 2013. Perceptions of wellness to monitor adaptive responses to training and competition in elite Australian football. *J Strength Cond Res* 27:2518-26.

24. Gonzalez, A.M., J.R. Hoffman, J.P. Rogowski, W. Burgos, E. Manalo, K. Weise, M.S. Fragala, and J.R. Stout. 2013. Performance changes in NBA basketball players vary in

starters vs. nonstarters over a competitive season. *J Strength Cond Res* 27:611-5.

25. Hagglund, M., M. Walden, H. Magnusson, K. Kristenson, H. Bengtsson, and J. Ekstrand. 2013. Injuries affect team performance negatively in professional football: An 11-year follow-up of the UEFA Champions League injury study. *Br J Sports Med* 47:738-42.

26. Hecksteden, A., S. Skorski, S. Schwindling, D. Hammes, M. Pfeiffer, M. Kellmann, A. Ferrauti, and T. Meyer. 2016. Blood-borne markers of fatigue in competitive athletes—results from simulated training camps. *PLoS One* 11:e0148810.

27. Hodun, M., R. Clarke, M. De Ste Croix, and J.D. Hughes. 2016. Global positioning system analysis of running performance in female field sports: A review of the literature. *Strength Cond J* 38:49-56.

28. Hrysomallis, C. 2010. Upper-body strength and power changes during a football season. *J Strength Cond Res* 24:557-9.

29. Hrysomallis, C., and D. Buttifant. 2012. Influence of training years on upper-body strength and power changes during the competitive season for professional Australian rules football players. *J Sci Med Sport* 15:374-8.

30. Hulin, B.T., T.J. Gabbett, P. Blanch, P. Chapman, D. Bailey, and J.W. Orchard. 2014. Spikes in acute workload are associated with increased injury risk in elite cricket fast bowlers. *Br J Sports Med* 48:708-12.

31. Hulin, B.T., T.J. Gabbett, D.W. Lawson, P. Caputi, and J.A. Sampson. 2016. The acute:chronic workload ratio predicts injury: High chronic workload may decrease injury risk in elite rugby league players. *Br J Sports Med* 50:231-36.

32. Johnston, M.J., C.J. Cook, D. Drake, L. Costley, J.P. Johnston, and L.P. Kilduff. 2016. The neuromuscular, biochemical and endocrine responses to a single session verses double session training day in elite athletes. *J Strength Cond Res*.

33. Jones, T.W., A. Smith, L.S. Macnaughton, and D.N. French. 2016. Strength and conditioning and concurrent training practices in elite rugby union. *J Strength Cond Res* 30:3354-66.

34. Kelly, V.G., and A.J. Coutts. 2007. Planning and monitoring training loads during the competition phase in team sports. *Strength Cond J* 29:32-37.

35. Laurent, C.M., A.M. Fullenkamp, A.L. Morgan, and D.A. Fischer. 2014. Power, fatigue, and recovery changes in national collegiate athletic association Division I hockey players across a competitive season. *J Strength Cond Res* 28:3338-45.

36. McGuigan, M.R., S. Cormack, and N.D. Gill. 2013. Strength and power profiling of athletes. *Strength Cond J* 35:7-14.

37. McMaster, D.T., N. Gill, J. Cronin, and M. McGuigan. 2013. The development, retention and decay rates of strength and power in elite rugby union, rugby league and American football: A systematic review. *Sports Med* 43:367-84.

38. McMaster, D.T., N.D. Gill, J.B. Cronin, and M.R. McGuigan. 2016. Force-velocity-power assessment in semiprofessional rugby union players. *J Strength Cond Res* 30:1118-26.

39. Murray, N.B., T.J. Gabbett, and K. Chamari. 2014. Effect of different between-match recovery times on the activity profiles and injury rates of national rugby league players. *J Strength Cond Res* 28:3476-83.

40. Nimphius, S., M.R. McGuigan, and R.U. Newton. 2012. Changes in muscle architecture and performance during a competitive season in female softball players. *J Strength Cond Res* 26:2655-66.

41. Nindl, B.C., C.D. Leone, W.J. Tharion, R.F. Johnson, J.W. Castellani, J.F. Patton, and S.J. Montain. 2002. Physical performance responses during 72 h of military operational stress. *Med Sci Sports Exerc* 34:1814-22.

42. Nindl, B.C., T.J. Williams, P.A. Deuster, N.L. Butler, and B.H. Jones. 2013. Strategies for optimizing military physical readiness and preventing musculoskeletal injuries in the 21st century. *US Army Med Dep J*:5-23.

43. Pitchford, N.W., S.J. Robertson, C. Sargent, J. Cordy, D.J. Bishop, and J.D. Bartlett. 2016. A change in training environment alters sleep quality but not quantity in elite Australian rules football players. *Int J Sports Physiol Perform*.

44. Racinais, S., M. Buchheit, J. Bilsborough, P.C. Bourdon, J. Cordy, and A.J. Coutts. 2014. Physiological and performance responses to a training camp in the heat in professional Australian football players. *Int J Sports Physiol Perform* 9:598-603.

45. Rogalski, B., B. Dawson, J. Heasman, and T.J. Gabbett. 2013. Training and game loads and injury risk in elite Australian footballers. *J Sci Med Sport* 16:499-503.

46. Samuels, C.H. 2012. Jet lag and travel fatigue: A comprehensive management plan for sport medicine physicians and high-performance support teams. *Clin J Sport Med* 22:268-73.

47. Saw, A.E., L.C. Main, and P.B. Gastin. 2016. Monitoring the athlete training response: Subjective self-reported measures trump commonly used objective measures: A systematic review. *Br J Sports Med* 50:281-91.

48. Scofield, D.E., and J.R. Kardouni. 2015. The tactical athlete: A product of 21st century strength and conditioning. *Strength Cond J* 37:2-7.

49. Taylor, L., B.C. Chrismas, B. Dascombe, K. Chamari, and P.M. Fowler. 2016. The importance of monitoring sleep within adolescent athletes: Athletic, academic, and health considerations. *Front Physiol* 7:101.

50. Thorpe, R.T., A.J. Strudwick, M. Buchheit, G. Atkinson, B. Drust, and W. Gregson. 2015. Monitoring fatigue during the in-season competitive phase in elite soccer players. *Int J Sports Physiol Perform* 10:958-64.

51. Veugelers, K.R., G. Naughton, C. Duncan, D. Burgess, and S. Graham. 2016. Validity and reliability of a submaximal intermittent running test in elite Australian football players. *J Strength Cond Res* 30:3347-53.

52. Welsh, T.T., J.A. Alemany, S.J. Montain, P.N. Frykman, A.P. Tuckow, A.J. Young, and B.C. Nindl. 2008. Effects of intensified military field training on jumping performance. *Int J Sports Med* 29:45-52.

53. Williams, S., G. Trewartha, S.P. Kemp, J.H. Brooks, C.W. Fuller, A.E. Taylor, M.J. Cross, and K.A. Stokes. 2016. Time loss injuries compromise team success in elite rugby union: A 7-year prospective study. *Br J Sports Med* 50:651-6.

54. Windt, J., T.J. Gabbett, D. Ferris, and K.M. Khan. 2016. Training load—injury paradox: Is greater preseason participation associated with lower in-season injury risk in elite rugby league players? *Br J Sports Med*.

版权声明

书名：Monitoring Training and Performance in Athletes

Copyright © 2017 by Mike McGuigan

All rights reserved. Except for use in a review, the reproduction or utilization of this work in any form or by any electronic, mechanical, or other means, now known or hereafter invented, including xerography, photocopying, and recording, and in any information storage and retrieval system, is forbidden without the written permission of the publisher.

版权合同登记号：图字01-2018-6235